Die unglaublichsten
Fälle der
Rechtsmedizin

Markus A. Rothschild (Hg.)

Die unglaublichsten Fälle der Rechtsmedizin

Militzke

Bibliographische Information der Deutschen Bibliothek:
Die Deutsche Bibliothek verzeichnet diese Publikation in der Deutschen Nationalbibliographie; detaillierte bibliographische Angaben sind im Internet über http://dnb.ddb.de abrufbar.

Lektorat: Angela Wiener, Siegfried Kätzel

Umschlaggestaltung: Holger Lindner
Satz und Layout: Thomas Butsch
Gesetzt aus der New Baskerville und der Univers
Druck und buchbinderische Verarbeitung: Steidl, Göttingen

Printed in Germany
ISBN 3-86189-721-0

Besuchen Sie den Militzke Verlag im Internet unter:
http://www.militzke.de

Inhalt

Zum Geleit

Das Metier der Rechtsmedizin ist breit gefächert und in seiner Verbindung von Wissenschaft und Kriminalität nicht nur im populären Sinne spannend. Diese Spannung in einer Sammlung nach individuellen Maßstäben herauszufiltern und literarisch darzustellen, erweist sich als reizvolles Unterfangen. Über die literarische Auswahl der unglaublichsten Fälle sollte man jedoch das Alltägliche nicht aus dem Blick verlieren: Die intensive Beschäftigung mit den nicht immer appetitlichen Spuren von Gewalttaten und Unglücksfällen aller Art, die Auseinandersetzung mit den Irrungen und Wirrungen menschlichen Denkens und Handelns. Zwar lässt sich vieles messen, berechnen und an wissenschaftlichen Erfahrungen abgleichen, die Fallbeispiele machen jedoch deutlich, wie schmal zuweilen der Grat der Entscheidungsfindung ist. Das gilt insbesondere für die Begutachtung von Todesursachen. Der Kriminalist und der Staatsanwalt haben es leichter. Sie stellen die Fragen. Der Rechtsmediziner muss antworten, muss erklären. Für ihn gilt nicht die strafprozessuale Unschuldsvermutung oder der Zweifelssatz. Er muss fundiert Stellung beziehen: Trauernder Hinterbliebener oder Täter eines geschickt inszenierten Kapitalverbrechens? Fehler, Nachlässigkeiten oder leichtfertige, nicht hinterfragte Hypothesen entscheiden über Schicksale. Deshalb ist die Arbeit der Rechtsmedizin von hoher Verantwortung für Mensch und Gesellschaft geprägt. Ist sich die Gesellschaft dieser Bedeutung bewusst? Auch die »Anwälte der Toten« wollen ausgebildet und sachlich wie personell hinreichend ausgestattet sein. Tote haben keine Lobby. Drittmittel lassen sich bei oder mit ihnen schwerlich einwerben. Bei allem Verständnis für das Diktat leerer Kassen, der Rechtsstaat definiert sich nicht zuletzt auch nach den Anstrengungen, die er zur Aufklärung und Ahndung schwerer Straftaten unternimmt. So steht hinter den 22 Fallschilderungen zugleich die aktuelle Frage: Wie halten wir es künftig mit der Rechtsmedizin? Ein schleichender Abbau wäre ein unglaublicher Fall.

Kay Nehm
Generalbundesanwalt beim Bundesgerichtshof

Vorwort

Rechtsmediziner – oder Gerichtsmediziner, wie sie veraltet noch immer genannt werden – müssen von Berufs wegen viele Fragen beantworten. Fragen der Staatsanwaltschaft und Gerichte, Fragen der Kriminalpolizei und Versicherungsgesellschaften, Fragen von Angehörigen und vor allem die Fragen der Toten, die oft erst einmal der Rechtsmediziner selbst für die Verstorbenen stellen muss. Die Beantwortung der meisten Fragen bereitet einem wissenschaftlich versierten Rechtsmediziner mit Hilfe der modernen forensischen Untersuchungsmethoden in der Regel keine wesentlichen Probleme.

Ausgerechnet zwei sehr häufig gestellte, eher profane Fragen sind geeignet, einem Rechtsmediziner gewisse Schwierigkeiten zu bereiten. Erstens die Frage: »Was war denn Ihr bisher spektakulärster Fall?« Man könnte meinen, dass ein so befragter Rechtsmediziner doch sogleich lossprudeln müsste. Tatsächlich zeigt sich hier das Problem, dass es »den spannendsten« Fall für einen Rechtsmediziner so nicht gibt. Die Fälle, mit denen man gerade betraut ist, sind zumeist auch die spannendsten und viele in der Vergangenheit bearbeitete Fälle sind jeder für sich genommen einzigartig und irgendwie besonders anspruchsvoll gewesen. Hinzu kommt, dass ein rechtsmedizinischer Wissenschaftler mit den Attributen »spektakulär« und »spannend« häufig etwas ganz anderes verbindet als dies naturgemäß ein Nicht-Rechtsmediziner tut. Die zweite Frage, die von Rechtsmedizinern oft nur sehr indirekt beantwortet wird, ist: »Warum haben Sie denn noch keinen Kriminalroman geschrieben, wo Sie doch so viel erleben?« Die meisten Rechtsmediziner sind schon von Berufs wegen recht eloquent, was neben dem Abhalten von Vorlesungen vor allem der Erstattung von Gutachten vor Gericht geschuldet sein dürfte. Aber ein Gutachten ist eben etwas anderes als ein Kriminalroman und ein besonderer Fall alleine macht auch noch keine fesselnde Kriminalstory. Der vielfältige Kontakt von zahlreichen Rechtsmedizinern in beratender Funktion mit Kriminalbuch und Drehbuchautoren zeigt auch immer wieder, dass dramaturgische Effekte und rhetorische Raffinessen gelernt sein müssen.

Aus Anlass des 100-jährigen Jubiläums der Deutschen Gesellschaft für Rechtsmedizin hat sich nun eine Gruppe von Institutsdirektoren zusammengesetzt und versucht, die beiden Fragen zumindest andeutungsweise zu beantworten. Es ist eine einzigartige Sammlung entstanden, in der eher nüchtern-analytisch denkende Wissenschaftler Fallberichte mit zum Teil sehr persönlicher Note verfasst haben.

Köln, 28.7.2004 *Prof. Dr. med. Markus A. Rothschild*

Wolfgang Mattig
Landesinstitut für Rechtsmedizin Potsdam

MR PD Dr. med. Wolfgang Mattig wurde am 26.9.1944 in Halle (Saale) geboren. Nach dem Abitur und einem Jahr Tätigkeit als Hilfspfleger studierte er Medizin an der Humboldt-Universität zu Berlin und war Gasthörer im Fach Psychologie. Zwei Jahre als Militärarzt in der Nähe von Rostock folgten. In der Berliner Charité war Mattig als wissenschaftlicher Assistent bei dem weltberühmten Gerichtsmediziner Otto Prokop tätig. Seit 1976 ist er Facharzt für gerichtliche Medizin (heute: Rechtsmedizin).

Wolfgang Mattig promovierte im Jahre 1972, erreichte die Habilitation 1987 und arbeitet seit 1995 als Privatdozent an der Freien Universität Berlin.

Im Jahre 1983 wirkte Mattig am Aufbau eines Bezirksinstitutes für gerichtliche Medizin in Frankfurt (Oder) mit. Seit 1991 ist er Direktor des mit dem Potsdamer Bezirksinstitut fusionierten Brandenburgischen Landesinstitutes für Rechtmedizin.

Der Rhabarberfall

Es ist ein herrlicher Spätsommertag Anfang der 80er Jahre des verflossenen Jahrhunderts. Der Bereitschaftsdienst des Instituts für Gerichtliche Medizin der Humboldt-Universität in der Hannoverschen Straße 6 in Berlin wird alarmiert. Eigentlich soll es erst einmal nur eine Vorwarnung sein: Ein Tatverdächtiger hat einen Ort beschrieben, an dem er eine Leiche vergraben habe. Da er zuvor schon einmal einen falschen Ort angegeben hatte, sei es unsicher, ob man tatsächlich fündig würde. Für diesen Fall will sich die Kriminalpolizei der Hilfe des Gerichtsarztes versichern.

So etwas kennen wir schon: Sobald etwas besonders unangenehm wird, muss der Gerichtsmediziner herhalten. Ob eine unter Trümmern liegende Leiche aus dem Wrack eines abgestürzten Hubschraubers geborgen, eine Fehlgeburt von der Klempnerspirale gewickelt oder ein bei der Notdurft eingebrochener Feriengast auf dem Campingplatz aus der Latrine gefischt werden muss – der Gerichtsarzt wird's richten. Im Prinzip zu Recht, denn ein falscher Handgriff bei Bergung und Transport kann wichtige Befunde vernichten. Außerdem bietet die Besichtigung des Opfers am möglichst noch unveränderten Fundort oftmals wertvollen Aufschluss für die spätere Rekonstruktion des möglichen Tatablaufs. Wir nennen diesen Arbeitsschritt Fundortbesichtigung oder – wenn die Tat dort passiert ist – Tatortbesichtigung.

Nun ja, die Pflicht ruft; der Badeausflug fällt aus. Ein Kriminalpolizist holt mich mit dem Auto ab. Es geht in östliche Richtung vor die Tore der Stadt. Nach einer Stunde Fahrtzeit kommen wir in einer Kleingartenanlage an und begeben uns in ein von der Polizei abgesperrtes Gartengrundstück, in dem bereits eine Reihe zivil gekleideter Amtsträger auf uns wartet.

Auf dem Grundstück steht rechts vorn am Eingang eine geräumige Gartenlaube. In der linken hinteren Ecke, unweit des Komposthaufens, befindet sich ein Rhabarberbeet. Die stattlichen Rhabarberpflanzen sind mitsamt Erdballen entnommen und ein paar Meter vom Beet entfernt abgelegt worden. Hier in der Tiefe soll sich die vermisste Leiche befinden. Nach meinem Eintreffen beginnen zwei Polizisten vorsichtig zu graben.

Mit zunehmender Grabungstiefe sinkt die Erwartung, fündig zu werden. Doch dann, nach 80 cm, stößt man auf einen Körper, der einer menschlichen Leiche zugehörig zu sein scheint. Jetzt übernimmt der Gerichtsmediziner. Quadratzentimeterweise wird die Oberfläche frei gelegt. Die Gefahr einer Beschädigung ist groß, zumal die Liegezeit bereits 1 3/4 Jahre betragen soll. Was war damals los?

Der Tatverdächtige – wir wollen ihn hier Willy Strangman nennen – war als Kleinkrimineller bekannt. Seine Ehe war bereits nach kurzer Zeit zerrüttet; die Scheidung wurde diskutiert. Aber nicht umsonst. Die junge Frau (24) wollte an den »Fischzügen« ihres Mannes zur Hälfte beteiligt werden. Der wiederum sah nicht ein, wieso er als alleiniger Leistungserbringer, noch dazu auf eigenes Risiko, überhaupt etwas abgeben sollte. Die Antwort lag auf der Hand: Sie wusste zuviel (»Kippe oder Lampen« hat es Fallada im Ganovenjargon seiner Zeit formuliert) und Wissen ist Macht. Diese Macht übte sie aus, um die ihr zur Verfügung stehenden immateriellen Werte gewissermaßen zu materialisieren. Dem Argument hatte Willy nichts entgegen zu setzen und gab sich einsichtig.

Welche Möglichkeiten hatte er in dieser misslichen Situation?

a) Das Einstellen künftiger Diebstähle (würde den Lebensstandard senken);

b) Anzeige wegen Erpressung (Polizei als gemeinsamer natürlicher Feind kam als Verbündeter nicht in Betracht);

c) Mundtotmachen der Gläubigerin (war gefährlich und die Gefahrenminderung sehr aufwendig).

Willy entschloss sich für c.

Da ihm bekannt war, dass sich seine Frau – nennen wir sie Wally – mit dem Gedanken trug »abzuhauen« (offiziell, wenn auch sachfremd, nannte man den Wechsel von einer Republik in die andere »Republikflucht«), unterbreitete er ihr ein Angebot: Er würde ihr in Polen jemanden besorgen, welcher sie in den Westen schleuse. Rückblickend erscheint der Handel fair: Verbrecherischer Diebstahl § 181 StGB (2–10 Jahre) gegen ungesetzlichen Grenzübertritt im schweren Fall § 213 (3) StGB (1–8 Jahre). Angesichts dessen schlug Wally ein. Die Scheidung konnte vollzogen werden.

Die Fahrt nach Polen traten sie mit Willys Pkw an. Im Kofferraum lag eine Axt. Beim Grenzübergang fiel Willy mit seinem defekten Personalausweis auf. Einige Seiten waren lose. Der Zöllner registrierte das unter dem Hinweis auf die Pflicht zur umgehenden Neubeantragung, ließ das Ehepaar aber ausreisen. »Diese Auffälligkeit bei der Grenzkontrolle könnte mir zum Verhängnis werden«, dachte sich Willy und ließ die Axt im Auto. An einer Straßenkreuzung warteten beide stundenlang vergeblich auf den virtuellen Schleuser-Polen. Er kam nicht. Unter Fluchen fuhr Willy mit seiner Frau nach Hause.

Wally hatte freilich wenig Mitleid. Vielmehr beschimpfte sie ihn, alles vermasselt zu haben. Der Druck wurde größer. Willy musste sich etwas einfallen lassen.

Der Winter kam und mit ihm eine neue Chance zur illegalen Ausreise. Dieses Mal sollte es sich um einen zuverlässigen Fluchthelfer aus der BRD handeln, welcher einen gefälschten Pass besorgt habe. Als Treffpunkt nannte Willy die Laube von Wallys Eltern. Der Schwiegervater hatte sie inzwischen mit Fensterläden winterfest gemacht und es gab keinen Grund, warum unerwünschter Besuch am heimlichen Ort erscheinen sollte.

Wally war nach wie vor arglos. Als sie ihm während des Wartens auf den versprochenen Pass vorübergehend den Rücken zuwandte, umschlang er ihren Hals von vorn und hinten mit seinen kräftigen Händen und drückte zu …

Nun galt es die Spuren zu beseitigen. Die Vernichtung einer Erwachsenenleiche stößt stets auf gravierende Schwierigkeiten. Dafür hatte Willy einen Plan.

Bereits in Vorbereitung auf die Tat hatte er in der Nacht zuvor im Garten eine Grube ausgehoben. Hätte ihn wider Erwarten dabei jemand überrascht, so war ja noch nichts weiter passiert und die Absicht nicht nachweisbar. Allerdings musste das Grab tief genug sein, damit es auch bei der Bodenbearbeitung niemandem auffällt (Gefahr der Spätentdeckung). Sicherheitshalber entschloss er sich zugunsten eines Ortes mit mehrjähriger Bepflanzung. Da ein Baum begreiflicherweise dafür nicht in Frage kommt, wählte Willy das

Rhabarberbeet, groß genug in der Fläche und außerhalb der jährlichen Wechselkulturen.

Noch vor Eintritt der Totenstarre entkleidete er die Tote und band ihr in fünf Touren eine Elastikbinde um den Kopf, womit das Gesicht vollständig verhüllt war. Die Enden verknotete er doppelt. Danach wickelte er den Körper der Leiche mit einer Wäscheleine paketartig zu einer kompakten Form nach Art der geschnürten Hockergrabkultur fest ein. Dadurch wurde das Volumen auf das kleinstmögliche Maß reduziert. Die derart verschnürte Leiche verbrachte er in das vorbereitete Grab und füllte Erde auf. Oben pflanzte er den Rhabarber sorgfältig wieder ein. Den Überschuss an Erde verharkte er säuberlich.

Just nach getaner Arbeit fiel der erste Schnee. Die Schicht wurde immer dicker und deckte den weißen Mantel des Schweigens und der Unschuld über den Frevel. Kein Mensch hatte ihn beobachtet.

Nachdem sich Willy Strangman von den körperlichen Strapazen erholt hatte, musste das Gehirn wieder auf Hochtouren laufen. Als DDR-Bürger war ihm natürlich klar, dass er auf der Vermisstenanzeige seiner Frau keine Last-minute-Reise nach Thailand angeben konnte. Wie verschwindet ein Mensch ohne Wissen der Behörden aus der kleinen Republik? Genau so, wie es Wally immer wollte: per transitum illegalis!

Willy schrieb mit verstellter Schrift in der Art seiner Frau eine Ansichtskarte an deren Vater, sandte diese in einem Umschlag nach Westberlin und ließ sie von seinem dortigen Vertrauensmann absenden. So erfuhr der Vater von der gelungenen Flucht seiner Tochter und war glücklich, dass ihr nichts Böses zugestoßen sei.

Weniger vertrauensselig war die Polizei. Bei der Staatssicherheit war nichts dergleichen bekannt. Selbst die Springerpresse schien nichts zu wissen. Die Geschichte blieb unglaubwürdig. Da aber dem verdächtigen Ehemann nichts nachzuweisen war, blieb er auf freiem Fuß. Die Akte Strangman wurde indessen nicht geschlossen.

Die Katze lässt das Mausen nicht, ebenso wenig Willy. Keiner forderte mehr unberechtigt Anteile von der Beute. Nach einer angemessenen Wartezeit war das Chancen/Risiko-Verhältnis günstig wie nie. Was Willy nicht wusste, war, dass er im Zusammenhang mit der

Vermisstensache observiert wurde. So kam es, dass er bald wieder einsaß – wegen Diebstahls im wiederholten Fall.

Die Akte Willy Strangman wuchs auf Meterstärke. Oftmals wurde er mit dem Problem seiner verschwundenen Frau konfrontiert. Zunehmend verwickelte er sich in Widersprüche. Auf deren Vorhalt wand er sich heraus. Willy war intelligent, aber der Hartnäckigkeit der Vernehmenden nicht gewachsen. Es wurde immer deutlicher, dass er die Unwahrheit sagt, und eines Tages wollte er dies selbst nicht mehr.

Isoliert mit einem so schweren Verbrechen fertig zu werden, gelingt einem normalen Menschen mit differenziertem Verstand und Gefühl in der Regel nicht. Selbst wenn die objektiven Beweise nicht ausreichen, scheitert der Täter an seiner eigenen Persönlichkeit. Den perfekten Mord gibt es nicht.

Nun stehen wir 1 3/4 Jahre später vor den Überresten jener Tat. Die Sonne strahlt erbarmungslos auf den grausigen Fund. Die Leiche befindet sich in Linksseitenlage, das Gesicht nach unten gewandt, der Kopf in Richtung Zaun. Die Beine liegen der Brust auf. Die Gesamtlänge der zusammengekrümmten Leiche beträgt 80 cm, die Breitenausdehnung 70 cm.

Ganz vorsichtig versuchen wir Gartenerde und menschliche Haut voneinander zu trennen. Es gelingt nur unbefriedigend. Die Dekompositionsprozesse Fäulnis (durch sauerstoffempfindliche Mikroorganismen) und Verwesung (durch sauerstoffliebende Mikroorganismen ausgelöst) sind weit vorangeschritten. Die rechte Hand liegt auf dem Bauch. Mehrere ihrer Knochen haben sich bereits aus dem Skelettverbund gelöst. Die Grenze zwischen der schweren, lehmigen, mit Fäulnisflüssigkeit durchtränkten Erde und der fäulnisveränderten Körperoberfläche ist schwer zu erfassen. Mechanische Hilfsmittel versagen.

Nach großräumiger Freilegung heben wir einen Erdklumpen mitsamt Leiche vorsichtig aus der Grube. Dennoch lässt sich nicht verhindern, dass dabei Teile des rechten Fußes abfallen. Auf dem Boden der Grube befindet sich noch im Erdreich das Grundglied der linken großen Zehe.

Inzwischen hat der Tag seine größte Hitze erreicht, die ungünstigste Konstellation für den Erhalt der soeben mühsam geborgenen

Toten. Mit dem Zutritt der warmen Luft kann man ihrem weiteren Verfall praktisch zusehen. Dabei ist sie noch nicht einmal von den anhaftenden Erdmassen befreit. Was ein längerer Transport unter diesen Umständen noch zerstört, ist nicht abzusehen. In dieser Situation treffe ich eine Entscheidung, die man nur von Notfällen kennt: Wir obduzieren vor Ort.

Derartige Erfahrungen stammen aus Massenunfällen mit einer Vielzahl Getöteter, welche von Gerichtsmedizinern identifiziert werden müssen. Da sich solche Katastrophen oft weitab jeder Zivilisation ereignen, können die Untersuchungen unter feldmäßigen Bedingungen, das heißt im Zelt auf portablen Notsektionstischen oder provisorischen Unterlagen, erforderlich sein. Bei Einzelfällen passiert das praktisch nicht.

Im vorliegenden Fall gilt es verschiedene Gesichtspunkte gewissenhaft abzuwägen. Andere Kollegen hätten womöglich anders entschieden. Letztendlich verlangen außergewöhnliche Entschlüsse in schwierigen Grenzfällen immer eine individuelle Verantwortung. Die anwesende Staatsanwältin schließt sich meiner Anregung an und entscheidet die sofortige Leichenöffnung am Fundort. Die Justizprotokollantin schreibt.

Nach Klärung des weiteren Vorgehens müssen wir eine geeignete Unterlage für die Untersuchung der Toten besorgen. Als nächster Schritt steht die vorsichtige Säuberung auf dem Programm. Das geht nur mit Wasser, am besten mit feinem Strahl unter leichtem Druck. Dazu ist ein Gartenanschluss geeignet. Wohin aber mit dem vielen abgespülten Schlamm? Damit er gleich abfließt, muss die Unterlage auch für gröbere Partikel durchlässig sein. Von einem nahegelegenen Bauernhof leihen wir uns ein ausgehängtes Zaunfeld mit Maschendraht und betten dieses mit den vier Ecken auf jeweils drei Ziegelsteine. Das ist natürlich viel flacher als ein Sektionstisch und verlangt die Präparation im Hocken. Wichtiger erscheint mir hier die Standsicherheit und der Spritzschutz.

Lehm und Leiche sind noch fester miteinander verbacken als befürchtet. Die erste Stunde vergeht mit dem Abspülen der Erde. Dabei fallen lose Skelettteile beider Füße aus dem Erdreich. Nun erst kann man die Verschnürung deutlich erkennen. Die Haut ist fäulnisbedingt schwarz. Die 11 cm breite elastische Binde und der 1 cm dicke Hanfstrick haben diese Verfärbung ebenfalls angenommen. An mehreren Stellen sind sie schon zundrig zerfallen.

Die Justizprotokollantin dokumentiert nach Diktat des Obduzenten jeden Arbeitsschritt und die dabei festgestellten Befunde. Allein die Beschreibung des die Leiche vierfach umschlingenden Seilverlaufs mit fünf Verknotungszentren und der fünftourig um den Kopf gewickelten, am linken Kieferwinkel verknoteten Binde kostet die nächste Stunde. Eine Tour der Leine verläuft auch über die untere Gesichtshälfte und hat sich in die Mundpartie eingeschnürt. Die Polizei fotografiert jede Veränderung. Schrittweise wird die Leiche von den Stricken befreit, der Kopf freigelegt, jeder Knoten ausführlich beschrieben. Wort und Bild werden in der späteren Hauptverhandlung vor dem Stadtgericht Berlin zu einem lückenlosen Beweismittel zusammengefügt.

Die Obduktion (Leichenöffnung, von lat. obducere = vorführen) besteht immer aus äußerer und innerer Besichtigung. Synonym werden die Begriffe Sektion (von lat. sectio = Schneiden) und Autopsie (von griech. autoz = selbst und oyiz = Betrachtung) verwandt, wobei sich im deutschen Sprachgebrauch die Obduktion mehr für die gerichtlich angeordnete und die Autopsie mehr für die klinische Sektion etabliert hat. Weitere Synonyme wie Nekropsie (von griech. nekroz = tot) und Thanatopsie (von griech. qanatoz = Tod) haben sich bei uns nicht durchgesetzt.

Rechtsmedizin ist das Fachgebiet für die Entwicklung, Anwendung und Beurteilung medizinischer und naturwissenschaftlicher Kenntnisse für die Rechtspflege sowie die Vermittlung arztrechtlicher Kenntnisse für die Ärzteschaft. Naturgemäß spielt hier die äußere Besichtigung wegen der Haut als wichtigstem Merkmalsträger äußerer Gewalteinwirkung eine größere Rolle als in der Pathologie, dem Fachgebiet für die Erkennung von Krankheiten, ihrer Entstehung und ihrer Ursachen. In (schlechten) Krimis werden manchmal beide Fachgebiete durcheinander geworfen.

Zur äußeren Besichtigung gehören stets auch die Beschreibung der Kleidung und so genannter Effekte, also Schmuck und anderer Gegenstände, die beim Verstorbenen gefunden werden. Das ist bei unbekannten Toten besonders wichtig. Für die Identifikation kommt es außerdem auf die genauen Körpermaße und den Zahnstatus an.

So kann es passieren, dass die äußere Besichtigung mehr als die Hälfte der gesamten Obduktionszeit in Anspruch nimmt. Muss das Einsatzteam zum Fundort bzw. zur Obduktion noch weit über Land fahren, so sind Einsatzzeiten bis zu 15 Stunden nicht ganz ungewöhnlich. Danach dürfen sich die Beteiligten erst einmal ausschlafen. Anschließend wird das Obduktionsgutachten unter Einbeziehung der Laborergebnisse im Dienstzimmer des Instituts schriftlich ausgearbeitet und der zuständigen Staatsanwaltschaft übersandt.

In dem hier geschilderten Fall ging die Polizei zwar von dem dringenden Verdacht aus, dass es sich um die Ehefrau des Tatverdächtigen handelt, der Sektionsauftrag des Staatsanwalts erstreckt sich jedoch auch auf den Identitätsnachweis – bei ausgeprägten späten Leichenerscheinungen keine leichte Aufgabe.

Nach Entfernung aller Stricke und Beschreibung der darunter sichtbaren Befunde versuchen wir die Leiche auszustrecken. Das muss außerordentlich behutsam geschehen, weil die Weichteile sonst auseinander fallen. Erst jetzt erkennt man eindeutig, dass es sich um eine Frau handelt. Natürlich würde sie niemand wiedererkennen. Auf der Gesichtshaut ist nur noch der Abdruck des Textilmusters von der Binde deutlich wahrnehmbar.

Nun wird die Körpergröße vermessen. Sie ist mit 1,80 m für die damalige Frauenpopulation außergewöhnlich groß. Die vollständig aus dem Verbund mit der Kopfhaut gelösten Haare sind 18 cm lang. Beides stimmt mit der Vermisstenanzeige überein. Tätowierungen bzw. Narben sind nicht erkennbar. Eine ausführliche Beschreibung des Gebisses, getrennt nach Ober- und Unterkiefer, folgt. Das Ergebnis vergleiche ich mit dem vorliegenden zahnärztlichen Befund der vermissten Person. Es stimmt alles überein. Die Justizprotokollantin schreibt alles auf. Nun passiert der Fehler:

Ich diktiere die Zahnfolge nach dem von der Federation Dentaire International empfohlenen Two-Digit-System, welches das Gebiss in vier Quadranten einteilt. Der rechte Oberkiefer erhält die Ordnungszahl eins, der linke Oberkiefer zwei, der linke Unterkiefer drei und der rechte Unterkiefer vier. Eine zweite Ziffer bezeichnet die Zahnfolge innerhalb jedes Quadranten von der Mitte zur Seite. Damit ist jeder Zahn des Gebisses eindeutig benannt, ohne die anatomischen Namen aufschreiben zu müssen. Das Problem ist nur, dass die Quadranten in kreisförmiger Folge (aus der Sicht des Betrachters im Uhrzeigersinn) bezeichnet werden, die Schreibkraft indessen zeilenförmig vorzugehen pflegt. So ist schließlich protokolliert: rechts oben – links oben – rechts unten – links unten. Die Seitenverwechslung der Unterkieferhälften im Protokoll wird später in der Hauptverhandlung zum Problem werden.

Auf die äußere folgt die innere Besichtigung. Darunter versteht man die Befundbeschreibung nach Eröffnung der Körperhöhlen. Hier wird der Zustand aller Organe dokumentiert. Durch die lange Liegezeit stehen Fäulnisveränderungen im Vordergrund. Schwere natürliche Krankheiten, soweit noch erkennbar, finden sich nicht, ebenso wenig Verletzungen von Knochen und Organen. Von den bei der frischen Leiche charakteristischen Zeichen eines Erwürgens sind die meisten ebenfalls der Fäulnis anheim gefallen. Die Weichteile von Hals und Nacken sind fleckförmig zerstört. Aber das Zungenbeinskelett ist noch erhalten. Es weist einen Bruch des rechten langen Zungenbeinhorns auf, welcher nach der Fundsituation nicht durch das Verbringen in die Grube entstanden sein kann.

Ein Zungenbeinbruch für sich genommen ist nicht tödlich. Brüche in seinen Fortsätzen als auch in den Hörnern des Schildknorpels sind aber charakteristische Symptome einer Halskompression. In problematischen Fällen wie dem hier geschilderten lässt sich zwar keine exakte Todesursache formulieren, der Befund jedoch widerspruchsfrei in den vom Täter angegebenen Würgevorgang einordnen.

Am späten Nachmittag ist die Obduktion technisch abgeschlossen. Die Staatsanwältin wird, wie üblich, über das vorläufige Ergebnis gleich an Ort und Stelle mündlich informiert. Die Schilderung des Tatablaufs durch den Verdächtigen und die Informationen zum Opfer stimmen mit den erhobenen Befunden überein. Die Staatsanwaltschaft ordnet ergänzende spurenkundliche Untersuchungen an.

Zu jeder Obduktion gehört auch die Nachsorge, im Allgemeinen Zurückverlegung der Organe in die Körperhöhlen, Vernähen der Hautschnitte und Säuberung der Leiche. Hier kommt noch die Wiederherstellung der äußeren Ordnung hinzu.

Nach Abtransport der Leiche säubere ich also das als Sektionsunterlage verwendete Zaunfeld so gründlich wie möglich. Dann wird es abgetrocknet und gemeinsam mit einem Polizisten zum

Bauern zurück gebracht. Während wir uns beim Leihgeber herzlich bedanken, kommt wie ein Blitz der Hofhund auf uns zu gerast. Gleich darauf stellen wir fest, dass er nicht uns meint, sondern mit großer Erregung den Zaun anbellt. Der Geruch muss ihn noch mehr gestört haben als uns.

Die Polizei pflanzt den Rhabarber wieder ein. Ich lasse mich nach getaner Arbeit von der Polizei gleich in mein Gartengrundstück fahren. Duschen und Umziehen sind am Tatort nicht möglich. Unterwegs müssen wir noch in der Dienststelle anrufen. Das öffentliche Telefon funktioniert nicht. Was ein Handy ist, wissen wir noch nicht. Also fragen wir in der Nachbarschaft. Eine freundliche Frau lässt uns telefonieren. Das Telefon steht in der Küche. Wir beeilen uns. Der Geruch, den wir hinterlassen, kontrastiert auffällig zum frisch gebackenen Kuchen … tut uns leid.

Zu Hause hat meine Frau auch noch etwas davon. Es ist Freitagabend. Am Montag zum Dienstantritt bin und rieche ich wieder frisch. Eine neue Woche kann beginnen.

Epilog

Die spurenkundliche Untersuchung bestätigte die Blutgruppe null des Opfers. (Den genetischen Fingerabdruck kannten wir damals noch nicht.) Im folgenden Jahr fand am Stadtgericht Berlin die Hauptverhandlung gegen den Tatverdächtigen statt. Er wurde von dem schon in jungen Jahren erfolgreichen Rechtsanwalt Dr. Gysi verteidigt. Dieser erwischte mich bei der Seitenverwechslung des Unterkiefers und zweifelte die Identität der Leiche an. Ein vom Gericht bestelltes forensisch-stomatologisches Zusatzgutachten bestätigte dann die Übereinstimmung mit der Vermissten. Der Täter wurde zu einer lebenslänglichen Haftstrafe verurteilt.

Hans Dieter Tröger

Institut für Rechtsmedizin Hannover

Prof. Dr. med. Hans Dieter Tröger wurde am 15.5.1941 in Bamberg geboren. Er studierte Medizin an den Universitäten Erlangen-Nürnberg und München (LMU) und erlangte in München sein Staatsexamen. Von 1970 bis 1980 war Tröger als wissenschaftlicher Assistent am Institut für Rechtsmedizin der LMU tätig. Er promovierte im Jahre 1971 und habilitierte 1977 im Fach Rechtsmedizin. Die Anerkennung als Arzt für Rechtsmedizin fand 1979 statt. 1980 folgte die Ernennung zum Professor C2 an der Medizinischen Fakultät der LMU. Im Jahre 1983 wurde Tröger schließlich auf den Lehrstuhl für Rechtsmedizin im Zentrum Pathologie und Rechtsmedizin der Medizinischen Hochschule Hannover berufen und zum Direktor des Institutes für Rechtsmedizin ernannt.

Hans Dieter Tröger beschäftigt sich vor allem mit forensischer Hämatogenetik, forensischer Pathologie, Arztrecht und Bioethik, war von 1993 bis 1998 Prorektor für Studium und Lehre in Hannover und ist seit 1983 als Mitglied der Ethikkommission und seit 1997 als Vorsitzender der Ethikkommission tätig.

Als Stromselbstmord vorgetäuschte Tötung

Am 19.6.1988, kurz vor 2.30 Uhr, informiert der 36-jährige Arzt Dr. med. Kabul P. N. Polizei und Rettungsdienst darüber, dass seine Frau in der gemeinsamen Wohnung Selbstmord begangen habe. Die eintreffenden Kriminalbeamten finden Frau N., mit einem Nachthemd bekleidet auf dem Fußboden des Schlafzimmers zwischen Ehebett und Wand liegend, vor. Um ihre Handgelenke sind die auf ca. 30 cm abisolierten Adern eines 1,5 m langen, zweiphasigen Verlängerungskabels einfach geschlungen und durch Verdrehen fixiert. Die zur Faust geballten Hände liegen dem Körper im Bereich der beiden Brüste auf. Der Stecker des Kabels liegt unterhalb einer Steckdose, die etwa in Höhe des Kopfes 20 cm über dem Fußboden in der Wand angebracht ist. Der Ehemann, der auf die anwesenden Kriminalbeamten und Rettungssanitäter einen angegriffenen und aufgelösten Eindruck macht, erklärt, dass er gegen 22.10 Uhr die eheliche Wohnung verlassen habe, um einen Arztkollegen zu besuchen. Beim Verlassen der Wohnung habe seine Frau mit Nachthemd und Morgenmantel bekleidet im Wohnzimmer ferngesehen, sie habe sich normal verhalten und »eine Selbsttötung mit keinem Wort und keiner Geste anklingen lassen«. Bei seiner Rückkehr habe er seine Frau wie oben beschrieben vorgefunden. Er habe den sich noch in der Steckdose befindenden Stecker herausgezogen, sie kurz untersucht, der Tod sei bereits eingetreten gewesen. Zum Suizid erklärte er, dass seine Frau bereits mehrere Selbstmordversuche verübt habe, sie sei wegen Depressionen in einem psychiatrischen Fachkrankenhaus behandelt worden. Sie sei vor allem deswegen depressiv gewesen, weil ihre Asylanträge bereits mehrfach abgelehnt worden seien.

Die polizeiliche und ärztliche Leichenschau ergibt außer sehr ausgeprägten offensichtlichen Strommarken an beiden Handgelenken, an der Streckseite mehrere Finger und an beiden Brüsten, an der die zur Faust geballten Hände dem Brustkorb angelegen haben, keinerlei sonstige Auffälligkeiten. Der polizeiliche Abschlussbericht endet mit der Feststellung, dass es sich »nach objektiver und subjektiver

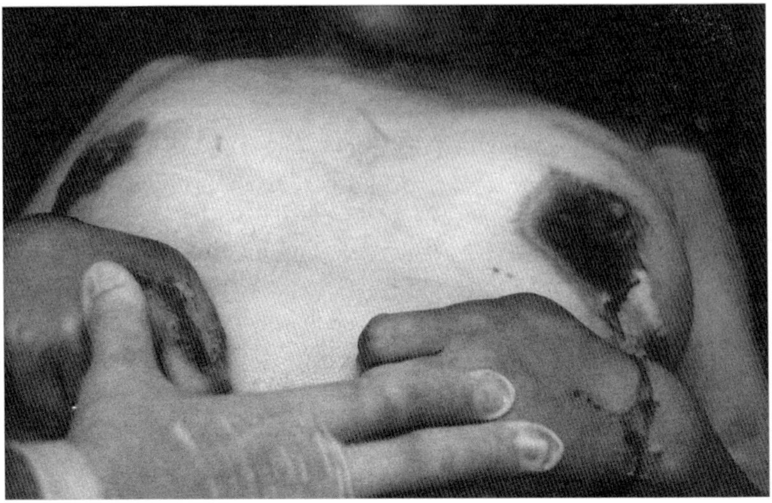

Strommarken an Handgelenken, Händen und Brüsten

Einschätzung zweifelsfrei um einen Suizid durch Stromeinwirkung handelt«. Die Staatsanwaltschaft verfügt die Leichenfreigabe, der Ehemann beauftragt ein Bestattungsunternehmen, die Leiche in das Heimatland der Verstorbenen, in den Iran, überzuführen.

Zwei Tage nach der Totauffindung erscheint eine Bekannte der Verstorbenen bei der Kriminalpolizei und bezweifelt eine Selbsttötung; sie berichtet über eheliche Schwierigkeiten der Eheleute, u. a. sei Frau N. von ihrem Ehemann in der Vergangenheit sogar geschlagen worden, dieser habe auch 1987 die Ehescheidung eingeleitet, aber offensichtlich aus finanziellen Gründen dann wieder davon Abstand genommen. In letzter Zeit sei die Ehe jedoch auffallend harmonisch gewesen, Frau N. sei, insbesondere auch noch am Todestag, sehr guter Stimmung gewesen, da sie einen Tag zuvor erfahren habe, dass ihr Asylantrag positiv bescheidet werden würde.

Nur damit im Ort (einer Kleinstadt) keine Gerede aufkommt, wird von der zuständigen Staatsanwaltschaft eine gerichtliche Obduktion angeordnet. Bei der äußeren Besichtigung fällt den Obduzenten neben den offensichtlichen Strommarken eine knapp erbsengroße, bläulich-rote Schwellung mit zwei stecknadelspitzgroßen zentralen Hautdurchtrennungen über der Lendenwirbelsäule auf. Die Präparation ergibt, dass es sich dabei um einen nicht in die Tiefe gehenden und einen bis in den Subduralraum zwischen L3 und L4 reichenden Stichkanal handelt. Die Organbefunde sind unspezifisch, zum Teil durch beginnende Fäulniserscheinungen gekennzeichnet, natürliche todesursächliche Vorerkrankungen liegen nicht vor. In ihrem vorläufigen Gutachten kommen die Obduzenten zu dem Schluss, dass eine eindeutig anatomisch nachweisbare Todesursache nicht festzustellen sei, ein Herzversagen bei Stromdurchfluss als Todesursache in Betracht kommt, dass aber wegen der offensichtlich kurze Zeit vor dem Tod vorgenommenen Lumbalpunktion eine toxikologische Abklärung erforderlich sei.

Die histologische Untersuchung der Einstichstellen bestätigt mit dem Fehlen jeglicher zellulärer Reaktionen den morphologischen Befund, wonach es sich um eine Lumbalpunktion im sehr engen zeitlichen Zusammenhang mit dem Tod handelt. Der Ehemann gibt dazu an, dass sich seine Frau wegen eines bestehenden orthopädischen Leidens möglicherweise ohne sein Wissen in fachärztlicher Behandlung befunden habe und dort eine Lumbalpunktion durchgeführt worden sein könnte. Die von der Kriminalpolizei durchgeführten Befragungen aller in Frage kommenden Ärzte schließt dies aus. Daraufhin wird der Ehemann unter Mordverdacht in Haft genommen. Er bestreitet weiterhin, irgendetwas mit dem Tod seiner Frau zu tun zu haben, und er werde sich vorerst nicht weiter zur Sache äußern, erst nach Abschluss der (mittlerweile angeordneten) toxikologischen Untersuchungen.

Die histologische Untersuchung der Strommarken kann zur Klärung der Todesursache nichts weiter beitragen, da bei den in Betracht kommenden zeitlichen Verhältnissen zwischen einer vitalen und frühpostmortalen Entstehung nicht unterschieden werden kann. Die Messung der Myoglobinkonzentration an Herzblut und peripherem Venenblut mit der Methode nach Urban et al. kann nicht durchgeführt werden, da dieses wegen der bereits vorhandenen beginnenden Leichenfäulnis (die Leiche wurde nach der Auffindung zwei Tage ungekuhlt in einem privaten Bestattungsunternehmen aufbewahrt) schon hämolysiert war

Aufgrund der Gesamtumstände wird nun von der Kriminalpolizei eine Rekonstruktion des Stromtodgeschehens durchgeführt. Danach erscheint es zwar möglich, dass sich Frau N. die abisolierten Kabelenden selbst an den Handgelenken befestigt hat, es erscheint aber zumindest unwahrscheinlich, dass sie bei den Bewegungen, die notwendig waren, um den Stecker des Kabels in die Steckdose einzubringen, in die wie geordnet erscheinende Rückenlage, mit den Händen auf beiden Brüsten, zurück gelangen konnte.

Die chemisch-toxikologischen Untersuchungen ergeben das in Tabelle 1 dargestellte Ergebnis, wonach in allen untersuchten Substraten das Lokalanästhetikum Prilocain in wirksamen Konzentrationen vorhanden ist. Prilocain, im Handel als Xylonest, findet als Injektionslösung in verschiedenen Darreichungsformen zur Infiltrations- und epiduralen Leitungsanästhesie Anwendung. Die Konzentrationen im Liquor liegen im vorliegenden Fall um den Faktor 3 höher, als sie von Lundt und Zwick nach Periduralanästhesie mit Xylonestdosen von 900 mg mitgeteilt wurden, in der Gebrauchsinformation werden als Maximaldosis 400 bzw. 600 mg mit Adrenalin empfohlen. Bei einer Spinalanästhesie, zu der Xylonest als Medikament nicht zugelassen ist, könnten derartige Konzentrationen hingegen vergleichsweise leicht aufgebaut werden, so konnten die gleichen Autoren bei Xylonestgaben von 140-160 mg einen Maximalspiegel von über 2 000 µg/ml im anästhesierten Segmentbereich beobachten. Die auffallend hohe Prilocainkonzentration im Herzblut gegenüber der im Schenkelblut lässt sich am ehesten mit einer Rückdiffusion aus dem Herzmuskel erklären, da nach Literaturangaben von einem Verhältnis von 1:4:5 für die Kompartimente Plasma, Gehirn und Myokard auszugehen und im vorliegenden Fall wegen der beginnenden Fäulniserweichung der Herzmuskulatur eine Freisetzung aus dem Gewebe naheliegend ist. Die in den Organen Großhirn, Leber, Lunge und Niere ermittelten Konzentrationen sind außerordentlich schwer zu interpretieren, da entsprechende Messwerte aus tödlichen Zwischenfällen nicht vorliegen, sie sind jedoch für die Bilanzierung der applizierten Mindestmenge von Bedeutung. Bei Zugrundelegung der bei der Obduktion ermittelten Organgewichte ist bei alleiniger Berücksichtigung dieser Organe bzw. Körperflüssigkeiten von einer applizierten Menge von über 150 mg auszugehen, somit einer Menge, die bei der Annahme

Liquor (subokzipital)	910	µg/ml
Liquor (lumbal)	930	µg/ml
Herzblut	30	µg/ml
Schenkelvenenblut	1,6	µg/ml
Lunge	14	µg/g
Großhirn	10	µg/g
Niere	5	µg/g
Leber	3,3	µg/g

Gemeinsame Prilocain-Konzentration

einer Spinalanästhesie sich bereits im oberen Bereich einer therapeutischen Dosierung bewegt und bei der die peripheren Kompartimente, wie z. B. das Muskelgewebe, ohne Berücksichtigung geblieben sind. Für den vorliegenden Fall ist somit von einer wesentlich höheren Dosis als 150 mg für eine Spinalanästhesie auszugehen. Vergleichbare Lokalanästhetika, die sowohl bei der periduralen als auch bei der intraspinalen Anästhesie Anwendung finden, werden bei der Spinalanästhesie in einer um 8- bis 10-mal geringeren Dosis gegeben. Somit wäre im vorliegenden Fall entsprechend der für die Subduralanästhesie empfohlenen Maximaldosis von 400 mg bei der Verwendung des Prilocains als Intraspinalanästhetikum eine Dosierung von 40-50 mg pharmakologisch vertretbar. Bei der von uns errechneten Minimaldosis von 150 mg hat somit eine extreme Überdosierung vorgelegen, sodass nicht nur die ärztlicherseits erwünschte Lähmung der entsprechenden Rückenmarksegmente, sondern generalisierte zentralnervöse und kardiovaskuläre schwerste Nebenwirkungen zu erwarten waren, die ohne sofortige Gegenmaßnahmen zum Tod unter dem Bild der Atem- und Myokarddepression bzw. Asystolie führen. Die weiteren chemisch-toxikologi schen Untersuchungen ergeben keinerlei Hinweise auf die Anwesenheit anderer Medikamentwirkstoffe, insbesondere auf andere Narkotika, wie Barbiturate oder Kurzzeitnarkotika sowie auf Benzodiazepine.

Nach Kenntnis der toxikologischen Befunde lässt sich der Ehemann dahingehend ein, dass sich seine Frau in suizidaler Absicht selbst das Narkotikum intraspinal injiziert haben könnte, da sie in ihrem Heimatland in einem Krankenhaus tätig gewesen sei und sie gewisse anatomische Kenntnisse habe. Die polizeilichen Ermittlungen hierzu ergeben, dass seine Frau jedoch keinerlei medizinische Ausbildung hatte, sondern lediglich als Kassiererin in einem persischen Krankenhaus tätig war. Die von uns innerhalb der Medizinischen Hochschule gestellte Frage an Fachkollegen, ob es denkbar sei, dass ein Laie an sich selbst eine intraspinale Injektion vornehmen könnte, wird eindeutig verneint; in gleicher Weise äußern sich auch die von der Polizei gefragten ortsansässigen Anästhesisten.

Nunmehr legt der Arzt im Rahmen eines Haftprüfungstermins ein »Geständnis« ab. Am Tag vor ihrem Tod habe ihn seine Frau im Krankenhaus angerufen, sie habe sich wieder in einer Phase des Lebensüberdrusses befunden und von ihm verlangt, er solle aus dem Krankenhaus Medikamente mitbringen, die es ihr ermöglichen würden, möglichst schnell und schmerzlos zu sterben. Obwohl er in mehrfachen Telefongesprächen versucht habe, seine Frau von ihrem Vorhaben abzubringen, habe sie ihn auf den Koran schwören lassen, dies dennoch zu tun. Er habe dem Medikamentenschrank im Krankenhaus 50 ml Xylonest 2 %, ferner eine Ampulle Carbostesin (Bupivacain) zum Setzen einer subkutanen Quaddel entnommen. Am Todestag habe er nochmals versucht, seine Frau von ihrem Todeswunsch abzubringen. Sie habe ihm jedoch sogar gedroht, dass sie, wenn er ihr nicht helfe, gemeinsam mit ihrem Sohn auf andere Weise aus dem Leben scheiden werde. Er habe sich daraufhin zu einer Intraspinalinjektion mit Xylonest entschlossen, er habe dieses mit seiner Frau besprochen und mit ihr auch abgesprochen, dass er sie anschließend, um einen Suizid vorzutäuschen, an einen Stromkreislauf anschließen werde. Er habe etwa 20 ml Xylonest (somit etwa 400 mg) injiziert, seine Frau sei noch ca. 5-10 Minuten bei Bewusstsein gewesen, danach hätten Atmung und Kreislauf ausgesetzt. Als er sich sicher war, dass der Tod eingetreten war, habe er seine Frau an das vorher in ihrer Anwesenheit präparierte Elektrokabel angeschlossen und den Stecker in die Dose gesteckt, dabei habe seine Frau keinerlei Körperreaktion gezeigt.

Als er nach der Rückkehr von seinem Freund wieder nach Hause kam, habe seine Frau immer noch am Stromkreis gelegen, er habe dann den Stecker herausgezogen und Polizei und Notarzt benachrichtigt.

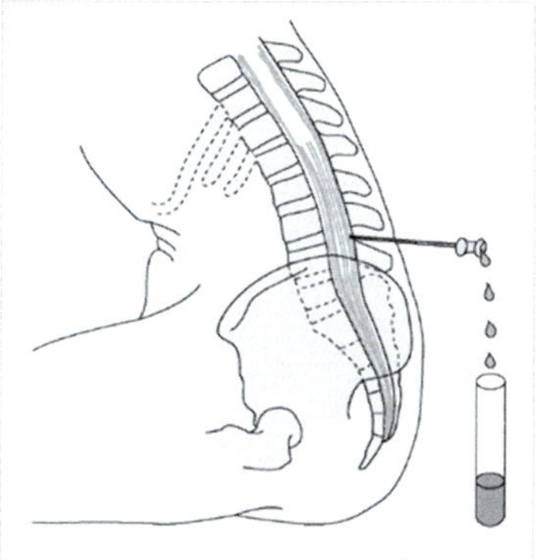

Lumbalpunktion am sitzenden Patienten (Lit.: M. Schirmer: Einführung in die Neurochirurgie, 5. Auflage, Urban & Schwarzenberg, München 1982)

Die Staatsanwaltschaft wertete die Einlassung des Beschuldigten im Sinne einer Tötung auf Verlangen als Schutzbehauptung und klagte wegen Mordes an. Das Schwurgericht verurteilte den Arzt mit Urteil vom 17.5.1989, mittlerweile rechtskräftig, wegen Totschlages zu einer Freiheitsstrafe von neun Jahren. Es folgte zwar der Einlassung des Angeklagten, dass er seine Frau auf ihr Verlangen hin getötet habe, aus rechtlichen Gründen kam jedoch eine Tötung auf Verlangen nach Ansicht des Gerichtes nicht in Betracht, da die Getötete wegen der vom Ehemann angegebenen depressiven Stimmungslage nicht zu einer ernsten und fehlerfreien Willensbildung fähig war und sich der Ehemann deswegen nicht darauf berufen konnte. Eine Verurteilung wegen Mordes kam für die Kammer nicht in Betracht, weil sich der Angeklagte nach dem Gutachten des psychiatrischen Sachverständigen zur Zeit des Entschlusses, seine Frau zu töten, in einem psychischen Erschöpfungszustand befand und deshalb sein Motiv zur Tötung seiner Frau nicht auf sittlich niedrigster Stufe stand.

Gunther Geserick

Institut der Rechtsmedizin der Charité Berlin

Prof. Dr. med. Gunther Geserick wurde am 11.7.1938 in Berlin geboren. Nach dem Abitur studierte er von 1956 bis 1962 Humanmedizin an der Humboldt-Universität zu Berlin. Im Jahre 1962 war er als wissenschaftlicher Assistent tätig und promovierte. Seit 1967 ist Geserick Facharzt für gerichtliche Medizin, 1973 habilitierte er und war Oberarzt am Charité-Institut unter Direktorat von Otto Prokop. Im Jahre 1977 begann Geserick mit der Tätigkeit als Dozent, 1984 wurde er Ordentlicher Professor für gerichtliche Medizin. Im Jahre 1993 fand seine Neuberufung als C4-Professor für Rechtsmedizin statt. Von 1987 bis 2003 war Gunther Geserick Direktor des Institutes für Rechtsmedizin der Charité. Seit 2003 ist er im Ruhestand.

Weiterhin war Geserick von 1990 bis 1994 als Prodekan für Forschung und von 1991 bis 2003 als Mitglied bzw. Habilitationsbeauftragter des Fakultätsrates der Charité tätig. Er veröffentlichte über 300 wissenschaftliche Publikationen sowie 22 Bücher und Buchbeiträge und war mehrere Jahre Editor bzw. Co-Editor nationaler und internationaler Fachzeitschriften.

Ist der Liebhaber immer der Schwangerenmörder?

Vorbemerkung

Als verschiedene Ideen zu diesem Buch beraten wurden – etwa 20 Direktoren von rechtsmedizinischen Universitätsinstituten saßen anlässlich der Jahrestagung 2003 beieinander – stand ich dem Projekt durchaus kritisch gegenüber. Wie oft hatten mich Journalisten in meiner über 40-jährigen Dienstzeit als Gerichtsmediziner nach meinem interessantesten oder spektakulärsten Fall gefragt. Da hatte ich mich gerne verweigert, oft mit dem Verweis darauf, dass viele Fälle interessant und alle tragisch wären. Im Hintergrund stand unausgesprochen die Furcht, dass aus dem Leid von Menschen mehr oder weniger unseriös publizistisches Kapital geschlagen werden könnte, und dass die sachliche Falldarstellung dem Drang zur spektakulären Präsentation unterliegen könnte.

Diese Gefahr sollte bei dem vorliegenden Buch nicht bestehen. Die Namen der betroffenen Personen wurden außerdem aus datenschutzrechtlichen Gründen verändert. Dieser Beitrag erhebt aus Gründen der Allgemeinverständlichkeit auch keinen Anspruch auf eine Präzision der Darstellung, wie sie bei forensischen Gutachten oder wissenschaftlichen Publikationen geboten wäre.

Ein verletzter Afrikaner auf einem Ostberliner Friedhof

Am Nachmittag des 15.5.1976 wurde auf dem Friedhof der St. Markus Gemeinde in Berlin-Hohnschönhausen zwischen den Grabreihen ein Schwarzafrikaner aufgefunden, der bewusstlos in einer großen Blutlache lag. Der Notarzt der Schnellen Medizinischen Hilfe stellte linksseitige Pulsaderschnitte fest und veranlasste die Einweisung in das Städtische Krankenhaus Berlin-Friedrichshain. Trotz ärztlicher Bemühungen auf der Intensivstation verstarb der Verletzte um 18.00 Uhr desselben Tages.

Auf Ersuchen der Polizei nahm der diensthabende Gerichtsmedi ziner unseres Instituts (Oberarzt Dr. R.) in der Klinik um 22.00 Uhr eine gerichtsärztliche Leichenschau vor, die keine neuen Gesichtspunkte ergab. Auf dem Leichenschauschein hatte der behandelnde Arzt den Vorgang als Suizidversuch gewertet, allerdings die Todesursache als »unbekannt« ausgefüllt.

Am folgenden Tag wurde im Institut für Gerichtliche Medizin der Berliner Charité unter der Sektions-Nr. 448/76 auf Anordnung des damaligen Generalstaatsanwaltes von Groß-Berlin von Oberarzt Dr. R. und Assistenzarzt Dr. M. die gerichtliche Leichenöffnung des 32 Jahre alten Antony Nesala durchgeführt.

Der »Leichensache« – wie es im Amtsdeutsch hieß und auch heute heißt – wurde wahrscheinlich deshalb zur Zeit der deutschen Teilung besondere Bedeutung beigemessen, weil es sich um einen in Ostberlin verstorbenen Ausländer handelte, der zudem noch seinen Wohnsitz in Westberlin hatte. Gebürtig war der Verstorbene in der zentralafrikanischen Republik Kongo (heute Zaire).

Als wesentliche Sektionsbefunde ergaben sich:

- Zeichen starken akuten Blutverlustes (verminderter Blutgehalt der inneren Organe, streifig-fleckige Unterblutungen der Herzinnenhaut in der linken Herzkammer – so genannte Verblutungsblutungen –, Milzschrumpfung mit gerunzelter Kapsel).
- Zustand nach chirurgischer Versorgung einer Durchtrennung der linken Pulsschlagader (A. radialis) mit Unterbindung beider Arterienstümpfe.
- An der Handwurzel lief die Schnittwunde in 2,5 cm Länge quer über die Speichenseite, bog dann rechtwinklig um und verlief 12 cm rumpfwärts, wies damit eine beträchtliche Gesamtlänge von 14,5 cm auf.
- Deutlicher alkoholartig-aromatischer Geruch über den Organen.
- Keine Zeichen einer fremden äußeren Gewalteinwirkung.

Die quantitative Alkoholbestimmung ergab im Blut einen Wert von 2,5 Promille, im Urin 2,6 Promille und damit eine hochgradige alkoholische Beeinflussung zum Todeszeitpunkt.

So wurde im »Vorläufigen Gutachten« als Todesursache formuliert »Verbluten infolge Eröffnung der linken Pulsschlagader bei Alkoholintoxikation«. Und weiter wurde ausgeführt: »Nach Lage der

Obduktionsbefunde besteht in Übereinstimmung mit dem Ermittlungsergebnis an einer Selbsttötung kein Zweifel.« Bei diesem Erkenntnisstand wäre der Fall nach vielen Jahren bei mir sicher wieder in Vergessenheit geraten, wenn da nicht zwei Besonderheiten gewesen wären.

Erstens hatte die mikroskopische Analyse verschiedener Organe des Verstorbenen ungewöhnliche Befunde ergeben: »In den Blutgefäßen teils dicht gepackte, sichelförmig gestaltete rote Blutzellen.« Das führte zum Verdacht einer Hämoglobinopathie (Erkrankung des roten Blutfarbstoffs Hämoglobin) in Form der so genannten Sichelzellanämie. Diese fast ausschließlich bei Schwarzen vorkommende, erbliche Erkrankung (mit autosomal-rezessivem Erbgang) besteht in einer molekularen Strukturvariation des Hämoglobins (Aminosäureaustausch der ß-Kette in Position 6) infolge Mutation des ß-Ketten-Gens mit Bildung des Sichelzell-Hämoglobins, genannt Hb S. Bekannt ist das gehäufte Vorkommen in geographischen Regionen mit endemischer Malaria – wie in Afrika. Man erklärt dies durch eine Selektionsvorteil aufgrund der veränderten roten Blutzellen, welche für den Teilungszyklus der Malaria-Parasiten weniger geeignete Wirtszellen sind. Den Namen erhielt diese Erkrankung, weil die roten Blutzellen bei sinkender Sauerstoffspannung im Blut (z. B. bei großen Blutverlusten wie in diesem Fall) eine gestreckte, sichelförmige Gestalt annehmen, zu so genannten Sichelzellen werden. Die hierfür verantwortlichen bio-physikalischen Vorgänge sind kompliziert, aber weitgehend aufgeklärt. Der eindeutige diagnostische Beweis von Hb S gelingt mittels elektrophoretischer Auftrennung des Hämoglobins.

Im Eiweiß-Labor des Institutes, der jahrelangen wissenschaftlichen Wirkungsstätte des Autors, standen neben einer umfangreichen apparativen Ausrüstung auch langjährige wissenschaftliche Erfahrungen mit Gelelektrophoresen für die Darstellung verschiedenster Eiweißmoleküle zur Verfügung. So gelang uns mittels Stärkegel-Elektrophorese der eindeutige Nachweis von Hämoglobin S in heterozygoter Anlage, d. h. neben dem normalen Hämoglobin A stellte sich in einer zweiten Linie das krankhaft veränderte Hb S (in kathodischer Position) dar, etwa in einem Mengenverhältnis von 50:50. Dieser Befund ist typisch für die heterozygote (mischerbige) Anlage, in der das krankhaft veränderte Hämoglobin etwa in gleicher Menge durch »gesunden« Blutfarbstoff ergänzt wird, was für eine normale Funktion ausreicht. Das bedeutet, heterozygote Merkmalsträger zeigen in der Regel keine klinischen Symptome, sind auch nicht behandlungsbedürftig.

Die zweite Besonderheit ergab sich nicht unter wissenschaftlichen Aspekten, sondern aus Verknüpfungen zu einem früheren Fall.

Ein Selbstmord führt in die Vergangenheit

Der Name des verstorbenen Schwarzafrikaners »Nesala« mit dem für Mitteleuropäer ungewöhnlichen Klang ging mir immer wieder durch den Kopf. Mit dem hatten wir doch zu dessen Lebzeiten früher einmal zu tun gehabt?! Nun waren damals noch nicht die Vorzüge der elektronischen Datenspeicherung zu nutzen (die übrigens auch heute in der Gerichtsmedizin wegen der Vorschriften des gesetzlichen Datenschutzes nur eingeschränkt zur Anwendung kommen kann). Wir mussten also noch unser Gedächtnis strapazieren. Glücklicherweise gab es in der Sektionsabteilung eine Sekretärin mit einem phantastischen Gedächtnis für ältere Fälle. Diese Sekretärin – von allen in der Abteilung Erika genannt – erinnerte sich tatsächlich an den Namen Nesala. Nach kurzer Überlegung offenbarte uns Erika, dass Herr Nesala einige Jahre zuvor im Mordfall Tina S. als Hauptverdächtiger gegolten hatte und bei uns im Institut untersucht worden war. Er war der Geliebte der jungen Frau gewesen, die ein Kind von ihm erwartete. Sie war unter unklaren Umständen verschwunden und bald darauf ermordet aufgefunden worden.

Jetzt war es an der Zeit, den Fundort des tödlich verletzten Selbstmörders zu inspizieren. Als die Kriminalpolizei die Namen auf den Grabsteinen in der Umgebung des Fundortes überprüfte, wurde vieles klarer. Herr Nesala hatte sich am Grab der Tina S., seiner vor sieben Jahren ermordeten Geliebten, die Pulsader aufgeschnitten.

Eine ermordete junge Frau

Ich erinnere mich noch gut an diesen Fall. Als Assistenzarzt des Institutes für Gerichtliche Medizin hatte ich an dem vorletzten Wochenende des Juli 1969 wieder einmal Bereitschaftsdienst. Der Versorgungsbereich des Institutes erstreckte sich damals nicht nur auf Ostberlin, sondern auch auf die Bezirke Frankfurt (Oder) und Potsdam, also das heutige Land Brandenburg. Da es noch kein Mobil-Telefon gab, saß man zu Hause am Telefonapparat. Ein strahlend blauer Himmel und sommerliche Temperaturen lockten an diesem Sonntag eher zum Badestrand als zum Tatort – aber auch damals galt »Dienst ist Dienst«.

Der Lagedienst der Kriminalpolizei, damals mit Sitz im Präsidium der Volkspolizei am Alexanderplatz, rief mich am Nachmittag des 20.7.1969 auf ein Gelände mit Laubengrundstücken im Stadtbezirk Berlin-Lichtenberg (später wurde dort eine große Wohnsiedlung aus mehrgeschossigen Plattenbauten errichtet). Dort erwarteten mich bereits mehrere Kriminalpolizisten, darunter die Vertreter der Mordkommission unter Leitung vom Hauptmann der Kriminalpolizei K. und der für Tötungsdelikte zuständige Staatsanwalt M. Zur gerichtsmedizinischen Arbeit am Fundort wie zur späteren Leichenöffnung wurde unser Team durch den Assistenzarzt Dr. Sch. verstärkt – mein unvergessener Kollege und Freund lebte damals noch.

Der Besitzer des Laubengrundstücks hatte an diesem Sonntagnachmittag gegen 15.30 Uhr die kleinere Pforte seines mit zwei Eingängen versehenen Grundstückes freigemacht und war dabei auf eine menschliche Leiche gestoßen. Er informierte aufgeregt Ehefrau und Sohn, die zuerst meinten, dass er wohl »spinne«, sich dann aber von der schrecklichen Wahrheit überzeugten.

Die alarmierte Polizei inspizierte den Fundort und setzte als erstes einen Fährtenhund ein, allerdings ohne verwertbares Resultat. Darauf folgten die Besichtigung und Beschreibung des Fundortes und gegen 19.00 Uhr wurde aus dem lockeren Erdreich eine weibliche Leiche geborgen. Nach dem Beiseiteräumen eines größeren Steins, zahlreicher Papier- und Unkrautreste sowie von Sandboden wurde ein menschlicher Oberschenkel sichtbar.

Der gerichtsmedizinische Bericht beschreibt die Situation wie folgt (gekürzt): »Der Fundort befindet sich an der Grenze zu einem Laubengrundstück, das durch einen Zaun und ein Gebüsch abgegrenzt wird. Unmittelbar vor dem Zaun ist ein weiblicher Leichnam in einer ca. 30 cm tiefen Mulde des dunkelgrauen trockenen Sandbodens verscharrt. Der Leichnam ist in eine Decke eingerollt. Im Bereich von Kopf und Gürtellinie ist um die Decke eine dünne Schnur geschlungen. Beide Arme und Beine sind angewinkelt – ›Hockerstellung‹. Deutliche Grünfäule mit typischem Fäulnisgeruch feststellbar.«

Bereits um 21.00 Uhr wurde die Untersuchung der unbekannten Toten im gerichtsmedizinischen Institut in der Hannoverschen Straße Nr. 6 fortgesetzt (Sekt.-Nr. 983/69). Das medizinische Team wurde jetzt durch einen Sektionsassistenten und eine Sekretärin komplettiert. Die Sekretärin saß übrigens damals während der gesamten Sektion neben dem Sektionstisch, um mit einer (1969 noch mechanischen) Schreibmaschine das Diktat der beiden Ärzte aufzunehmen – in diesem Mordfall hatte das schriftliche Gutachten schließlich einen Umfang von 16 Seiten.

Die äußere und innere Besichtigung sollte vorrangig der Identifizierung sowie der Klärung der Todesursache, der Tat- bzw. Todeszeit und des Hergangs der Tötung dienen.

Äußerlich fielen – neben den bereits erwähnten unangenehmen Auswirkungen der sommerlichen Temperaturen (die Tagestemperaturen lagen in diesen Tagen zwischen 21 und 25 °C) – folgende Befunde auf:

- Zahlreiche punktförmige bis grobfleckige Unterblutungen der Augenbindehäute beiderseits (sog. Stauungsblutungen), wie sie für gewaltsame Erstickung typisch sind.
- mehrere oberflächliche und glattrandige Hautdurchtrennungen an der Halsvorderseite nach Art von Schnittwunden,
- Unterhalb des Kehlkopfes beiderseits fleckförmige Vertrocknungen der Halshaut, verdächtig für Würgemale.

Für die Identifizierung waren folgende Merkmale heranzuziehen:

- Körpergröße 158 cm, schlanker Körperbau,
- jugendlicher Entwicklungszustand von Gebiss, Skelettsystem und inneren Organen,

- langes und dunkel gefärbtes Kopfhaar,
- charakteristische Lückenstellungen am Gebiss,
- Ohrläppchen-Narben von Ohrringen,
- rosafarbene Lackierung von Finger- und Zehennägeln,
- charakteristische Hautnarben an Kinn, Armen und Beinen.

Die innere Besichtigung stellte folgende Hauptbefunde fest:

- massive Unterblutungen der Halsweichteile, besonders im Bereich von Kehlkopf und Schilddrüse, und Bruch des Schildknorpels bei elastischem Kehlkopfgerüst,
- zahlreiche punktförmige bis feinfleckige Blutungen unter Lungenfell und Herzaußenhaut (so genannte »Erstickungsblutungen«),
- intakt gewesene Schwangerschaft im siebenten Schwangerschaftsmonat.

Als Todesursache ergab sich: »Grobe stumpfe Gewalteinwirkung auf den Hals, am ehesten durch Würgen oder Drosseln.« Und schließlich konnte die Annahme bestätigt werden, dass »die bei der Sektion erhobenen Befunde und die Auffindesituation eindeutig auf eine Tötung durch fremde Hand hinweisen.«

Noch im Verlauf der nächtlichen Obduktion wurde die Tote anhand der oben aufgeführten charakteristischen Merkmale als die 19-jährige Tina S. identifiziert. Die Identität wurde durch den Stiefvater der jungen Frau gegen 23.00 Uhr im Leichenschauhaus gesichert, obwohl das Gesicht bereits verfärbt und aufgedunsen war, wie es in der polizeilichen Akte hieß. Die junge Frau war am 18.7.1969, also zwei Tage vor der Auffindung, letztmalig lebend gesehen worden.

Zur vermutlichen Todeszeit wurde ausgeführt, dass aufgrund der erheblichen Leichenveränderungen keine exakte Bestimmung mehr möglich war. Die vorhandenen späten Zeichen des Todes ließen »unter Berücksichtigung der warmen Witterungsverhältnisse in den letzten Tagen eine Liegezeit von über 24 Stunden bis zu wenigen Tagen« annehmen. Unter Berücksichtigung des Termins der Vermisstenmeldung am 18.7.1969, also zwei Tage vor dem Auffinden der Toten, wurde dieser Tag als wahrscheinlichster Termin der Tötung angegeben.

Für die Ermittlungen war es weiterhin bedeutungsvoll, dass bei der Toten keine Abwehrverletzungen gefunden wurden. Die Rechtsmedizin unterscheidet aktive (durch aktive Gegenwehr des Opfers entstehende) und passive (beim schützenden Bedecken von Kopf oder Körper entstehende) Abwehrverletzungen, deren Vorhandensein auf eine tätliche Auseinandersetzung hinweist. Das Fehlen solcher Verletzungen sprach dagegen in unserem Fall »für die Annahme eines überraschendes Angriffs ohne Möglichkeit der Gegenwehr, wenn nicht von einem wehrlosen Opfer (z. B. schlafend, bewusstlos) auszugehen ist«.

Wie immer bei Opfern von Tötungsdelikten wurden während der Obduktion wesentliche Befunde fotografisch dokumentiert. Ebenso gehörte – wie auch heute – die Durchführung von Zusatzuntersuchungen zum regelrechten Vorgehen: 1. die Suche von Samenflüssigkeit, 2. die Blutalkoholbestimmung, 3. die chemisch-toxikologische Analyse von Organen und Körperflüssigkeiten auf Giftstoffe, 4. Blutgruppenbestimmungen bei Kindesmutter und Kind. Weiterhin wurden verschiedene Proben für eventuell erforderliche Vergleichsuntersuchungen aufbewahrt – in der Sprache der Forensiker »asserviert«.

Ein Tatverdächtiger wird ermittelt

Nach der Identifizierung der Toten konnte die Kriminalpolizei ihre Ermittlungsarbeit gezielt fortsetzen und das Umfeld der Ermordeten überprüfen.

Naturgemäß stand dabei aufgrund ihres Lebensalters und der festgestellten Schwangerschaft nach allen kriminalistischen Erfahrungen ihr Freund im Vordergrund. Es war der 32-jährige (nach anderen Unterlagen 36-jährige) Schwarzafrikaner Nesala, der mühelos ermittelt werden konnte, da er den Eltern der jungen Frau bekannt war. Er kannte Tina S. seit etwa zwei Jahren. N. besaß eine Aufenthaltserlaubnis für die DDR und arbeitete im Elektroapparate-Werk Treptow. Die Verdachtsmomente wurden u. a. auch dadurch verstärkt, dass N. zu mehreren anderen Frauen gleichzeitig intime Beziehungen unterhielt. Auch hatte er als einer der wenigen im Umfeld der Ermordeten Zugang zu einem Pkw. Kriminalisten und Gerichtsmediziner gingen davon aus, dass zum Transport des Leichnams in das Laubengelände ein Kraftfahrzeug erforderlich gewesen sein müsse – wie sollte man sonst den Leichnam einer jungen Frau an die Fundstelle gebracht haben?

Herr Nesala wurde nun einer gerichtsmedizinischen Untersuchung zugeführt, um gemäß Strafprozessordnung festzustellen, ob Spuren oder Folgen der Straftat bei ihm nachzuweisen wären. Auch an diese Untersuchung kann ich mich gut erinnern. Alle Beteiligten waren von seiner Täterschaft überzeugt. Aber er stritt nicht nur die Tat ab, er demonstrierte auch eine starke Trauerreaktion. Dabei schilderte er lebhaft, wie er dieses Mädchen geliebt habe, und dass er sie hatte heiraten wollen. Die gezeigte Trauer verstärkte sich noch, als er erfuhr, dass das ungeborene Kind, welches mit der Mutter sterben musste, ein Knabe war. Hatten wir wirklich einen erschütterten Hinterbliebenen vor uns oder war sein Auftreten gekonnte Schauspielerei? Wie auch immer, Nesala war weder zu überführen noch war er geständig – jedenfalls nicht in dieser Sache.

Eine Frau als Täterin?

Bereits am 19.7.1969 verhörte die Polizei erstmalig eine weitere Person. Es war die Lebensgefährtin des Nesala, die 30-jährige Hanna B. Sie war geschieden, nicht vorbestraft und hatte als Sachbearbeiterin in einer Sparkasse gearbeitet. Nesala hatte bei ihr und ihren beiden schulpflichtigen Mädchen (fünf und acht Jahre alt) in der Wohnung gelebt. Sie kannte Nesala bereit seit etwa sieben Jahren, er war der Vater ihres jüngeren Kindes und sie bezeichnete Nesala als Lebensgefährten bzw. als ihren Mann.

Frau B. wurde uns Gerichtsmedizinern am Montag, dem 21.7.1969 zur körperlichen Untersuchung vorgeführt. Während diese Untersuchung keine weiteren Hinweise für die Klärung des Tatgeschehens ergab, war die kurze Befragung aufschlussreich.

Hierbei gab Frau B. an, dass sie Tina S. in ihre Wohnung eingeladen und hier getötet habe. Sie habe ihrem Opfer von hinten einen Stoffgürtel um den Hals geworfen und zugezogen, bis es keine Gegenwehr mehr geleistet habe. Tina sei rückwärtig auf die Couch gefallen. Hier habe sie ihr Opfer mit beiden Händen so lange gewürgt, bis der Tod eingetreten war. Das habe sie durch Fühlen des

Pulses überprüft. Danach will sie die Getötete in einen Fernsehkarton gepackt und so in den Hauskeller transportiert haben. Hier habe sie der Toten noch einige Schläge mit einem Beil auf den Hals versetzt. Danach habe sie die Leiche in eine Decke gewickelt, wieder in den Karton verstaut und wegtransportiert.

Konnte man diese Schilderung glauben? Die Durchführung dieser gewaltsamen Tat war für eine Frau durchaus untypisch. Noch unglaublicher war die Angabe über den Abtransport der Leiche. Die Ermittler – und auch wir – glaubten, dass die Verdächtige bestenfalls an dem Tötungsdelikt beteiligt war, es aber nicht allein ausgeführt haben konnte. Das galt besonders für das alleinige Wegbringen eines etwa 50 kg schweren Körpers.

In den ersten Vernehmungen durch die Kripo am 19.7.1969 hatte Frau B. noch hartnäckig bestritten, etwas mit der Tötung der Tina S. zu tun zu haben. Dies versuchte sie auch noch, als die Polizei im Bereich ihres Hauskellers an Kellergang und Kellertreppe frischere Blutspuren in Form von Tropfspuren entdeckte. Zur Entstehung lieferte die Vernommene die unglaubliche Erklärung, sie habe vor einigen Tagen im Kellergang urinieren müssen, das Blut erkläre sich durch die gleichzeitig bestehende Menstruation.

Aber es gab Umstände, die zumindest für eine Mittäterschaft von Frau B. sprachen: Sie bewies in späteren Geständnissen spezielles Täterwissen über den Hergang der Tötung, über die zugefügten Verletzungen, den Abtransport der Leiche und den weiteren Verbleib von Tatutensilien sowie persönlichen Gegenständen der Ermordeten.

Die Mutter der Getöteten hatte bereits am Abend des 18.7.1969 bei der Polizei eine Vermisstenanzeige erstattet. An der Arbeitstelle der Tochter (die war Lehrling bei einer Sparkasse) hatte sie erfahren, dass diese mittags gegen 13.00 Uhr von einer Frau angerufen worden war. Kurz darauf habe sie sich in der Leipziger Straße neben dem Postmuseum mit einer Frau getroffen und nach etwa zehn Minuten habe man die beiden nicht mehr gesehen. Tina S. war danach weder im Betrieb noch zu Hause erschienen.

Da die Verdächtige unbeirrt auf ihrer alleinigen Schuld beharrte, entschloss sich die Mordkommission schließlich zu einem Untersuchungsexperiment (so genannte Rekonstruktion) am Ort des Ge-

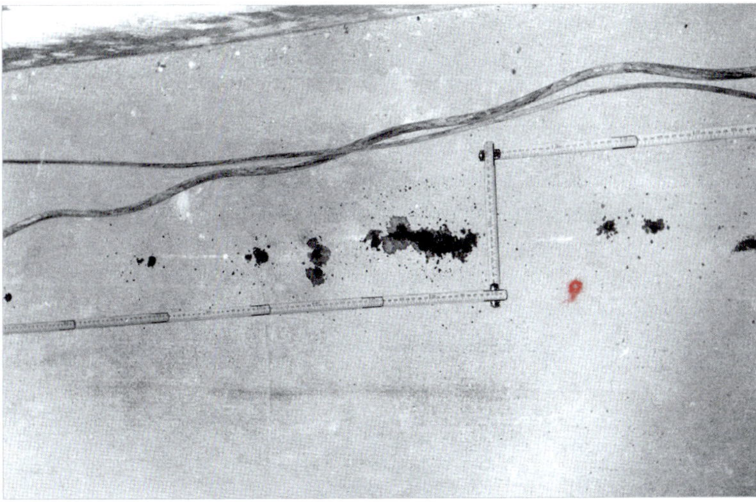

Fotografische Dokumentation von Blutspuren aus dem Kellergang des Mietshauses der Mörderin; diese wurden in dem spurenkundlichen Gutachten als »kreisrund, mit geringer Facettenbildung, Fallhöhe etwa 50-60 cm« beschrieben

schehens. Und dabei ergab sich am 29.7.1969 die überraschende Erkenntnis, dass Frau B. ohne weiteres in der Lage war, einen gleichartigen Karton mit dem entsprechenden Gewicht aus dem Keller in den Hof zu tragen, hier auf einen Kinder-Sportwagen zu stellen (vgl. Abb. 2) und dann mit diesem Gefährt eine längere Strecke durch Berlin zu fahren.

Demzufolge war kein männlicher Helfer vonnöten gewesen, und auch ein Pkw hatte sich als entbehrlich herausgestellt. Die Beschuldigte gab an, mit ihrer so harmlos erscheinenden Fracht völlig ungefährdet durch das nächtliche Berlin gefahren zu sein, bis sie das Laubengelände erreichte. Hier boten ihr die Dunkelheit und eine grobe Lücke in dem Heckenbestand eine gute Gelegenheit, die Tote in dem lockeren Erdreich mit Hilfe einer mitgeführten Kohlenschippe oberflächlich einzugraben.

Offenbar hatte sie bei den schlechten Sichtverhältnissen nicht erkannt, dass sich hinter der Heckenlücke eine Gartentür verbarg. Und das Schicksal wollte es, dass der Besitzer des Laubengrundsitzes diese selten genutzte Tür ausgerechnet an diesem Wochenende wieder gangbar machen wollte. Dabei hatte er angehäuftes Erdreich besei-

Die Beschuldigte beim Untersuchungsexperiment der Mordkommission zur Überprüfung ihrer Angaben über den Abtransport der Leiche

tigen müssen und war so auf den schrecklichen Fund gestoßen.

In unserem Gutachten mussten wir bestätigen, dass unsere »Untersuchungsergebnisse zu dem Geständnis der Beschuldigten nicht in Widerspruch stehen, sondern vielmehr eine gute Übereinstimmung mit diesen Angaben zeigen.« Dies galt sowohl für die Angaben über Drosseln und Würgen, aber auch über Beilhiebe auf den Hals, da die »schnittwundenartigen Verletzungen der Halshaut durchaus durch ein Hiebwerkzeug (Beil nach Angabe) gesetzt worden sein können, wenn dieses eine scharfe Schneide aufweist.« Eine Aussage darüber, ob die äußeren Halswunden zu Lebzeiten gesetzt wurden (die Beschuldigte hatte die Beibringung nach dem Tod angegeben), konnte nicht getroffen werden, da bei der massiven Unterblutung der Halsweichteile eine Abgrenzung von den Folgen des Drosselns und Würgens nicht möglich war. Weiterhin hatten wir ausgeführt, dass das Fehlen einer Drosselmarke durch Verwendung eines weichen, relativ breiten Drosselwerkzeugs zu erklären sei.

Die weiteren kriminalistischen Untersuchungen trugen dann zahlreiche belastende Indizien zusammen. Aus einer Mülltonne im Wohngebiet der Täterin wurden verbrannte Reste von Kleidung sowie eines DDR-Personalausweises gesichert. Sie konnten der Getöteten zugeordnet werden, das galt jedenfalls zweifelsfrei für den Personalausweis. Von der Täterin wurde die Verbrennung und Vernichtung von Kleidung, Personalausweis und Portemonnaie später auch zugegeben. Nach Angaben der Beschuldigten konnten in der Nähe des Leichenfundortes eine Kohlenschippe und ein Fernsehpappkarton (für ein Gerät vom Typ »Dürer 94«, wie es in der Wohnung der Beschuldigten stand) aufgefunden werden. In weiterer Entfernung vom Fundort der Toten wurde dann auch nach Hinweisen der Beschuldigten der Kindersportwagen gefunden. Sowohl der Karton als auch der Kinderwagen zeigten innen erhebliche Blutverschmutzungen.

Die spurenkundliche Analyse der Blutspuren aus dem Kinderwagen, dem Fernsehkarton, dem Keller der Beschuldigten sowie von einem ihrer Kleider ergab jeweils die Blutgruppe B Gm (a+). Dieses Resultat war identisch mit der Blutgruppe der Getöteten. Damit waren weitere wichtige Indizien gewonnen. Aus heutiger Sicht muss natürlich festgestellt werden, dass der Beweiswert gering war, da etwa 5 % unserer Bevölkerung diese Merkmalskombination besitzen. In der heutigen Zeit der DNA-Technologie (»genetischer Fingerabdruck«) mit deren Möglichkeiten einer individuellen Zuordnung von biologischen Spuren zu einem Verursacher mag das unzureichend erscheinen, aber damals waren die Laboratorien noch an die Typisierung von wenigen konventionellen Erbmerkmalen (Blutgruppen) aus Spuren angewiesen. Das Zeitalter der molekulargenetischen Spurenanalysen brach erst etwa zwei Jahrzehnte danach an.

In der Wohnung der B. wurden weiterhin das angegebene Drosselwerkzeug, ein 3,2 cm breiter und 85 cm langer Gürtel einer Damenjacke, sowie ein goldener Ring und die Damenarmbanduhr der Getöteten gefunden.

Aufgrund der erdrückenden Beweise wurde bereits am 21.7.1969 für Frau B. der Haftbefehl ausgestellt, sie war einen Tag zuvor festgenommen worden.

Während der Haft wurde Frau B. in den folgenden Wochen mehrfach verhört, wobei sie ihre Geständnisse wiederholte und neue Details schilderte. Die vernehmenden Kriminalpolizisten überprüften insbesondere immer wieder die Frage der alleinigen Täterschaft von Frau B. Dazu dienten auch gründliche Ermittlungen zu den Angaben des Nesala über sein Alibi zum Tatzeitraum. Selbst die Angabe von Frau B., bei ihrem Treffen mit Tina für die Fahrt aus der Leipziger Straße zu ihrer Wohnung ein Taxi benutzt zu haben, wurde durch einen ausgehängten Zeugenaufruf bei der Ostberliner Taxizentrale überprüft und nach Ermittlung des Taxifahrers bestätigt. Wohnungsnachbarn der B. schilderten in ihrer Zeugenvernehmung, dass Frau B. sich am Tattag ein Beil bei ihnen geliehen habe. Frau B. hatte dieses zu den Schlägen auf die Tote verwendet.

Intensiv befassten sich die Ermittler mit zwei Briefen, die von Tina S. am 18.7.1969 an ihren Freund Nesala und an ihre Mutter geschrieben worden waren. Beide Briefe erreichten ihre Adressaten, als die Verfasserin bereits tot war, und sie lasen sich wie Abschiedsbriefe. In dem mehrere Seiten umfassenden Brief an Nesala bezeichnete die Schreiberin diesen als Trottel, den sie belogen und betrogen habe. Sie würde doch nicht »ihr Leben mit einem Neger verplempern«, »mit einem Negerbalg am Halse«. Das Pamphlet endet mit den Worten »auf nimmer Wiedersehen«, unterschrieben mit »Das kleine Biest«.

In dem kürzeren Brief an ihre Mutter hieß es u. a. »ich habe es jetzt sehr eilig, sei nicht böse, alles nähere schreibe ich Dir, wenn ich sicher angekommen bin.«

Die Intention dieser Schreiben war klar. Erstens sollte das gute Verhältnis von Nesala zu Tina S. gestört werden und zweitens sollte die Suche nach ihr behindert werden. Zur Zeit, als in Berlin noch die Mauer stand und häufig Menschen in den anderen Teil Berlins bzw. Deutschlands gingen, kann dieses Vorgehen als durchaus raffiniert gewertet werden.

Zwar zweifelten die Empfänger an der Urheberschaft der Tina S., zumindest für den Inhalt der Briefe. Sehr gründliche kriminalistische Begutachtungen der Handschrift und des verwendeten Schreibmaterials konnten jedoch die Anfertigung durch die junge Frau belegen. Sinn und Zweck dieser Briefe klärten sich vollends, als die Mörderin gestand, beide Briefe dem Opfer kurz vor der Tat diktiert zu haben.

Besonders interessierten sich die Ermittler für die Persönlichkeit und die Motive der Täterin. Hanna B. war eine gute Schülerin gewesen, hatte nach Abschluss der 8. Klasse eine Berufsschule besucht.

Nach einer Lehre als Lebensmittel-Fachverkäuferin hatte sie später an verschiedenen Arbeitsstellen und zuletzt bei einer Sparkasse gearbeitet. 1968 nahm sie ein Fernstudium bei einer Finanzfachschule auf. Insgesamt ergab sich das Bild einer zielstrebigen, im Berufsleben weitgehend zuverlässigen jungen Frau, die bisher nie mit dem Gesetz in Konflikt geraten war. Bedeutsam waren ihre Angaben, vom fünften bis zum achten Lebensjahr von ihrem Stiefvater sexuell missbraucht worden zu sein. Nach Wiederholung in ihrem 14. Lebensjahr habe sie die Vorgänge angezeigt, was zur Scheidung ihrer Eltern und Inhaftierung des Stiefvaters führte. Ihre Heirat eines allein stehenden Witwers mit drei Kindern war wohl mehr eine Vernunft- als eine Liebesentscheidung. Die Ehe zerbrach, als sie Nesala beim Tanzen kennen lernte. Ihm war sie nach eigenen Angaben bald verfallen. Obwohl Nesala sie schlecht behandelte – er habe ständig mehrere Frauen gleichzeitig gehabt, sie nicht unterstützt, aber gelegentlich geschlagen –, sei sie nicht von ihm los gekommen. Bei seinem starken Geschlechtstrieb habe er nie auf ihre Gefühle Rücksicht genommen, habe sogar ihre minderjährige Schwester und ihre ältere (ebenfalls minderjährige) Tochter sexuell missbraucht. In ihren Geständnissen offenbarte sie auch höchst unappetitliche Details, wie er gelegentlich bei später Heimkehr noch deutliche Spuren seiner vorangegangenen sexuellen Aktivitäten an seiner Kleidung aufwies. Dies alles, und nach eigenen Angaben viele gutmeinende Ratschläge von Freunden, FDJ- und Parteisekretär ihres Betriebes, konnten sie nicht zur Trennung von Nesala veranlassen. Ihre behandelnde Ärztin und weitere Bekannte schätzten ein, dass sie von Nesala psychisch und physisch zugrunde gerichtet wurde. Im Laufe der Zeit habe sich das Verhältnis der beiden immer mehr verschlechtert, sei nur noch eine sexuelle Bindung gewesen. Diese Einschätzung wird durch zwei Selbsttötungsversuche von Frau B. im Jahre 1967 und 1968 bekräftigt. Es sei zwar gelegentlich auch vom Heiraten die Rede gewesen, aber Nesala machte letztlich keine ernsthaften Anstalten. Schon kurz nach dem Kennenlernen habe er gegenüber Frau B. klar gestellt, dass er kein Mann zum Heiraten sei, da er nach seiner Ausbildung in der DDR (an der Gewerkschaftshochschule in Bernau, damals eine Kaderschmiede speziell für ausländische Studierende) zurück in seine

Heimat müsse, »um sich dort im Partisanenkampf oder Befreiungskampf seines Volkes aufzuopfern.«

Bereits im März hatte Hanna B. von der Schwangerschaft der Tina S. erfahren. Etwa zwei Monate vor der Tat sei ihr erstmalig der Gedanke gekommen, Tina zu töten. Sie habe dann nach und nach Vorstellungen entwickelt, wie die spätere Tat ablaufen könnte. Dabei hatte sie auch erwogen, die Nebenbuhlerin mit Schlaftabletten zu töten oder mit einem Kissen zu ersticken.

Ein gerichtliches Nachspiel

Nachdem die umfangreichen kriminalistischen und juristischen Untersuchungen zur Tötung der Tina Siewert abgeschlossen waren, fand die gerichtliche Verhandlung gegen Frau B. »wegen vorsätzlicher Tötung« (nach § 112 (1), StGB der DDR) vom 17.3. bis zum 23.3.1970 vor dem Stadtgericht von Groß-Berlin in der Littenstraße statt.

Von der Kriminalpolizei und Staatsanwaltschaft waren annähernd 70 verschiedene Spuren untersucht und mehr als 20 Zeugen z. T. mehrfach vernommen worden. 15 ausführliche Berichte und Gutachten lagen der Anklage zugrunde. Im Schlussbericht der Ermittlungen wurde die Ursache des Verbrechens in der egozentrischen Haltung der Beschuldigten gesehen, die dazu führte, die lästige Nebenbuhlerin zu beseitigen. Die bewusst inkonsequente Haltung des Nesala habe dabei begünstigend gewirkt.

Ich hatte unsere gerichtsmedizinischen Befunde und gutachterlichen Wertungen vor Gericht zu vertreten und wurde deshalb als Sachverständiger bestellt. Unter den vielen Gerichtsverfahren, die ich in meinem Berufsleben zu absolvieren hatte, hat sich dieses ganz besonders in meine Erinnerung eingegraben. Die Leser werden bald wissen, warum das so war.

Da war einerseits eine ungewöhnliche Angeklagte. Eine junge, sympathische Frau, von gepflegtem Äußeren, in ihrem beruflichen Leben unauffällig, die eine Rivalin heimtückisch getötet haben sollte. Ihre Erklärungen zum Motiv und zur Vorgehensweise klangen unglaublich. Es sei um die Beseitigung der Nebenbuhlerin gegangen, da ihr

Lebensgefährte die schwangere, jüngere Geliebte habe heiraten wollen. Ihre starke sexuelle Abhängigkeit von dem gemeinsamen Freund gab sie durch die Schilderung zu erkennen, wie allein der Gedanke an seine braune Haut sie erregt habe. Und im Zuge der Mordermittlungen war auch noch aufgedeckt worden, dass Nesala schulpflichtige Kinder wiederholt sexuell missbraucht hatte, darunter ihre ältere – vom geschiedenen Ehemann stammende – Tochter, was sie bemerkt und geduldet hatte. Auch sexuelle Eskapaden mit anderen Frauen hatte sie toleriert. Nur verlieren konnte sie diesen Mann nicht!

In ihrem Vorgehen war sie kaltblütig und heimtückisch. Das schätzte sie wohl auch selbst so ein, als sie in einem Brief aus der Haft an ihre Mutter schrieb: »Ich habe diese Frau grausam ohne Mitleid umgebracht.« Und sie habe »in ihrem Wahn geglaubt, wenn diese Frau nicht mehr sei, würde ihr Antony ganz gehören.«

Sie lockte die jüngere und offenbar arglose Nebenbuhlerin in ihre Wohnung, da man sich doch einmal aussprechen müsse. Hier diktierte sie ihr zwei Briefe nach Art eines Abschiedsbriefes, wahrscheinlich unter Bedrohung, was sie aber bestritt. Dann leitete sie überraschend die Tötung ein, indem sie der Tina S. plötzlich von hinten einen Stoffgürtel um den Hals warf und diesen zuzog, bis die Gedrosselte das Bewusstsein verlor. Diese Tötungsmethode ist von professionellen Killern bekannt, da sie nicht nur schnell und lautlos wirkt, sondern außerdem meist unblutig abläuft. Darüber hinaus besteht beim Angriff von hinten praktisch keine Möglichkeit zur Gegenwehr oder gar Rettung. Um keine Missverständnisse aufkommen zu lassen – Frau B. war alles andere als derartigen Täterkreisen zuzurechnen. Im Gegenteil, sie war bisher unbescholten und übte einen achtbaren Beruf aus. Auch in dem weiteren Vorgehen einschließlich des Fortbringens der Toten, wie oben geschildert, erwies sich die Täterin als äußerst kaltblütig. Die Tötung hatte sie bereits gegen 16.00 Uhr beendet. Sie entkleidete die Tote und verbrannte die Kleidung im Ofen der Wohnung. Sie vergaß auch nicht, die Asche unverzüglich in die Mülltonne zu bringen. Danach versteckte sie die Leiche in ihrem Keller und beruhigte zwischenzeitlich noch Nesala, der überall – auch in ihrer Wohnung – nach Tina suchte. Erst gegen 22.00 Uhr kam sie dazu, die Leiche wegzufahren, und traf gegen 24.00 Uhr wieder zu Hause ein.

Unklar blieben nach meiner Einschätzung die Hintergründe für die Beilhiebe auf den Hals der Getöteten. Aus rechtsmedizinischer Sicht konnte hier an einen Versuch zur Leichenzerstückelung gedacht werden, zumal die Tote während der Beilhiebe auf einer mit Kunststoff abgedeckten Tischplatte gelagert war – ein solches Vorgehen hätte den Abtransport der Leiche erleichtert sowie auch die Identifikation erschwert (und wäre dann in unserer Fachsprache als passive Leichenzerstückelung zu bezeichnen). Wir wissen nicht, warum die Täterin so vorging und dann wieder von diesem Vorhaben abließ. Verschiedene Gründe sind denkbar. Sie selbst hatte in einem späteren Geständnis angegeben, dass sie lediglich sicher sein wollte, dass Tina wirklich tot war.

Da waren die Eltern der Getöteten, die als Nebenkläger auftraten und der Verhandlung in gesamter Länge beiwohnten. Die Eltern hatten von dem Liebhaber und der Schwangerschaft ihrer Tochter gewusst. Tina habe sich auf das Kind gefreut. Herr Nesala habe ernsthafte Heiratsabsichten gehabt und ihre Tochter habe diesen Mann geliebt. Deshalb akzeptierten sie schließlich diese Verbindung.

Erinnerlich ist mir noch von dem Gerichtstermin ein unwürdiger Streit zwischen Nebenklage und Verteidigung um Schadensersatzansprüche der Hinterbliebenen. Sie bezogen sich auf den finanziellen Ersatz der unbrauchbar gewordenen Bekleidung des Opfers, auf die Trauerkleidung wie auf die Erstattung von Grabdenkmal und Bestattungskosten. Das Gericht verurteilte die Täterin dann auch zum Schadenersatz in Höhe von 1 107,06 Mark der DDR. Mich hatte dieser Vorgang damals unangenehm berührt. Aber es steht uns nicht zu, über ungewöhnliche Reaktionen bei Trauernden zu urteilen – vielleicht sind sie ein Teil der Trauerarbeit.

Das psychiatrische Gutachten des Dozenten Dr. S. von der Nervenklinik der Charité bescheinigte der Angeklagten Intelligenz und Charakterstruktur im Normbereich, es fanden sich keine gesundheitlichen Gründe für eine Minderung oder Aufhebung der Zurechnungsfähigkeit, ebenso keine Hinweise für einen pathologischen Affekt am Tattage. So wurde Frau B. am 23.3.1970 vom Stadtgericht von Groß-Berlin wegen Mordes zu einer lebenslangen Haftstrafe verurteilt.

In ihrem Schlusswort sagte sie: »Die Tat ist so schwerwiegend, dass es kein Verzeihen geben kann. Ich selbst habe durch diese Tat auch mein Leben und das meiner Kinder zerstört. Meine Tat bereue ich zutiefst«.

Die von der Verteidigung beantragte Berufung wurde vom Obersten Gericht der DDR zurückgewiesen.

Schlussbetrachtung

Die Bilanz der schrecklichen Ereignisse – ausgelöst durch menschliche Leidenschaften und Unfähigkeit zu friedlichen Konfliktlösungen – sind zwei Tote (das Mordopfer und ihr Geliebter), eine zu lebenslanger Haft verurteilte Täterin und mehrere unglückliche Familien.

Was wurde aus der Täterin? Nach 15 Jahren, im September 1984, kam sie wegen guter Führung durch einen Gnadenerlass des Vorsitzenden des Staatsrates der DDR Erich Honecker wieder in Freiheit. Es ist wahrscheinlich, dass sie nie wieder straffällig wurde und nach der Entlassung ein unauffälliges bürgerliches Leben führte.

Und was wurde aus ihren Kindern? Sie sind als weitere unschuldige Opfer dieses Geschehens zu sehen. Nach der Verurteilung ihrer Mutter wurde für sie Heimerziehung angeordnet.

Der Afrikaner hatte sich im Ergebnis des Ermittlungsverfahrens in der Mordsache wegen sexuellen Missbrauchs von Kindern zu verantworten. Er kam deshalb am 10.9.1969 in Untersuchungshaft, bis ihn die Strafkammer von Berlin-Lichtenberg am 17.3.1970 zu einer Freiheitsstrafe von einem Jahr und zehn Monaten wegen sexuellen Missbrauchs von Kindern (§ 148, Abs. 1 und 2, sowie § 200, Abs. 1 StGB der DDR; heute § 176 StGB u. a.) verurteilte. Die Strafe hatte er im Juli 1971 verbüßt. Wir wissen nicht, was er nach seiner Haftentlassung gemacht hat und wo er sich aufhielt. Es ist denkbar, dass er 1971 in den »Westen« entlassen oder ausgewiesen wurde. Jedenfalls war er sieben Jahre nach der Tötung seiner jungen Geliebten wieder in Ostberlin, um sich das Leben zu nehmen. Indem er sich am Grab der ermordeten Tina S. die Pulsader aufschnitt, hat er uns Jahre nach seiner Untersuchung als Tatverdächtiger auf makabre Weise von der Echtheit seiner Liebe und Trauer überzeugt

Die umfangreichen und intensiven Ermittlungen im Mordfall Tina S. hatten nicht nur ein kriminalistisch unerwartetes Resultat – eine unbescholtene Frau als Täterin. Sie bestätigten auch ihre lange bezweifelten Geständnisse der alleinigen Täterschaft ohne jegliche fremde Anstiftung. Dieser juristischen Einschätzung kann noch eine moralische Wertung hinzugefügt werden. Danach ist das Verhalten des Nesala durchaus als Grundlage für die Entwicklung der Katastrophe zu werten.

Letztlich ergab sich, entgegen kriminalstatistischen Wahrscheinlichkeiten und vielen Klischees, dass dieses Gewaltverbrechen von einer Frau verübt wurde, und dass der Geliebte der jungen Schwangeren nicht ihr Mörder war!

Danksagung

Der Autor dankt allen an den Untersuchungen beteiligten Kollegen des Instituts für Rechtsmedizin der Charité, Campus Mitte. Dank gebührt ebenfalls den Mitarbeitern des Generalstaatsanwalts bei dem Landgericht Berlin für die Unterstützung bei der Suche von Archivunterlagen.

Jochen Wilske

Institut für Rechtmedizin des Saarlandes in Homburg/Saar

Prof. Dr. med. Jochen Wilske wurde am 2.12.1944 in Bad Wiessee geboren. Von 1965 bis 1971 studierte er Humanmedizin an der Universität München. Seine Medizinalassistenzzeit absolvierte Wilske 1971/72 und seine Wehrpflicht als Stabsarzt 1972/73. Von 1974 bis 1977 arbeitete er als wissenschaftlicher Assistent am Institut für Neuropathologie der Universität München. Es folgte die Tätigkeit als Assistent am Institut für Gerichtliche Medizin der Universität Innsbruck. 1984 habilitierte Jochen Wilske, von 1986 bis 1993 hatte er eine C2-Professur am Institut für Rechtsmedizin der Universität München inne. Seit 1993 ist Wilske Leiter des Institutes für Rechtsmedizin der Universität des Saarlandes.

Dum(m) – Dum(m)

Die kleine Tausendseelengemeinde schläft in der Vorweihnachtszeit tief und ruhig. Mitternacht ist schon vorüber, als in einem Haus ein Schuss fällt, den jedoch niemand im Dorf hört. Erst die Sirenen eines Rettungswagens reißen die Nachbarschaft eines Einfamilienhauses aus dem Schlaf. Noch kann sich keiner den Grund hierfür erklären.

Der Hausherr und Sportschütze Robert P. hat die Rettungskräfte bereits erwartet, sein Sohn öffnet ihnen die Tür und weist den Weg in Richtung Küche. Dort steht ein Tisch mit je einem breiten Tischbein an seinen beiden Stirnseiten sowie mit einer Eckbank im bäuerlichen Stil. Am Boden liegt die Frau des Hauses mit Kopf und Oberkörper in dem schmalen Raum zwischen der Eckbank und dem breiten Tischbein, der Kopf in einer teilweise sich schon verfestigenden Blutlache. Es ist nicht klar, ob man noch helfen kann, aber man muss es versuchen. Man zieht die leblose Frau in die Raummitte und beginnt sofort mit Wiederbelebungsmaßnahmen. Auch hier breitet sich das Blut auf dem Boden aus und um darauf nicht auszurutschen, lässt man sich Handtücher geben, die wahllos auf dem Boden verteilt werden. Nach einer Stunde bricht man schließlich die Wiederbelebungsmaßnahmen wegen Erfolglosigkeit ab. Wegen eines großen Defektes am Hinterkopf stellt die Notärztin einen nicht natürlichen Tod fest und die Polizei wird eingeschaltet. An die ursprüngliche Lage der Frau und insbesondere die Spurenlage insgesamt kann sich anschließend keiner aus dem Rettungsteam mehr genau erinnern.

Noch während der Rettungsmaßnahmen wird Robert P. von inzwischen eingetroffenen Polizeibeamten zum Hergang des Geschehens befragt. Diesen erklärt er zunächst, dass sich beim Reinigen einer Waffe unerwartet ein Schuss gelöst und seine Frau getroffen habe. Am Abend sei er mit seinem 13-jährigen Sohn Franz noch im Schützenhaus gewesen und gegen 23.00 Uhr nach Hause gekommen. Seine Frau sei erst kurz vor Mitternacht und damit kurz vor dem Unfall erschienen. Auch der Sohn Franz erklärt den Beamten, dass seine Mutter erst spät von der Arbeit nach Hause gekommen sei. Zum Zeitpunkt des Unfalls habe er im Wohnzimmer ferngesehen. Ein Streit zwischen seinen Eltern habe es nicht gegeben. Neben dem Vater und dem Sohn hatte sich noch ein weiteres »Familienmitglied« in dem Haus befunden, nämlich der Mischlingshund Arco, der von der Notärztin später als großer friedlicher Hund beschrieben wird. Möglicherweise hat er alles beobachtet …

War es ein Unfall? Erste Zweifel an den Angaben kommen bei den Polizeibeamten auf, als sie die schwere Tatwaffe, einen sechsschüssigen Trommelrevolver der Marke Smith & Wesson im Kaliber 357er Magnum, nicht in der blutverschmierten Küche, sondern im angrenzenden Wohnzimmer neben Waffenreinigungsutensilien auf einem Beistelltisch in frisch gereinigtem Zustand vorfinden. Die silberglänzende Waffe macht einen gepflegten und gereinigten Eindruck und riecht auffällig nach Putzmittel. Einer der Streifenbeamten, ein erfahrener Jäger, inspiziert die Waffe. Die Trommel des Revolvers ist bis auf eine abgefeuerte Patronenhülse nicht geladen. Die Patronenkammer, in der die Hülse steckt, weist deutliche schwarze Schmauchspuren auf. Auffällig ist aber vor allem die Lage der Kammer mit der genannten Hülse. Nach der Schussabgabe hätte die abgefeuerte Hülse direkt vor dem Schlagbolzen in »12-Uhr-Position« liegen müssen, die benutzte Kammer befindet sich jedoch in der ersten Position links neben dem Schlagbolzen, also in »10-Uhr-Position«. Nach dem Abfeuern des Schusses muss der Abzug also noch ein zweites Mal betätigt worden sein. Bei einer Inspektion der Toten fällt dem Beamten auch eine schwärzliche Verfärbung an der Innenseite der rechten Hand auf, die er aber nicht weiter einordnen kann.

Diese Punkte reichen ihm allerdings, um über die Einsatzzentrale Verstärkung anzufordern. Kurze Zeit später treffen Mitarbeiter des Landeskriminalamtes und ein Rechtsmediziner ein.

Bei der Spurensicherung mit photographischer Dokumentation und Vermessung des Tatortes fallen auf dem Küchenboden bevorzugt im Tischbereich weit verstreute, teilweise bizarr geformte Knochenbruchstücke auf und unter der Eckbank wird ein stark verformter Bleikern, ein Teil des Geschosses, gefunden. An der breiten

Fläche des Tischfußes zeigen sich zwei oberflächliche Furnierholzabsplitterungen, die größere scheint grau verfärbt, die kleinere darüber heller. Später wird nachgewiesen, dass beide Defekte durch den Anschlag von Bleifragmenten des Geschosses verursacht worden sind. Der Küchenboden um den Tisch ist ausgedehnt von Blut bedeckt, ausgehend wohl von dem Bereich zwischen Eckbank und Tischfuß, von dort jedoch weiter verteilt in den gesamten Bereich vor dem Tisch und zusätzlich in größerem Umfang durch zahlreiche Fußtritte im ganzen Raum. Dieses Bild ist daher nicht mehr das ursprüngliche, sondern durch die Wiederbelebungsbemühungen stark verändert. Unveränderte Blutantragungen finden sich allerdings noch an dem Tischbein in der Nähe der offensichtlich ursprünglichen Kopflage.

Auf dem Tisch lassen sich außer diskreten Blutspritzern auf der Tischdecke keine Spuren sicherstellen. Die Eckbank und die Wände zeigen keinerlei Blutantragungen und sind zudem sonst unbeschädigt. Dies ist insofern auffällig, da mit Blutspritzern und einer Beschädigung der Wand hätte gerechnet werden müssen, wenn das Opfer in stehender oder sitzender Position getroffen worden wäre. Die Blutantragungen finden sich jedoch nur auf dem Boden unter dem Tisch bzw. am Tischbein. Die Todeszeitbestimmung stimmt mit einem Todeszeitpunkt gegen Mitternacht überein. Bei der rechtsmedizinischen Untersuchung der Toten wird dann unter ihrem Kopf in einer Lache aus Blut und Hirngewebe ein aufgepilztes und damit stark deformiertes Hauptstück des Projektils gefunden.

Bei der anschließenden Durchsuchung des Hauses findet sich eine Vielzahl ordnungsgemäß angemeldeter Schusswaffen: Pistolen, Revolver und Gewehre verschiedener Kaliber, ferner eine bunte Sammlung von Munitionsvorräten.

Noch in der Nacht wird bei Herrn P. eine Blutprobe entnommen, da er alkoholisiert ist.

Genauer nach dem Ablauf befragt, gibt Herr P. sowohl gegenüber den Beamten als auch gegenüber dem Arzt bei der Blutentnahme folgende zweite und ausführlichere Darstellung: Er habe nur wie üblich am Wohnzimmertisch seine Waffe reinigen wollen. Dabei habe es an der Haustür geklingelt, er sei mit der Waffe in der Hand an die Haustür gegangen und habe geöffnet. Draußen habe seine Frau gestanden, gemeinsam seien sie in die Küche gegangen und hätten sich über einen bevorstehenden Urlaub unterhalten. Während dieses Gespräches habe seine Frau an ihrer Hose einen Fussel entdeckt und sich nach vorne gebeugt, um diesen zu entfernen. In diesem Moment habe sich aus der Waffe, die er in der Hand gehalten habe, ein Schuss gelöst. Seine Frau sei nach hinten gefallen und habe sich noch den Kopf an der Eckbank angestoßen. Diese Version, die gegenüber der ersten abgewandelt scheint, entspricht aus rechtsmedizinischer Sicht ebenfalls nicht dem Spuren- und Verletzungsbild.

Nun wird in den weiteren Ermittlungen auch ein Augenmerk auf die familiäre Situation gerichtet mit der Fragestellung, ob es ein Tatmotiv gibt oder es doch ein Unfall gewesen sein konnte. Was geschah tatsächlich in der Tatnacht?

Am Vormittag des nächsten Tages taucht ein Arbeitskollege von Herrn P. als Zeuge auf und belastet ihn mit einem Telefonat in der fraglichen Nacht. Robert P. habe ihn kurz nach Mitternacht angerufen und mitgeteilt, er habe seine Frau erschossen und man bräuchte in der Firma in den nächsten Jahren nicht mehr mit ihm rechnen. Der 13-jährige Franz sei dann ebenfalls ans Telefon gekommen und habe dies bestätigt. Dieses Telefonat wird allerdings von Herrn P. in den folgenden Monaten beharrlich bestritten.

Am folgenden Tag um die Mittagszeit meldet sich die Schwester des Opfers und teilt der Polizei mit, sie glaube nicht an einen Unfall. In der Ehe ihrer Schwester habe es seit langem Probleme gegeben, weshalb sich diese bereits mit Scheidungsabsichten getragen habe. Auch habe ihre Schwester deshalb bereits einen Selbstmordversuch vorgenommen. Sie sei von ihrem Mann schon mehrfach krankenhausreif geschlagen worden und ihre Mutter habe gegen den Schwiegersohn auch schon Strafanzeige gestellt. In den letzten Wochen habe ihre Schwester allerdings geäußert, das Verhältnis zu ihrem Ehemann habe sich gebessert.

Was hatte Paula P., das Opfer, am Abend der Tat gemacht? Nach Angaben des älteren Sohnes Matthias war seine Mutter gegen 15.00 Uhr zur Arbeit gegangen, ihm war nichts Ungewöhnliches aufgefallen. Nach einer Weihnachtsfeier an ihrer Arbeitsstätte war Frau P.

von Zeugen noch mit drei bis vier weiteren Frauen in einem Lokal gesehen worden. Während die Begleiterinnen die Lokalität kurze Zeit später verlassen hatten, habe Paula P. am Tresen alleine noch weiter Alkohol getrunken. Zu diesem Zeitpunkt sei sie nach Aussage der Bedienung schon stark alkoholisiert gewesen. Der im Rahmen der Obduktion festgestellte Blutalkoholspiegel beträgt 2,72 Promille.

Am frühen Nachmittag wird Paula P. im Institut für Rechtsmedizin obduziert. Die Obduktion ergibt als Todesursache einen Kopfschuss mit Zerstörung großer Teile des Großhirns. Der Einschuss liegt oberhalb des rechten Ohres, der Ausschuss im linken Hinterkopfbereich mit weitgehend horizontalem Schusskanal. Der schwärzlich verfärbte rechte Handballen des Opfers wird mit Hilfe von Klebefolien gesichert, wobei in einer später erfolgten Analyse typische Schmauchelemente nachgewiesen werden. Diese Schmauchantragungen werden als offensichtliche Abwehrreaktion aufgefasst. Gut passend zu den Aussagen der Schwester finden sich am gesamten Körper unterschiedlich alte, jedoch keine frischeren Hämatome, sodass ein Kampfgeschehen unmittelbar vor der Tat als unwahrscheinlich eingestuft wird. Insgesamt stehen die Obduktionsbefunde im Widerspruch zu dem bisher vom Ehemann vorgetragenen Ablauf.

Die bis zum frühen Abend gesammelten Erkenntnisse reichen für einen Haftbefehl wegen dringendem Mordverdacht gegen Robert P. aus.

Robert P. wird nunmehr als Beschuldigter erneut vernommen und gibt eine dritte Version der Ereignisse an: Er habe am fraglichen Tatabend im Schützenverein überhaupt nicht geschossen. Er habe vielmehr seine Frau von der Arbeit abholen wollen, sie sei jedoch bereits weg gewesen, was nicht ungewöhnlich gewesen sei. Er sei dann nach Hause gefahren und habe die noch im Schießkoffer befindliche Waffe ins Wohnzimmer gebracht, um sie zu reinigen. Er habe das Putzzeug geholt und – wie bei Abwesenheit seiner Frau üblich – es auf den Wohnzimmertisch gelegt. Ansonsten reinige er die Waffe im Keller. Normalerweise seien die Waffen beim Reinigen ungeladen. Zwei Wochen zuvor habe er jedoch mit dem Revolver schießen wollen und dabei bemerkt, dass die Waffe mit der falschen

Munition geladen gewesen sei, nämlich mit den für einen Schießstand zu starken 357er Magnum-Patronen. Deswegen habe er am Schießstand die Trommel heraus gedrückt, um sie zu entladen, die Patronen seien heraus gefallen. Ohne die Patronen abzuzählen, habe er dann die Waffe wieder in den Koffer gelegt und die Munition in die Packung zurück gesteckt und beide später in diesem Zustand zurück in den Waffenschrank gelegt. Er könne sich nur vorstellen, dass bei diesem letzten Entladen die Trommel nicht weit genug ausgeschwenkt wurde, weshalb nicht alle Patronen herausgefallen seien. Vor dem Reinigen habe er sich dann vom Ladezustand der Waffe noch einmal überzeugen wollen, doch dazu sei es nicht gekommen, da es bereits an der Tür geklingelt habe und seine Frau herein gekommen sei.

Sie hätten sich dann in der Küche unterhalten, wobei er den Revolver immer noch in der Hand gehalten habe. Seine Frau habe dann einen Fussel an ihrer Hose bemerkt und sich nach vorne gebeugt. In diesem Moment habe sie mit dem Rücken zu Tisch und Eckbank gestanden, er etwa 150 cm von ihr entfernt und vielleicht auch ein klein wenig nach links versetzt. Sie habe weiter geredet und dabei den Kopf nach links gebeugt. Dann habe es auf einmal geknallt und seine Frau sei rückwärts zwischen Eckbank und Tisch gefallen.

Er habe sofort seinen Sohn Franz gerufen. Im ersten Moment sei ihm nicht bewusst gewesen, dass er sie getroffen hatte. Er habe sie etwa 50 cm aus der Enge zwischen Tisch und Eckbank hervorgezogen und dann das Blut gesehen. Nach dem Schuss habe er die Waffe auf den Tisch bei der Eckbank gelegt und anschließend nicht noch einmal in die Hand genommen, auch habe er kein weiteres Mal den Spannabzug bedient. Es sei nur ein Schuss gefallen. Auch sein Sohn habe die Waffe nicht in der Hand gehabt. Bis zum Eintreffen der Polizei habe er neben seiner Frau gestanden und seinen Sohn zur Haustür geschickt, um aufzumachen. Wie die Waffe dann vom Esstisch zum Wohnzimmertisch gelangt sei, wisse er nicht.

Zwischen ihm und seiner Frau habe es im Laufe ihrer 18 Ehejahre auch kleinere Streitigkeiten und Rempeleien gegeben. Richtig geschlagen habe er sie jedoch nicht und sie ihn auch nicht. Seine Frau habe auch nicht übermäßig getrunken. Am fraglichen Abend habe er bei ihr keinen Alkohol gerochen.

Während dieser Vernehmung kann Herr P. keine plausible Erklärung dafür geben, warum die Waffe, die von ihm auf dem Küchentisch abgelegt worden sei, später im Wohnzimmer auf dem Tisch vorgefunden wurde. Der Anruf bei einem Arbeitskollegen wird auch bestritten. Ebenfalls widersprüchlich hierzu stehen die Angaben einer Arbeitskollegin von Frau P. Nach deren Auskunft habe Herr P. an dem besagten Abend tatsächlich gegen jede Gewohnheit nach seiner Frau gefragt. Nachdem sie ihm mitgeteilt habe, dass seine Frau bereits seit mehreren Stunden weg sei, sei er enttäuscht und wütend gewesen und habe mehrfach nachgefragt, wo sie sich aufhalten könne.

Die weiteren Ermittlungen gestalten sich schwierig und ergeben kein einheitliches Bild von der Familie. Die gesamte Familie sei Mitglied im Schützenverein und Herr P. sei sogar der erste Vorsitzende. Der Vater und die Söhne hätten aktiv geschossen. Man habe verschiedene Pistolen, Revolver und Gewehre besessen. Herr P. wird vom seinem größeren Sohn Matthias im Umgang mit Waffen und Munition als sehr sorgfältig und stets auf Sicherheit bedacht beschrieben. Paula P. habe nur als zahlendes Mitglied dem Verein angehört, sie habe das Schießen nicht als Hobby betrieben. Nach Angaben von Matthias sei die Ehe seiner Eltern harmonisch gewesen. Die Familie P. habe seit dem Hauskauf unter finanziellen Engpässen gelitten. Es habe – wenn überhaupt – Streitigkeiten wegen finanzieller Probleme gegeben.

Frau P. habe sich mehrfach gegenüber Arbeitskollegen und Familienmitgliedern über die hohen finanziellen Ausgaben im Rahmen von Waffenkäufen beschwert und geklagt, für sie würde kaum etwas übrigbleiben. Dabei habe sie des Öfteren auch Trennungsabsichten geäußert. Nach Angaben von Arbeitskollegen von Frau P. sei es ein offenes Geheimnis gewesen, dass die Ehe kriselt. Frau P. sei auch öfters mit blauen Flecken zur Arbeit gekommen, sie habe seit ca. einem Jahr verstärkt Alkohol getrunken. Über außereheliche Beziehungen der Ehepartner wird im Verlauf der Ermittlungen nichts bekannt. Nach Angaben mehrerer Personen im engeren Bekanntenkreis der Familie habe sich jedoch das Verhältnis zwischen den Eheleuten in den Wochen vor der Tat als merklich entspannt dargestellt.

Drei Monate nach der Tat wird eine gemeinschaftliche Tatrekonstruktion unter Beteiligung von Rechtsmedizin, Schusswaffen-Sachverständigen, Ermittlungsbeamten und Beamten der Spurensicherung durchgeführt. Doch die Bemühungen führen zu keinem eindeutigen Ergebnis. Insbesondere die Endlage der Projektilteile, die tiefen Anschlagstellen der Geschossfragmente und die auffallende Verteilung von Knochen und Hirngewebe lassen sich nicht schlüssig erklären. Insgesamt sind auch die verschiedenen Darstellungen von Herrn P. mit der Spurenlage vor Ort nicht in Einklang zu bringen.

Im Rahmen dieser Rekonstruktion trägt nun Robert P. eine vierte Variante des Geschehensablaufes an diesem Abend vor, an der er dann bis zur Hauptverhandlung beharrlich festhält: Abweichend zu den vorherigen Angaben erklärt er, seine Frau sei stark alkoholisiert nach Hause gekommen, zunächst gegen den Esszimmerschrank gestoßen und danach mit dem Gesäß auf die Ecke der Eckbank gefallen. Von dort sei sie abgerutscht und zwischen Tisch und Eckbank zu liegen gekommen. So habe sie mit dem Rücken auf dem Boden gelegen, den Kopf etwas zur Seite gedreht. Er habe sich mit der rechten Hand auf die Eckbank gestützt und ihr mit dem Lauf der Waffe, ohne dass ein Finger am Abzug gelegen hätte, locker gegen die Schulter getippt. Plötzlich sei der Hund gekommen und habe ihn abgelenkt. Im gleichen Moment habe es geknallt. Danach sei er ins Wohnzimmer gegangen und habe die Waffe dort mit einem Tuch abgerieben.

Im Widerspruch dazu stehen die Angaben des jüngsten Sohnes Franz, der angibt, der Hund sei während der gesamten Zeit bei geschlossener Tür im Wohnzimmer gewesen.

Um alle rechtsmedizinischen Möglichkeiten für eine Klärung des Falles auszuschöpfen, wird der Fall innerhalb des Institutes eingehend besprochen. Unter den Mitarbeitern befindet sich auch ein im Hinblick auf Schuss und Schussverletzung besonders ausgewiesener Experte. Es werden sämtliche Einzelspuren, die Tatortfotos und die Ergebnisse der Obduktion insgesamt aufgelistet und man versucht, einen schlüssigen Zusammenhang herzustellen. Dabei wird die dunkle Schmauchspur am rechten Handballen von Paula P. dem Trommelspalt des Revolvers zugeordnet. Damit ist gesichert, dass sich die rechte Hand des Opfers im Moment der Schussabgabe an der Seitenfläche des Revolvers befunden haben muss. In erster Linie ist damit an eine Bewegung zu denken, mit der das Opfer im letzten Moment die Waffe noch hat wegdrücken wollen.

Als weiterer Punkt fällt beim Vergleich von Schusskanal und Munitionsart auf, dass bei der angeblich verwendeten hochenergetischen Magnumpatrone nicht nur mit einem Durchschuss, sondern auch mit einem Geschosseinschlag im Raum zu rechnen gewesen wäre. Stattdessen hatte das ursprüngliche Teilmantelgeschoss offenbar bereits während des Durchtrittes durch den Kopf des Opfers alle Energie verloren, wurde darüber hinaus stark deformiert und hatte sich in Geschossmantel und Geschosskern zerlegt. Das Kernblei hatte dann auch nur wenig am Tischbein angeschlagen, ohne in das Holz einzudringen. Somit ist von einer sehr hohen Energieabgabe während des Durchschlagens des Kopfes auszugehen, was jedoch für die angegebene und offensichtlich auch verwendete Munition völlig ungewöhnlich ist.

Die starke Verformung des aufgefundenen Projektils im Sinne einer Aufpilzung erinnert an so genannte Hohlspitzmunition, im Volksmund auch Dum-Dum-Geschoss genannt. Solche Munition darf in Deutschland weder verkauft noch eingeführt werden, in anderen Ländern wie der Schweiz und Luxemburg wird sie allerdings für Jäger angeboten. Diese Teilmantelgeschosse weisen eine tiefe Höhlung an der Projektilspitze (Geschossnase) auf, sodass nicht eine Spitze den Widerstand für das Geschoss reduziert, sondern eine Art Fläche den Widerstand wesentlich erhöht. Dies führt zu einer erheblichen Deformierung des Geschosses bei gleichzeitig hoher Energieabgabe mit der Folge einer viel größeren Gewebezerstörung.

Um diese Schlussfolgerung zu überprüfen, werden anschließend umfangreiche Vergleichsschüsse mit dem von Robert P. angegebenen Teilmantelgeschoss durchgeführt: Keiner dieser Schüsse führt zu einer Verformung des Projektils, wie es hier der Fall gewesen ist. Wird jedoch das Geschoss an der Spitze zu einem Hohlspitzgeschoss umgewandelt, so erreicht man exakt die tatsächlich beobachtete starke Verformung bei einer gleichzeitig größeren Zerstörung im Bereich des Schusskanals. Zusätzlich ist bemerkenswert, dass sich zwar reichlich Magnum-Munition in der Wohnung befand, jedoch keine mit einer derartigen Veränderung. Dass sich auch gerade noch diese veränderte Patrone in der Waffe befand, ist kaum noch als Zufall anzusehen. Ob dabei diese Patrone im Ausland erworben oder selbst manipuliert worden ist, kann nicht geklärt werden, beides muss als möglich angesehen werden.

15 Monate nach dem tödlichen Schuss beginnt der Prozess vor dem Schwurgericht. Nach Anhörung zahlreicher Zeugen und der Sachverständigen, hier vor allem der beteiligten Rechtsmediziner, kommt das Gericht zu folgender Rekonstruktion des Tatherganges:

Nach dem vergeblichen Abholversuch seiner Frau von ihrer Arbeitstätte kam Robert P. zu dem Entschluss, seine Frau zu töten, wobei das Motiv auch während der vielen Verhandlungstage letztendlich mangels eines Geständnisses nicht vollständig geklärt werden kann. Robert P. plante nach Auffassung des Gerichtes zur Umgehung ernsterer strafrechtlicher Konsequenzen ein Unfallgeschehen beim Waffenreinigen, wie man es immer wieder in den Medien lesen kann. Um ein Unfallgeschehen glaubhaft zu inszenieren, war ihm allerdings nur die Abgabe eines einzigen Schusses möglich. Ein zweiter Schuss hätte die Unfallversion unmöglich gemacht. Um deshalb dem Schuss die größtmögliche tödliche Kraft zu verleihen, lud er die Waffe nicht nur mit einer Magnumpatrone, sondern mit einem so genannten Dum-Dum-Geschoss. Der Angeklagte begab sich dann zu seinem Sohn ins Wohnzimmer, der bereits den Fernseher eingeschaltet hatte, und wartete auf das Kommen seiner nichts ahnenden Frau.

Kurz nach Mitternacht klingelte es an der Haustür. Herr P., der seine alkoholisierte Ehefrau vermutete, nahm den Revolver in seine rechte Hand und öffnete die Haustür. Beim Hinausgehen schloss er die zum Esszimmer gelegene Tür, um das Hinauslaufen des Hundes zu verhindern. Die Eheleute begaben sich dann gemeinsam in die Küche.

Auf Grund ihrer Alkoholisierung kam Paula P. unmittelbar vor dem Küchentisch zu Fall. Um jegliche Gegenwehr auszuschließen, richtete der Angeklagte sofort die Mündung der Waffe in Richtung des Kopfes seiner bis dahin arglosen Frau und gab aus einer Entfernung von ca. 40-60 cm gezielt den tödlichen Schuss ab. Im gleichen Moment versuchte Frau P. noch, mit ihrer rechten Hand die

Waffe wegzuschlagen, was ihr jedoch nicht mehr gelang. Anschließend rieb der Angeklagte die Waffe mit einem Lappen ab und betätigte dabei noch einmal den Abzug.

Robert P. wird vom Schwurgericht wegen Mordes an Paula P. zu einer lebenslangen Freiheitsstrafe verurteilt, die beantragte Revision bleibt ohne Erfolg. Im Nachhinein hat der Versuch, durch ein besonders überlegtes und waffentechnisch fachmännisches Vorgehen eine Unfallsituation vorzutäuschen, neben zahlreichen anderen Aspekten entscheidende Hinweise für die Tötungsabsicht erbracht. Der Zwang, nur mit einem Schuss den Tod sicher herbeiführen zu müssen, hat zur Verwendung einer besonders gefährlichen Munition geführt, die jedoch in Deutschland nicht zugelassen ist und von der sich auch kein zweites Exemplar in der Wohnung auffinden ließ.

Manfred Oehmichen
Institut für Rechtsmedizin Kiel/Lübeck
unter Mitarbeit von Christoph Meißner

Prof. Dr. med. Manfred Oehmichen wurde am 18.5.1939 geboren und wuchs in Göttingen auf. Er studierte Medizin in Göttingen und Homburg/Saar von 1959 bis 1966. Zwischen 1969 und 1978 war er wissenschaftlicher Mitarbeiter am Institut für Hirnforschung der Universität Tübingen und schloss mit seiner Habilitation im Fach »Neuropathologie« ab. Von 1978 bis 1981 erfolgte die Ausbildung zum Facharzt für Rechtsmedizin. 1981 wurde er auf eine C3-Professur am Institut für Rechtsmedizin der Universität Köln gerufen, 1990 folgte eine C4-Professur am Institut für Rechtsmedizin der Universität Lübeck. Seit dem Jahr 2000 ist Manfred Oehmichen Direktor der Institute für Rechtsmedizin Kiel und Lübeck und hat eine C4-Professur an der CAU Kiel inne.

Seine Forschungsschwerpunkte liegen in den Bereichen Morphologie der Wunde, Neurotraumatologie und Ethik in der Medizin.

Die Gier der Spinne

Hans-Werner G. (63 Jahre alt) wohnte mit seiner Schwester Agathe G. in einem kleinen verschlafenen Örtchen in Schleswig-Holstein auf dem von den Eltern geerbten Bauernhof. Das landwirtschaftliche Anwesen umfasste insgesamt etwa 50 ha Land. Das Zentrum des idyllischen Fleckchens bildete ein langgezogenes rotes Backsteingebäude mit Reetdach, das von einem alten Baumbestand umgeben war. Stallungen, Scheune und weitere Hallen zum Unterstellen von landwirtschaftlichen Geräten und Fahrzeugen waren in unmittelbarer Nähe des Gehöftes. Die Geschwister bewirtschafteten den Hof so gut es ihre Möglichkeiten noch zuließen, da beide erheblich gesundheitlich angeschlagen waren. Hans-Werner G. war schwer herzkrank und litt seit mehreren Jahren unter einem Hüftleiden, sodass er anstrengende körperliche Arbeit nur bedingt verrichten konnte. Da sich Herr G. den Anforderungen häufig nicht mehr gewachsen fühlte, sprach er besonders während der kalten dunklen Jahreszeit vermehrt dem Alkohol zu. Seine Schwester hatte als Heranwachsende einen schweren Arbeitsunfall und litt seither unter chronischen Kniebeschwerden. Es traten bereits erste Anzeichen einer altersbedingten Demenz auf, sodass sie sich sukzessive aus dem Dorfleben zurückzog.

Beide Geschwister waren unverheiratet und bewohnten den Hof alleine. Obwohl die nächsten Angehörigen mehr als 100 km entfernt wohnten, versuchte speziell der Neffe Peter S. seinen Onkel und seine Tante nach Kräften zu unterstützen, insbesondere bei schweren körperlichen Arbeiten auf dem Feld.

Da Agathe G. in der Folge für eine längere Zeit ins Krankenhaus eingeliefert werden musste, bewohnte ihr Bruder den Hof ganz allein. Das Fehlen der Schwester führte dazu, dass Herr Hans-Werner G. exzessiver dem Alkohol zusprach. Als sich dann abzeichnete, dass seine Schwester nur noch als Pflegefall auf das Anwesen zurückkehren würde, bemühte sich der Neffe über eine Zeitungsannonce (Anfang 1992) um eine Pflegerin sowie eine Haushälterin für Onkel und Tante. Auf die Zeitungsannonce meldete sich Frau L. als

Pflegerin, mit der ein Termin auf dem dörflichen Anwesen vereinbart wurde. Bei dieser Gelegenheit lernte sie ihren Pflegling Hans-Werner G. sowie dessen Neffen Peter S. mit Frau kennen. Bei dem ersten Treffen gewann Peter S. den Eindruck, dass es sich bei Frau L. um eine gut qualifizierte, pragmatische und anpackende Person handelte. Man vereinbarte einen Tageslohn von 100 DM für die Pflege von Hans-Werner G. und seiner Schwester, sobald diese aus dem Krankenhaus zurückkehren sollte.

Nach einer Woche kehrte Agathe G. auf den Hof zurück und Frau L. nahm ihre Tätigkeit als Pflegerin für die Geschwister auf. Da die erwartete Haushälterin aus ungeklärten Umständen ihre Tätigkeit nicht aufnehmen konnte und man sie weder telefonisch noch auf dem Briefwege erreichen konnte, bemühte sich der Neffe, kurzfristig einen Ersatz zu organisieren. Sein Onkel drängte jedoch darauf, dass diese Tätigkeiten von »seiner« Pflegerin Henriette L. übernommen würden. Zur Freude des Neffen blühte sein Onkel im Beisein von Frau L. wieder auf und hatte binnen kürzester Zeit ein freundschaftliches Verhältnis zu ihr aufgebaut, sodass er sich bereits mit ihr duzte. Er vereinbarte mit Frau L., dass diese für die täglichen Hausarbeiten zusätzlich einen Stundenlohn von 20 DM sowie eine Erstattung aller übrigen anfallenden Kosten für den täglichen Bedarf erhalten würde.

Henriette L. kümmerte sich in intensiver Weise um ihre Pflegschaft sowie um Haushalt und Hof. Sie kam mehrmals täglich auf das Anwesen und versorgte insbesondere Agathe G., die sich zu einem Dauerpflegefall entwickelte und das Bett nicht mehr verlassen konnte. Hans-Werner G. war als typischer Nordfriese eher schweigsam und eigenbrötlerisch und deshalb dankbar, wenn man ihn in Frieden ließ. Zeit seines Lebens war er es gewöhnt, zunächst die Befehle des überstrengen Vaters auszuführen, später die Anweisungen seiner Schwester zu befolgen, die eine äußerst dominante Persönlichkeit gewesen war. Da jedoch Agathe G. immer weiter geistig abbaute, konnte Henriette L. die entstandene Lücke problemlos ausfüllen. Den übrigen Dorfbewohnern fiel mit der Zeit auf, dass sich Hans-Werner und Agathe G. immer weiter aus dem dörflichen Leben zurückzogen und auch Angehörige nur noch ab und an den Bauernhof der Familie G. aufsuchten.

An einem kalten Januartag fassten der Neffe Peter S. mit seinem Vater Bernd S. den Entschluss, ihre Verwandten zu besuchen. Bei ihrer Ankunft war der Hof in eine eigenartige Stille getaucht. Henriette L. stürzte unmittelbar, nachdem beide angekommen waren, auf sie zu und erklärte, sie sollten später wiederkommen, da Hans-Werner G. gerade eingeschlafen sei. Daraufhin verließen Herr S. und sein Vater den Hof und tranken bei einer Nachbarin zunächst eine Tasse Kaffee. Etwa eine Stunde später suchten die beiden dann erneut den Hof auf und trafen wiederum auf Henriette L. Nach dem Öffnen der Tür wurde ihnen wie zuvor erklärt, dass Hans-Werner G. eingeschlafen sei. Aufgrund des Blickes von Henriette L. wurde Bernd S. misstrauisch und schob sich blitzschnell an ihr vorbei ins Haus. Bereits an der Schwelle zum Zimmer seines Schwagers konnte er erkennen, dass dieser tot im Bett lag. Von Schmerz und Wut gezeichnet, äußerte er gegenüber seinem Sohn: »Jetzt hat Henriette ihn umgebracht!«, und verständigte unmittelbar nach dem Eintreffen zuhause die Polizei. Kurze Zeit später erschien der langjährige Hausarzt von Hans-Werner G. auf dem Anwesen und konnte nur noch den Tod feststellen. Bei der Untersuchung des Leichnams ging er davon aus, dass der Tod nicht viel länger als vor einer Stunde eingetreten sei. In der Hand von Hans-Werner G. fand sich ein Schriftstück. Aufgeregt führte Henriette L. aus, dass sich Hans-Werner G. über diese Nachricht ausgesprochen aufgeregt und dann über Herzschmerzen geklagt habe. Dr. N. regte gegenüber der hinzugekommenen Kriminalpolizei eine Obduktion an, obwohl er äußerlich keine Hinweise für eine Fremdeinwirkung feststellen konnte. Unter den Dorfbewohnern kursierten Gerüchte, deren schrecklicher Inhalt sich alsbald durch konsequente Ermittlungsarbeit und einen mehrmonatigen Verhandlungsmarathon bewahrheiten sollte.

Der Leichnam des Hans-Werner G. wurde umgehend in die Rechtsmedizin Lübeck gebracht und von mir und einem Kollegen obduziert. Bezüglich der Vorgeschichte war uns lapidar mitgeteilt worden, dass der 63-jährige Hans-Werner G. unter einem Diabetes mellitus und einer schweren Herzerkrankung litt und daher zahlreiche

Medikamente einnehmen musste. Bei der Obduktion selber wurde zunächst als Todesursache ein kombiniertes Herzversagen festgestellt. Das ausgeprägt vergrößerte Herz wies eine hochgradige Herzkranzgefäßverkalkung sowie eine ausgeprägte Vermehrung seiner Masse auf. Ferner konnten fleckförmige Veränderungen der Herzmuskulatur festgestellt werden, die die Obduzenten zunächst auf einen Herzinfarkt zurückführten. Aufgrund der erheblichen Befunde, die jederzeit plötzlich und unerwartet den Tod erklären konnten, gingen sie zunächst von einem »natürlichen« Tod aus, nicht ahnend, dass sich hinter diesem Fall ein nahezu perfekt geplanter Mord verbergen würde.

Um letztendlich Zweifel auszuräumen und weiteren Gerüchten vorzubeugen, wurden von uns zusätzliche Untersuchungen empfohlen, die u. a. eine chemisch-toxikologische Untersuchung, eine Alkoholbestimmung und eine feingewebliche Untersuchung umfassten. Obwohl zunächst keine Anhaltspunkte für einen nichtnatürlichen Tod vorlagen, ordnete die Staatsanwaltschaft kurze Zeit später eine toxikologische Untersuchung an. Ferner wollte sich Peter S. nicht mit einem natürlichen Tod seines Onkels zufrieden geben, mit dem er oft als Kind ausgedehnte Angelausflüge in den das Anwesen säumenden Gewässern unternommen hatte. Peter S. rief wiederholt die Kriminalpolizei an und regte sich fürchterlich darüber auf, dass zu wenig unternommen würde. Obwohl ihm das Obduktionsergebnis mitgeteilt worden war, beschuldigte er ständig Henriette L., etwas mit dem Tod von Hans-Werner G. zu tun zu haben.

Als der forensische Toxikologe am Institut für Rechtsmedizin Lübeck zunächst einen immunologischen Test im Urin durchführte, zeigte dieses Verfahren überraschenderweise einen positiven Hinweis auf Opiate. Um diesen Befund zu erhärten, wurde eine erneute Untersuchung mit einem anderen Gerät durchgeführt. Es konnte festgestellt werden, dass im Mageninhalt, im Herzblut und im Urin Morphin nachweisbar war. Ferner wurde das Medikament Doxylamin in deutlich übertherapeutisch indizierter Konzentration sowie das Medikament Levomepromazin in therapeutischer Konzentration im Blut festgestellt. Auffällig war jedoch, dass weder eines der von der Kriminalpolizei asservierten und zur Verfügung gestellten Medikamente diese Wirkstoffe enthielt, noch irgendein Medikament mit diesen Inhaltsstoffen hausärztlich verschrieben worden war.

In Zusammenarbeit mit einem Kollegen aus dem Institut für Pharmakologie konnte ferner nachgewiesen werden, dass sich das hausärztlich verordnete Digitalispräparat im Blut von Hans-Werner G. nicht nachweisen ließ. Nach der Erfahrung des Phamakologen musste es daher mindestens eine Woche vor dem Tode abgesetzt worden sein.

Bei der präzisen Quantifizierung von Morphin im Mageninhalt, Blut und Urin konnten extreme Konzentrationen festgestellt werden. Diese lagen für morphinungewohnte Personen in einem tödlichen Bereich. Daraufhin entschloss man sich von Seiten der Lübecker Staatsanwaltschaft, eine Exhumierung von Hans-Werner G. durchzuführen, der mittlerweile beerdigt worden war. Bei dieser Exhumierung wurden Haarproben des Verstorbenen gewonnen, um Anhaltspunkte über die Dauer der Aufnahme von Morphin durch Herrn Hans-Werner G. zu bekommen. Diese Untersuchung erwies sich als notwendig, da bekanntermaßen bei Morphingewöhnung die tödliche Dosis deutlich höher liegt infolge einer Toleranzentwicklung. Durch Haaruntersuchung sollte festgestellt (bzw. ausgeschlossen) werden, ob eine erhöhte Toleranz vorgelegen haben könnte oder nicht. Wie Fußball-Fans bekannt ist, können Haare detailliert eine Auskunft über das zeitliche Konsumverhalten einer Droge geben: Wie jedes Körpergewebe nehmen auch Haare die im Blut zirkulierenden Drogen auf. Während des Haarwachstums wird die Substanz in das Haar eingelagert und gelangt dann mit dem wachsenden Haar zunehmend in Richtung Haarspitze. Im Idealfall lässt sich der chronische Missbrauch einer Droge bzw. die Einnahme einer Substanz über einen Zeitraum bzw. zu einem ganz bestimmten Zeitpunkt bestätigen oder wiederlegen. In den Haaren von Hans-Werner G. ließ sich kein Morphin nachweisen, sodass wir konstatieren konnten, dass es sich bei ihm um eine nicht morphingewohnte Person handelt.

Anhand der nachgewiesenen Menge von Morphin im Mageninhalt und im Blut konnten wir davon ausgehen, dass das Morphin in Tabletten- oder Zäpfchenform eingenommen und nicht gespritzt worden war. Nur: Wie war das Morphin in den Körper von Hans-Werner G. gelangt? Hatte es ihm eventuell jemand in der Absicht gegeben, ihn zu töten?

Im Verlauf der weiteren Ermittlungen blieb jedoch im Dunkeln, wer überhaupt ein Motiv hätte haben können, den zurückgezogen lebenden, gutmütigen Landwirt zu töten. Wer war der Täter? Eine selbstständige Einnahme konnte ausgeschlossen werden, da eine Verschreibung des Morphins durch den behandelnden Arzt nicht stattgefunden hatte und auch keine Indikation dazu gegeben war. Wie hätte Hans-Werner G. überhaupt an Morphin kommen können?

Eine informelle Befragung der Pflegerin Henriette L. brachte einen ersten Hinweis auf eine mögliche Täterschaft. Nach Angaben der Pflegerin hätten es der Schwager Bernd S. und der Neffe Peter S. auf den Hof abgesehen. Ihr sei einmal aufgefallen, dass Bernd S. während ihrer Abwesenheit in den Sachen von Hans-Werner G. herumgeschnüffelt habe. Peter S., der ebenfalls Landwirt sei, habe bereits Rinder auf dem Land von Hans-Werner G. weiden lassen und versucht, eine möglichst günstige Pacht für das Weideland herauszuschlagen. Um diese Interessen durchzusetzen, habe Peter S. nicht davor zurückgeschreckt, Hans-Werner G. zu erpressen. Nach ihrer Kenntnis sei es einmal auf dem Hof des Hans-Werner G zu einem schweren Unfall eines Nachbarn. gekommen, der dort aushilfsweise beschäftigt war. Da dieser Nachbar arbeitsunfähig geschrieben war und somit gar nicht hätte arbeiten dürfen, habe man sich gemeinsam eine Geschichte ausgedacht, um den Unfall zu erklären. Bernd S. habe nun gesagt, dass er diesen Vorfall an die Öffentlichkeit bringen würde, wenn Hans-Werner G. ihm das Weideland nicht kostengünstig überlassen würde. Frau Henriette L. hätte deshalb bereits zu Lebzeiten versucht, Kontakte zwischen den Angehörigen der Familie S. sowie Hans-Werner G. und Agathe G. konsequent zu unterbinden. Sie gab ferner an, dass ihr am Todestag außerdem aufgefallen sei, dass sich Bernd S. und Peter S. bereits im Haus befunden hätten, als sie selbst eingetroffen sei. Sie habe festgestellt, dass die Tür offengestanden habe. Nach Meinung von Henriette L. kamen somit die Anverwandten in den Verdacht, Hans-Werner G. vergiftet zu haben.

Als Henriette L. darauf angesprochen wurde, wie denn Schwager und Neffe in den Besitz von Morphin gekommen sein könnten, führte sie aus, dass die Frau von Peter S. sowie seine Schwester als

Apothekenhelferinnen tätig gewesen seien und sich problemlos diese Substanz hatten besorgen können. Sie sei über die Aktivitäten der Familie S. sehr gut unterrichtet, da eine ihrer eigenen Töchter mit einer Tochter von Bernd S. befreundet sei. Es gäbe gar nicht viele Leute, die sich dieses Medikament besorgen können, da Morphin dem Betäubungsmittelgesetz unterliege und der Ausstellung eines speziellen Rezeptes bedürfe. Das würde sie genau wissen, da sie eine weitere Person pflege, die an einer tödlichen Krankheit leiden würde und die aufgrund ihrer Schmerzen Morphin bekommen müsste.

Es war dann genau dieser Hinweis, der die Kriminalbeamten aufhorchen und ein kunstvoll gesponnenes Spinnennetz zerreißen ließ, sodass die Spinne am Ende hilflos als Opfer in ihrem eigenen Netz zappelte.

Henriette L. war in einem gestrengen Elternhaus aufgewachsen, hatte die Höhere Schule besucht und anschließend eine Lehre als Krankenschwester und eine als Hauswirtschaftsleiterin mit Erfolg abgeschlossen. In der gescheiterten Ehe wurde sie von ihrem jähzornigen Ehemann häufig geschlagen und lernte nach der Scheidung ihren jetzigen Lebensgefährten kennen. Gemeinsam verfolgte man hochfliegende Projekte, die dazu führten, dass sich erhebliche Schulden häuften und die Banken nicht mehr bedient werden konnten. Seit dieser Zeit hatte sich Henriette L. als Pflegerin für ältere und gebrechliche Leute selbständig gemacht und versorgte in Eigenregie pflegebedürftige Personen. Die erworbenen medizinischen und hauswirtschaftlichen Kenntnisse waren ihr dabei von großem Nutzen.

Mit Aufnahme ihrer Tätigkeit auf dem idyllisch gelegenen Hof begann Henriette L. alsbald, sich für die Vermögensverhältnisse in der Familie zu interessieren. So stellte sie fest, dass Hans-Werner G. der größte Teil des Hofes gehörte, während seine Schwester nur einen geringeren Teil besaß. Aus Unterlagen konnte sie ersehen, dass beide Geschwister über ein erhebliches Geldvermögen auf Sparbüchern verfügten. Bernd und Peter S. hatten Hans-Werner G. regelmäßig geholfen, den Hof zu versorgen. Diese Besuche wurden nun von Henriette L. unterbunden, da sie offenbar bereits zu diesem Zeitpunkt einen ausgereiften Plan ausgeheckt hatte. Henriette L. hatte in Erfahrung gebracht, dass beide Geschwister kein Testament verfasst hatten, und überzeugte beide, sich wechselseitig als Erben einzusetzen. Ferner müsse ihr eine »Vollmacht« ausgestellt werden, da beide ihre Angelegenheiten nicht mehr hinreichend selbst besorgen konnten.

Ein Dorn im Auge waren hierbei Bernd und Peter S., die den Hof regelmäßig aufsuchten. Henriette L. wimmelte die zunächst recht häufig auftauchenden Angehörigen immer unter einem Vorwand ab und äußerte, dass beide Geschwister in äußerst schlechtem Gesundheitszustand seien bzw. gerade eingeschlafen wären. Ein halbes Jahr nach Antritt der Stelle war es dann so weit. In einem ersten Testament übertrug Agathe G. ihrem Bruder die bisher ihr gehörende landwirtschaftliche Fläche. Während der Beurkundungsverhandlung saß Agathe G. im Rollstuhl und war aufgrund ihrer Gebrechlichkeit nicht in der Lage, eigenhändig zu unterschreiben, sodass dies Henriette L. für sie übernehmen musste. Nur einen Monat später wurde eine Vollmacht aufgesetzt, der zufolge Agathe G. ihrem Bruder Hans-Werner uneingeschränkte Vollmacht erteilte. Kurze Zeit später erteilte Hans-Werner G. eine Generalvollmacht auf Henriette L. Einen Monat später wurde dann bei einem Notar ein von Henriette L. selbst entworfenes Testament unterschrieben, in dem Henriette L. für »ihre selbstlose Betreuung und Versorgung« herzlichst gedankt wurde und ihr ein Teil des Weidelandes im Todesfalle übereignet werden sollte.

Hans-Werner G. wurde schon seit langer Zeit von seinem Hausarzt Dr. N. behandelt. G. erhielt ein Digitalispräparat zur Herzstärkung sowie Entwässerungstabletten. Henriette L. wachte streng über die Einnahme der Medikamente und hatte sich nebenher das rezeptfrei zu erhaltende Schlafmittel »Hoggar« (Wirkstoff Doxylamin) besorgt, das sie Hans-Werner G. dauerhaft verabreichte. So erreichte sie, dass immer dann, wenn Freunde bzw. Angehörige das Anwesen aufsuchten, Hans-Werner G. teilnahmslos und schläfrig wirkte und einer größeren zusammenhängenden Unterhaltung nicht folgen konnte. Henriette L. gelang es auch, die noch vorhandene Mobilität von Hans-Werner G. zu unterbinden, indem sie ihm erhebliche

Mengen dieses Schlafmittels verabreichte, ihn dann zu einer Autofahrt ermunterte und ihn anschließend bei der Polizei anzeigte. Hans-Werner G. wurde von der Polizei aufgehalten und bot bei der ärztlichen Untersuchung erhebliche Ausfallserscheinungen, sodass sein Führerschein einbehalten wurde.

Da im Dorf unablässig über die Spinnenfrau und ihre »Opfer« gemunkelt wurde, begann das Kreisgesundheitsamt, sich für die Verhältnisse zu interessieren, und schickte einen Mitarbeiter unangemeldet zum Anwesen. Während des Gesprächs hatte der Mitarbeiter den Eindruck, dass Hans-Werner G. keinen zusammenhängenden Gedanken fassen konnte, da er ständig wieder einschlief und am Ende des Gesprächs bereits vergessen hatte, wer ihm gegenüber saß. Nachdem Henriette L. davon Kenntnis erhalten hatte, unterband sie weitere Besuche des Gesundheitsamtes über eine Rechtsanwältin.

Etwa acht Monate nach Antritt der Stelle kam es für Henriette L. zu einer dramatischen finanziellen Situation. Die Bank stellte Forderungen von mehreren 10 000 Mark, die Henriette L. nicht bezahlen konnte. Daher transferierte sie diese Summe von mehreren Konten der Geschwister G. auf eines ihrer Konten und gab als Grund »Rückstände im Pflegegeld« an. Ferner erwirkte sie eine Überweisung von mehreren 10 000 Mark vom Konto Hans-Werner G.'s auf ihr Konto, indem sie als Grund die Rückzahlung eines Darlehens aufführte. Etwa drei Monate später fasste Henriette L. ein Testament für Hans-Werner G. ab, in dem der Hof zur Schenkung Henriette L. übereignet werden sollte, da ohne ihre aufopferungsvolle Pflege beide Geschwister möglicherweise nicht mehr am Leben wären. Von unersättlicher Gier getrieben, wurde unmittelbar danach ein weiteres Testament gefertigt. Der Notar musste aufgrund der Gebrechlichkeit von Agathe G. den Hof aufsuchen und hatte aufgrund ihres Erscheinungsbildes und ihrer Äußerungen den Eindruck, dass sie schwachsinnig sei, sodass er es zunächst ablehnte, das Testament zu beurkunden. Hans-Werner G. lag schlafend auf dem Sofa und konnte nur mühsam den Ausführungen folgen. Etwa zehn Minuten später schlief er erneut ein, sodass er geweckt werden musste. Das Testament enthielt eine Teilungsanordnung, nach der Henriette L. etwa ein Drittel des Hofes sowie die Großneffen von Hans-Werner G. das beträchtliche Vermögen erhalten sollten.

Der Einfluss von Henriette L. auf den einfach strukturierten Hans-Werner G. nahm ständig zu. Sie hatte erreicht, was sie wollte. Von allen Freunden und Angehörigen verlassen, konnte sich der gesundheitlich schwer angeschlagene Hans-Werner G. aus dem Spinnennetz selbstständig nicht mehr befreien. Henriette gelang es, ihn so weit zu bringen, dass er ihr den Hof und den übrigen Teil des Landes sofort schenken wollte. Der beauftragte Notar wies darauf hin, dass es aus steuerlichen Gründen günstiger sei, einen Hofüberlassungsvertrag zu beurkunden. Als Grund für die Übertragung wurde »Dank für selbstlose Betreuung und Versorgung« aufgeführt. Als der Notar den Hof aufsuchte, lag Hans-Werner G. erneut auf der Couch und schlief ständig ein, sodass Henriette L. ihn häufiger ermahnen musste »Komm zu dir, Hans-Werner; es geht noch weiter!«.

Nach notarieller Beurkundung dieses Vertrages begann Henriette L. wie eine Eigentümerin des Hofes aufzutreten. Sie tauschte zuerst alle Schlösser aus. Es tauchten jedoch ungeahnte Probleme mit dem vorgelegten Überlassungsvertrag nach der ersten Überschreibung nur eines Teiles des Hofes auf. Das Amt für Land- und Wasserwirtschaft kam nach einer Bewertung zu dem Schluss, dass der Vertrag zu einer unwirtschaftlichen Verkleinerung des landwirtschaftlichen Betriebes führen würde, sodass von dem zuständigen Mitarbeiter Bedenken geäußert wurden. Auch dieser hatte bei einem persönlichen Besuch den Eindruck, dass Hans-Werner G. seinen Ausführungen überhaupt nicht folgen konnte und ferner erhebliche Schwierigkeiten beim Bewegungsablauf hatte. Auch Bernd S. blieben die Aktivitäten von Henriette L. nicht total verborgen. Er gewann den Eindruck, dass sich der Gesundheitszustand von Schwager und Schwägerin ständig verschlechterte und daher die Pflege überprüft werden müsse. Auf einer Geburtstagfeier, bei der einige Freunde sowie Bernd S., seine Frau und deren Tochter anwesend waren, wirkte Hans-Werner G. ständig abwesend und konnte sich kaum äußern. Schon nach kurzer Zeit musste er sich schlafen legen. Aufgrund dieses Eindruckes beschloss Bernd S., über die Betreuungsstelle des Kreisjugendamtes eine Betreuung für Schwager und Schwägerin einzurichten.

In der Adventszeit besuchte Bernd S. mit seiner Tochter erneut das Anwesen. Während des Besuches trafen sie auf einen Nachbarn, der von Henriette L. beauftragt worden war, ältere Gebäude des Anwesens abzureißen. Insbesondere die Tochter erfüllte das mit tiefem Schmerz, da sie mit einigen der Gebäude unvergessliche Jugenderinnerungen verband. Hans-Werner G. verfolgte die Auseinandersetzung mehr oder minder teilnahmslos.

Ein paar Tage später erschien der Amtsarzt Dr. R. auf dem Hof, um die Geschwister bezüglich einer Betreuung zu untersuchen. Henriette L. öffnete die Tür und lehnte eine Untersuchung ohne ihre Anwesenheit ab. Während des Gespräches gewann der Arzt zunehmend den Eindruck, dass Hans-Werner G. eingeschüchtert war und unter dem Einfluss von Henriette L. stand. Dem Arzt Dr. R. fiel vor allem eine Verlangsamung des Denkens auf. Fragen zur wirtschaftlichen Situation oder zur Erteilung von Vollmachten konnten nicht beantwortet werden. Die Schwester Agathe G. wirkte erheblich vorgealtert, abgemagert und schwach. Eine Unterhaltung mit ihr war nicht möglich. Auch einfachere Fragen konnten nicht beantwortet werden.

Als Ergebnis stellte Herr Dr. R. bei Agathe G. ein hirnorganisches Psychosyndrom mit seniler Demenz sowie einen allgemeinen körperlichen Verfall und Kraftlosigkeit fest. Bei Hans-Werner G. wurden eine Herzleistungsschwäche, ein hirnorganisches Psychosyndrom sowie eine Hirnleistungsschwäche infolge eines chronischen Alkoholmissbrauchs attestiert. Nach seiner Auffassung mussten beide Geschwister umgehend unter eine Betreuung gestellt werden. Der Arzt drohte Henriette L. sogar damit, dass für sie dann »Ende mit ihrer Herrschaft« sei.

Henriette L. war damit in die Enge getrieben. Alles war so gut gelaufen und jetzt so etwas. Es musste eine Lösung gefunden werden. Die Einrichtung einer Betreuung würde den Verlust ihrer Position auf dem Hof bedeuten. Sie versuchte daher umgehend, eine Betreuung zu verhindern, und äußerte gegenüber dem zuständigen Betreuungsrichter, dass Hans-Werner G. eine solche Betreuung nicht wünsche. Ferner versuchte sie, auf anwaltlichem Wege ein Betreten des Hofes durch Bernd S. oder dessen Familie zu verhindern, da angeblich Hans Werner G. nach dem letzten Besuch einen Herzanfall erlitten hatte. Um dieses zu belegen, hatte Henriette L. bereits in letzter Zeit häufiger bei dem Hausarzt Dr. N. angerufen und »Angina pectoris-Anfälle von Hans-Werner G. nach Besuch der

Familie S.« beschrieben. Als der Arzt ihn dann persönlich auf einen solchen Vorfall ansprach, äußerte Hans-Werner G., dass es ihm sehr gut gehe und Henriette L. »Tütelkram« erzählen würde.

Als kurz vor Weihnachten Bernd S. und seine Frau ihrem Schwager das Schreiben eines Rechtsanwalts vorlegten, nach denen ihnen Hausverbot erteilt worden sei, war Hans-Werner G. hiervon sehr überrascht. Die hinzukommende Henriette L. versuchte, die Situation zu retten, indem sie sagte, dass nichts unterschrieben worden sei. Bernd S. wies erneut auf das anstehende Betreuungsverfahren hin, für das Mitte Januar ein Termin anberaumt worden war. Damit musste Henriette L. handeln. Zum einen musste sie möglichst schnell Hofbesitzerin werden, zum anderen musste eine Betreuung unter allen nur erdenklichen Umständen verhindert werden. Da auf dem Amtswege keine Hilfe zu erwarten war, musste Hans-Werner G. sterben. Am besten friedlich einschlafen, er war ja herzkrank. Ihr kam hierbei der Umstand zugute, dass sie neben Hans-Werner G. eine krebskranke ältere Dame zu versorgen hatte.

Henriette L. besorgte sich unter Vorspielung falscher Tatsachen um die Weihnachtszeit ein Rezept für ein morphinhaltiges Präparat, in dem sie die Urlaubsabwesenheit des Hausarztes ihrer krebskranken Patientin ausnutzte und gegenüber dem Vertreter vorgab, dass dieses Medikament schon häufiger verschrieben worden sei. Henriette L. ging mit dem Rezept in die Apotheke des Dorfes und erhielt dann von einer Apothekenhelferin, die zur Absicherung mit ihrem Chef Rücksprache hielt, das Medikament, für welches das Rezept ausgestellt worden war. Die Apothekenhelferin trug umgehend die Abgabe in ein dafür vorgeschriebenes Buch ein und ließ ihren Chef gegenzeichnen.

Anfang Januar hatte sie ihr Ziel endgültig erreicht. Mit einem notariell beurkundeten Vertrag war der gesamte Hof in ihren Besitz übergegangen. Was jetzt nur noch verhindert werden musste, war die Einrichtung einer Betreuung, die ihrem Regime ein jähes Ende machen würde. Nun begann Henriette L. das vom Hausarzt Dr. N. verschriebene Digitalispräparat abzusetzen und verabreichte etwa eine

Woche später ihrem arglosen Opfer nahezu die gesamte Packung eines morphinhaltigen Medikamentes und zusätzlich zwei weitere Beruhigungs- bzw. Schlafmittel. Diese bei der toxikologischen Untersuchung im Institut für Rechtsmedizin nachgewiesenen Medikamente waren von ärztlicher Seite Hans-Werner G. nicht verschrieben worden. Alle drei Medikamente gemeinsam hatten zu einer Dämpfung des Atemantriebes und damit zum Tod geführt.

In der Verhandlung vor dem Landgericht Lübeck konnten die Umstände, die zum Tode von Hans-Werner G. geführt hatten, in einer mehrmonatigen Verhandlung geklärt werden. Ein verhängnisvoller Fehler von Henriette L. hatte die Kripo auf die richtige Spur gebracht. Sie hatte kurz nach dem Tod von Hans-Werner G. geäußert, das eine andere von ihr gepflegte Patientin Morphin benötige. Es konnte leicht ermittelt werden, das diese Patientin nach Angaben ihres Hausarztes das Medikament zu diesem Zeitpunkt noch nicht brauchte. Als ein wichtiges Indiz im Prozess dienten ferner die bei Henriette L. sichergestellten Tablettenschachteln. Sie hatte, um für spätere Nachfragen gerüstet zu sein, fiktive Daten der Abgabe der Morphintabletten auf die Schachtel geschrieben. Sie übersah dabei jedoch, dass sie bei den frühesten Daten noch nicht im Besitz des Morphins gewesen war und bei den späteren Daten, dass die Patientin, die die Medikamente nach ihren Angaben bekommen hatte, bereits verstorben gewesen war.

Als Motiv für die Tat wurde Habgier angesehen. Systematisch hatte die Angeklagte mit der Präzision einer Spinne sämtliche Kontakte zur Außenwelt unterbunden, sich den hilflosen und gutmütigen Hans-Werner G. gefügig gemacht und diesen innerhalb von weniger als zwei Jahren um Heim und Hof gebracht. Da die Einrichtung einer Betreuung ihre Machenschaften aufgedeckt und sie die Herrschaft über den Hof verloren hätte, musste ihr Pflegling durch Beibringung einer tödlichen Mischung vorzeitig zu Tode gebracht werden. Henriette L. wurde vom Landgericht Lübeck zu einer lebenslangen Freiheitsstrafe verurteilt.

Wolfgang Eisenmenger

Institut für Rechtsmedizin München

Prof. Dr. med. Wolfgang Eisenmenger wurde am 4.2.1944 in Waldshut geboren. Er studierte Medizin an den Universitäten Freiburg/Breisgau und Wien von 1963 bis 1968. 1970 erfolgten Promotion und Approbation. Von 1970 bis 1971 arbeitete Eisenmenger als wissenschaftlicher Assistent am Institut für Rechtsmedizin der Universität Freiburg/Breisgau. Ab 1972 war er am Institut für Rechtsmedizin der Universität München tätig. Eisenmenger habilitierte im Juni 1977 und wurde 1978 Facharzt für Rechtsmedizin. Ab 1989 war er Ordinarius für Rechtsmedizin und Vorstand des Institutes für Rechtsmedizin der Universität München, von 1991 bis 1999 stellvertretender Ärztlicher Direktor des Klinikums Innenstadt und von 1993 bis 1996 Vertreter der medizinischen Fakultät im Senat der LMU München. Im Jahre 1995 wurde Eisenmenger Vizepräsident, 2002 Präsident der Deutschen Gesellschaft für Rechtsmedizin. In den Jahren 1996 bis 2000 war er ebenfalls Präsident, ab 2000 Vizepräsident der Deutschen Gesellschaft für Medizinrecht. Von 1998 bis 2000 bekleidete er das Amt des Prodekans der medizinischen Fakultät der LMU München. Wolfgang Eisenmenger ist Vorstand des Insitutes für Rechtsmedizin der Medizinischen Fakultät der LMU München.

Seine Forschungsgebiete sind forensisch-pathologische Morphologie und Arztrecht. Eisenmenger ist als Mitglied zahlreicher Gremien und Gesellschaften tätig. Unter anderem erhielt er den Preis für Gerichtliche Medizin der Humboldt-Universität zu Berlin 1987, die Münchner Auszeichnung für exzellente Lehre in der Medizin 1997 und die Goldene Ehrenmedaille der Universität Instanbul und ist Mitherausgeber bzw. wissenschaftlicher Beirat vieler Zeitschriften wie z. B. »Rechtsmedizin«, »International Journal of Legal Medizin« und »The American Journal of Forensic Medicine and Pathology«.

Die Geschichte von Nase, Ohr und Zwergpudel

Bei einem Rückblick nach 34 Jahren praktischer Tätigkeit in der Rechtsmedizin hat man Schwierigkeiten, bei der Fülle des Erlebten einen Fall exemplarisch als den interessantesten herauszugreifen. Die enorme Breite der fachlichen Aufgaben, die zu bearbeiten sind, macht es einem schwer, bei der Auswahl Prioritäten zu setzen. So reicht das Spektrum der Untersuchungen von den gerichtlichen Sektionen über die körperlichen Untersuchungen Lebender und Spurenuntersuchungen, Abstammungsbegutachtungen und biomechanische Rekonstruktionen, bis hin zu toxikologischen Untersuchungen im Picogrammbereich (billionstel Gramm) oder mündlichen Gutachten in einer Gerichtsverhandlung. In der Erinnerung bleiben Fälle aus den unterschiedlichsten Gründen: Sei es, dass die emotionale Komponente für eine starke mnestische Verankerung gesorgt hat, sei es, dass eine völlig ungeahnte Wendung zwischen Ausgangsvermutung und Endergebnis eingetreten ist, sei es, dass bekannte Persönlichkeiten in den Fall involviert waren oder das Ergebnis gravierende Auswirkungen auf Einzelpersonen oder größere Personengruppen hatte. Zur Auswahl des nachstehend geschilderten Falles habe ich mich deswegen durchgerungen, weil der Fall mich ganz zu Anfang meiner Tätigkeit in der Rechtsmedizin sehr stark beschäftigt hat und mir zeigte, dass trotz vielfacher, innovativer Untersuchungsansätze man sich bisweilen mit einer unbefriedigenden Lösung abfinden muss.

Die ersten beiden Jahre meiner Tätigkeit in der Rechtsmedizin verbrachte ich als wissenschaftlicher Assistent am Institut der Universität Freiburg im Breisgau. Stadt und Region gelten nicht als »Hort der Kriminalität«. Gleichwohl gab es bisweilen interessante kriminalistische Fragestellungen zu lösen.

Der »Fall« begann damit, dass ein Freier einer ihm bekannten Prostituierten einen Besuch in ihrer Wohnung abstatten wollte und das am helllichten Tage. Nachdem auf sein Klingeln nicht geöffnet wurde, er aber der Meinung war, die Dame müsse zu Hause sein, spähte er durch das Fenster in den ihm bereits bekannten »Arbeitsraum«. Er entdeckte hierbei, dass die Dame offenbar reglos im Bett lag und erhebliche Blutantragungen an der Bettwäsche bestanden. Er verständigte daraufhin die Polizei.

Die Polizei öffnete die Wohnungstüre, die nur ins Schloss gezogen war. Danach musste sie feststellen, dass es nicht möglich war, ohne Weiteres zum Bett der Frau vorzudringen. In der Wohnung befand sich nämlich ein kleiner Hund – nach meiner Erinnerung ein Zwergpudel – der sich wie wild gebärdete und die Eindringlinge mit Bissen gegen deren untere Extremitäten auf Distanz hielt. Man bemühte deshalb einen erfahrenen Polizeibeamten, der als Hundeführer auch über Fähigkeiten als Hundefänger verfügte und der das Tier alsbald einfing.

Als man nun zum Bett der Frau gelangen konnte, wurde festgestellt, dass diese ruhig atmete und einen normalen Pulsschlag hatte, aber tief bewusstlos war. Im Zimmer lagen mehrere leere Medikamentenblister. Die ausgedehnten Blutanhaftungen an der Bettwäsche stammten von zwei Verletzungen am Kopf der Frau: Es fehlten ihr fast die gesamte Nase und das linke Ohr!

Die Frau wurde unverzüglich in die Universitätsklinik eingeliefert, wo es rasch gelang, den Grund der Bewusstlosigkeit zu klären: Sie hatte eine Schlafmittelvergiftung, ausgelöst durch eine in Suizidabsicht vorgenommene Überdosierung. Dies gab sie jedenfalls an, nachdem die spezifische Therapie sie ins Bewusstsein zurückgeholt hatte. Natürlich erklärte sie, dass sie nicht wisse, wie es zu den Verletzungen gekommen sei, denn bei der Einnahme der Tabletten habe sie noch keine Verletzungen gehabt.

Es lag nahe, dass man dem Pudel anlastete, für die Verletzungen seiner Herrin verantwortlich zu sein. Nachdem Tierfraß an Leichen durch Haushunde immer wieder beobachtet werden kann, war die Vorstellung, dass ein Hund nicht nur einen Toten, sondern auch einen Bewusstlosen würde »anknabbern« können, nicht so fernliegend.

Die Polizei wollte diese Frage rasch und einfach klären: Man hatte vor, den Hund einzuschläfern und dann in der Rechtsmedizin sezieren zu lassen. Dies war zwar nicht eine übliche gerichtliche Sektion nach der Strafprozessordnung; da aber in Freiburg keine

Veterinärmedizinische Fakultät besteht, fragte man bei uns an, ob wir so etwas machen könnten, und wir erklärten, dass wir uns immerhin zutrauten, den Magen-Darm-Trakt eines Hundes sachgerecht präparieren und öffnen zu können, um den Inhalt einer Untersuchung zu unterziehen.

Zwischenzeitlich wandte man sich an die Patientin mit der Bitte um ihre Einwilligung zur Tötung des Tieres. Zur Überraschung der Polizeibeamten erklärte die Verletzte, dass sie absolut überzeugt sei, dass der Hund mit ihren Verletzungen nichts zu tun habe und sie keine Zustimmung zu seiner Tötung gebe.

Als die Polizei uns mit dieser Situation konfrontierte, war unser Entschluss rasch gefasst: Nach Rücksprache mit einem niedergelassenen Tierarzt schlugen wir vor, dem Hund ein Brechmittel zu verabreichen. Der Tierarzt hatte uns bestätigt, dass Apomorphin, das beim Menschen als Brechmittel angewandt wird, eine gleichartige Wirkung auch beim Hund zeige und er erklärte sich bereit, die Injektion in eine Pfotenvene vorzunehmen. Unter Mithilfe des Hundeführers wurde das Tier nun so fixiert, dass die Injektion vorgenommen werden konnte. Der Hund erbrach im Schwall und zum Vorschein kamen Nase und Ohr der Herrin.

Jedermann hätte das Problem damit als erledigt angesehen und im ersten Augenblick dachten dies auch die Polizei und wir. Allerdings gab uns dann der Mageninhalt doch neue Fragen auf. Während nämlich der Weichteilmantel der Nase in kleinere Stücke zerbissen war, war das linke Ohr vollständig erhalten, ohne Einbisse und – was uns völlig konsternierte – geradlinig und völlig glattrandig von seiner Anwachsungsstelle abgetrennt. Die Hundebesitzerin tat ein Übriges: Sie erklärte erneut, konfrontiert mit dem Ergebnis des Brechaktes, dass sie nie und nimmer glaube, dass der Hund von sich aus ihr Nase und Ohr abgebissen habe und wies auf die Besonderheit, die uns allen aufgefallen war, hin.

Wir konnten uns nämlich auch keinen Reim darauf machen, weshalb die Ohrmuschel, bis auf die Abtrennungsstelle, unverletzt geblieben war. Wir schlugen deshalb der Polizei vor, mit dem Originalgebiss des Hundes versuchsweise Bissproben am Ohr zu imitieren. Vielleicht könnte sich ja eine Konstellation ergeben, dass, wie es in der Jägersprache heißt, die Weichteile durch die Frontzähne

»angeschnitten« würden und es dann durch Zug zu einer Abrissverletzung mit glatten Rändern käme.

Als wir der Hundebesitzerin erneut unser Bitte vortrugen, den Hund durch uns einschläfern zu lassen, damit wir mit dem Gebiss des Hundes entsprechende Versuche durchführen könnten, erging wieder ein wütendes Verbot. Sie meinte, dass sie das Leben ihres Lieblings nicht unseren hirnrissigen Theorien opfern werde.

In dieser Situation kam uns die Mithilfe eines Doktoranden aus der Zahnmedizin sehr zustatten. Dr. Axel Kirsch, heute ein weit über die Grenzen seines Bundeslandes hinaus bekannter Zahnarzt mit dem Spezialgebiet Implantation, war damals sofort Feuer und Flamme, innovative Wege zu beschreiten. Er schlug vor, das Tier zu narkotisieren und ihm dann mittels so genannter Gebisslöffel Abdrücke der Zähne abzunehmen, die, vergleichbar der Herstellung von Zahnprothesen beim Menschen, dann ausgegossen werden könnten und uns ein perfektes Abbild des Zahnbestandes des Tieres liefern würden. Gesagt, getan: Wir narkotisierten den Hund, wiederum unter Mithilfe des Tierarztes, und Dr. Kirsch machte sich ans Werk. Das Endergebnis war schließlich ein phantastisches Gipsmodell, so wirklichkeitsecht, dass wir nur unsere Hochachtung vor den Möglichkeiten dieses Faches bekunden konnten.

Mit diesem Gebiss führten wir nun zunächst Beißversuche an weichen Materialien aus dem Lebensmittelbereich durch, z. B. an Leberkäse und Käse, um zu ermitteln, ob bei irgendeiner denkbaren Konstellation des Zubeißens völlig glatte Biss- bzw. Wundränder würden entstehen können. Etwas Vergleichbares wie die Befunde am Ohr konnten wir allerdings nicht erzeugen.

Blieb also noch die Überlegung, ob beim Setzen einer kleinen Wunde mit anschließendem heftigen Ziehen ein Abriss der Ohrmuschel an ihrer Anwachsungsstelle möglich wäre. Hier halfen schließlich alle theoretischen Überlegungen nicht. Wir entschlossen uns, nach reiflicher Überlegung, einen Versuch an einer Leiche durchzuführen. Nach einiger Wartezeit bot uns der völlig zerstückelte Leichnam eines Suizidanten, der sich vor einen Zug geworfen hatte, die erhoffte Möglichkeit. Am weitgehend zerstörten Schädel war eine Schläfenpartie soweit erhalten, dass die Ohrmuschel mit der umgebenden Haut und der Gehörgangsmündung noch intakt waren. Wir legten nun mit dem Skalpell einen kleinen Schnitt am oberen Ansatz der Ohrmuschel und zogen über eine Federwaage am Ohr, um festzustellen, welche Zugkraft erforderlich wäre, um das Ohr zum Abriss zu bringen. Wir konnten den Versuch einstellen, bevor es noch zum Abriss des Ohres gekommen war, denn die Federwaage zeigte Kräfte an, die ein Vielfaches über dem lagen, was das Tier hätte erreichen können.

Daraus ergab sich zwingend der Verdacht, dass die glattrandige Abtrennung der Ohrmuschel und wohl auch der Nase – denn auch deren Wundränder an der Patientin schienen relativ glatt und ohne die von Hundebisswunden bekannten kratzerartigen Hautläsionen durch die Einwirkung der Reißzähne zu sein– mit einem scharfen Werkzeug wie einem Messer erfolgt sein müsste und damit von dritter Hand. Es blieb allerdings die Frage, wie dann Nase und Ohr in den Magen des Tieres gelangt waren. Hier griffen wir nun wieder auf die Hilfe des Tierarztes zurück. Nach mehreren Telefonaten mit anderen Veterinärmedizinern erklärte er uns, dass man abgetrennte Weichteile wohl zwangsweise an einen Hund verfüttern könne, indem man ihm diese Teile in das Maul presse und letzteres zuhalte, bis er geschluckt habe. Man müsse dann allerdings erwarten, dass der Hund das Ganze erbreche und, wenn es nun nach ihm rieche, ein zweites Mal – dann mit der Möglichkeit der Zerkleinerung durch kauen – fresse.

Wir begaben uns daraufhin an den Auffindungsort der Patientin und suchten im ganzen Zimmer nach Hinweisen für einen Brechakt. Tatsächlich fand sich neben dem Sofa eine Verfärbung des Teppichbodens. Lackmuspapier ergab eine stark saure Reaktion, wie sie bei Magenflüssigkeit erwartet werden konnte.

Der nächste Schritt war nun die erneute Vernehmung der Verletzten. Sie wurde mit dem bisherigen Ergebnis der Untersuchungen konfrontiert und gefragt, ob es in ihrer Umgebung Personen gäbe, die ihr so etwas hätten antun können bzw. denen sie ein solches Vorgehen zutraue. Sie äußerte nach einiger Überlegung dann den Verdacht, dass so etwas durchaus möglich wäre. Insbesondere äußerte sie Überlegungen, dass ihre ursprüngliche Absicht, sich durch Suizid aus diesem Leben zu verabschieden, von Personen, die an ihrer Arbeit mitverdient haben, sicher nicht gebilligt worden sei. Sie könne sich durchaus vorstellen, dass einer der Herren, denen sie so etwas zutraue, in ihre Wohnung gekommen sei, die Situation erkannt habe, weil genügend Tablettenblister herumlagen, und dann, um andere Damen dieses Gewerbes von einem ähnlichen Vorgehen abzuhalten, zur Warnung sie verstümmelt habe und dem Hund zwangsweise Nase und Ohr gefüttert habe.

So skeptisch die Ermittlungsbeamten diesen Überlegungen gegenüberstanden, schienen sie doch einen verblüffenden Ansatz für eine Lösung des Falles zu bieten. Man drang in die Patientin, doch konkret Namen zu nennen. Grenzenlos war dann unser aller Enttäuschung, als die Verletzte sich hartnäckig und endgültig weigerte, weitere Aussagen zu machen.

Arbeitskolleginnen hatten zwischenzeitlich gesammelt und reichlich finanzielle Mittel bereitgestellt, um für die Verletzte plastische Operationen zur Korrektur der Defekte zu gewährleisten. Von Seiten der behandelnden Ärzte sah man gute Chancen, mittels eines Schwenklappens den Befund an der Nase einigermaßen erträglich zu behandeln, während man sich bezüglich der Ohrmuschel damals keine Lösung vorstellen konnte.

Über das Endergebnis habe ich nie etwas erfahren, denn unsere Aufgaben waren, mit dem Ende der Ermittlungen, ebenfalls beendet. Bis heute bewegt mich allerdings die Frage, welche Erklärung der Fall tatsächlich hatte. Er belegt, dass die interessantesten Fälle nicht immer der Gruppe der geklärten Fälle zuzurechnen sind.

Volkmar Schneider
Rechtsmedizinisches Institut der Charité – Universitätsmedizin Berlin

Univ.-Prof. Dr. med. Dr. h. c. Volkmar Schneider wurde im Jahre 1940 in Dessau geboren. Er studierte Medizin in Berlin an der Freien Universität und in Hamburg. Im Jahre 1965 promovierte Schneider, es folgten die Approbation 1967 und die Habilitation 1974. Von 1976 bis 1978 war er Dekan und Prodekan im Fachbereich Grundlagenmedizin, ab 1982 Direktor des Landesinstitutes für gerichtliche und soziale Medizin in Berlin und seit 1983 Direktor des Institutes für Rechtsmedizin der Freien Universität Berlin. In den Jahren 1995 bis 1997 bekleidete Volkmar Schneider das Amt des Vizepräsidenten der Freien Universität Berlin, zuständig für Humanmedizin, Zahnmedizin und Veterinärmedizin. Seit 1998 ist er Vizepräsident der Deutschen Gesellschaft für Rechtsmedizin. Seit 2001 ist er Vorsitzender der Gesellschaft zur Förderung der deutsch-russischen Zusammenarbeit in Forschung und Technologie.

Volkmar Schneider ist Autor, Mitautor und Herausgeber einer Reihe von Büchern bzw. Schriften. Darüber hinaus war er Präsident verschiedener Tagungen bzw. Symposien wie z. B. des Internationalen Symposiums der Deutschen und Japanischen Gesellschaft für Rechtsmedizin 1993 und ist Mitglied bzw. Ehrenmitglied einer Vielzahl von in- und ausländischen Fachgesellschaften sowie Ehrendoktor der Semmelweis-Universität Budapest.

Kinder fanden Leichenteile in der Abfalltonne

Als Rechtsmediziner hat man es in erster Linie mit der Untersuchung von Leichen zu tun; Leichen, die polizeilich beschlagnahmt worden sind, weil ein Fremdverschulden offensichtlich bzw. die Todesart ungewiss ist. In Berlin waren dafür bis zum 30.9.2003 drei Institute zuständig, nämlich das Institut für Rechtsmedizin der Freien Universität, das Institut für Rechtsmedizin der Humboldt-Universität und das Landesinstitut für gerichtliche und soziale Medizin. Seit dem 1.10.2003 gibt es nur noch ein universitäres Institut für Rechtsmedizin, allerdings derzeit noch an zwei Standorten, nämlich am Campus Benjamin Franklin und am Campus Charité-Mitte.

Das Institut für Rechtsmedizin der Freien Universität hieß früher »Institut für Gerichtliche und Soziale Medizin«, so auch noch im Jahre 1970, als ein aufsehenerregender Fall zu bearbeiten war, der sich aber genauso gut auch jüngst hätte ereignen können. Was war geschehen?

Am 18.10.1970 zeigte die Hausfrau I. S. in Berlin-Siemensstadt an, dass ihr Sohn Christian mit seinen Freunden Thomas und Uwe Leichenteile entdeckt hätte. Diese befanden sich in einer Plastiktonne, die durch einen Deckel geschlossen war. Neben der Tonne lag eine schwarze Reisetasche und ein geschlossener Farbtopf, in diesem lagen offensichtlich weitere Leichenteile. Die Tonne lag versteckt hinter einem großen Betonklotz in einem Gebüsch. Bei diesem Sachverhalt wurde natürlich unverzüglich die Mordkommission eingeschaltet. Zeitgleich wurden die Gerichtsmediziner benachrichtigt, aber auch der Polizeifotograf und die Staatsanwaltschaft.
Die Erstuntersuchung der Leichenteile erfolgte dann noch vor Ort. Es handelte sich um einen menschlichen Torso (weiblich), einen linken Arm einschließlich Schulterblatt und Schlüsselbein, ein rechtes Bein einschließlich der rechten Beckenhälfte sowie um ein Herz, eine Niere und Teile von drei menschlichen Gehirnen.

Beim Auffinden von Leichenteilen denkt man natürlich sofort an

Noch verschlossene Plastiktonne, welche Leichenteile enthielt

Leichenzerstückelung bzw. an Leichenbeseitigung nach Zerstückelung. Prof. Lignitz, früher in Berlin tätig, jetzt Direktor des Institutes für Rechtsmedizin der Ernst-Moritz-Arndt-Universität Greifswald, schreibt in diesem Zusammenhang: »Leichenbeseitigung bedeutet definitionsgemäß immer die Beseitigung eines vollständigen, wenn auch häufig zerstückelten Leichnams. Leichenzerstückelungen sind typische postdeliktische Handlungen zur Verschleierung einer Tat bzw. zum Verbergen und zur Unkenntlichmachung eines Tatopfers. Leichenverstümmelungen verfolgen vorzugsweise die Absicht, eine Identifizierung zu erschweren und beschränken sich manchmal auf die Beseitigung von Individualmerkmalen. Die scheinbar unbegrenzte Ideenfülle und der Wegfall jeglicher Hemmung schafft Tätern immer einen gewissen Vorlauf, sodass Gerichtsärzte und Polizei ihre Leistungsfähigkeit durch die Klärung auch der schwierigsten Fälle beweisen müssen. Die Lösung erfordert nicht nur Sachkunde, sondern auch die Fähigkeit, logisch zu denken und scharfsinnig zu kombinieren.« Lignitz zitiert am Schluss seines Beitrages im »Handbuch gerichtliche Medizin« (Springer Verlag, 2004) 157 Publikationen. Dies zeigt, dass in der einschlägigen Literatur das hier angesprochene Thema häufig aufgegriffen worden ist und so haben auch wir hier in Berlin immer wieder solche Fälle zu untersuchen gehabt und darüber berichtet. In den vergangenen Jahren kamen vermehrt Knochenfunde hinzu, die zu begutachten waren. Meist stammten sie von den Großbaustellen, so am Potsdamer Platz und am Lehrter Bahnhof. Mitunter werden bei Wohnungsauflösungen menschliche Knochen entdeckt, ja sogar auf Flohmärkten werden Knochen zum Verkauf angeboten, so beispielsweise menschliche Schädel.

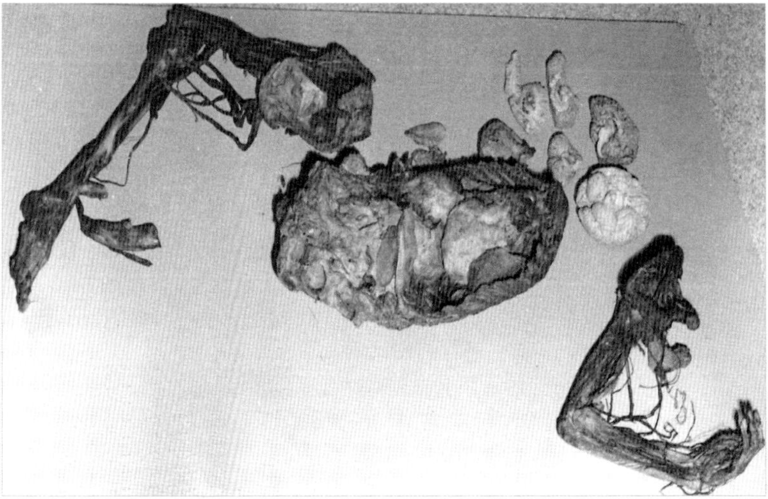

In Tonne, Reisetasche und Farbtopf gefundene Leichenteile

Nach der Definition werden natürliche, zufällige, nicht kriminelle und kriminelle Leichenzerstückelungen unterschieden. Der jetzt gerade vor einem deutschen Gericht verhandelte Fall von Kannibalismus zeigt, dass auch in der Laienpresse das Thema »Leichenzerstückelung« begierig aufgenommen wird. Es vergeht fast kein Tag, an dem nicht über diesen Prozess berichtet wird, insbesondere natürlich in den Boulevardblättern. Das Bild des Angeklagten kennt inzwischen fast jeder. Aus forensisch-psychiatrischer und psychopathologischer Sicht ist dieser Fall natürlich höchst interessant. Im Berliner Tagesspiegel war hierzu am 13.1.2004 zu lesen: »Wenn diese Woche der Prozess gegen A. M., den ›Kannibalen von Rothenburg‹, mit der Vernehmung von Zeugen und Sachverständigen fortgesetzt wird, steht die Schuld des 42-jährigen Angeklagten außer Frage. Der in seiner hessischen Heimat bislang unauffällige Junggeselle hat gestanden, im März 2001 einen Mann – angeblich auf dessen eigenen Wunsch – getötet, den Körper ausgenommen und das Fleisch (33 kg) ›im Rahmen seiner üblichen Mahlzeiten‹ verzehrt zu haben. Geistig und seelisch sei der Angeklagte gesund, sagt der Gefängnis-Psychologe. Wegen Kannibalismus kann er nicht verurteilt werden. Es gibt diesen Tatbestand im Strafgesetzbuch nicht.«

Nun aber zurück zu dem hier besprochenen Fall. Zunächst geht es natürlich darum festzustellen, ob die Leichenteile menschlicher Herkunft sind. Diese Frage war leicht zu beantworten, auch für einen Nichtmediziner. Und auch die Frage des Geschlechts war im Hinblick auf den Torso unschwer zu beantworten. Die Frage, ob der Torso und die Gliedmaßen von der gleichen Leiche stammten, war schon schwerer zu beantworten. Über die DNA-Analyse wäre dies heute allerdings auch kein Problem mehr. Früher hat man das gesamte Rüstzeug der gerichtlichen Medizin sich nutzbar gemacht, um zu einem Ergebnis zu gelangen, einschließlich der forensischen Toxikologie.

An dieser Stelle soll aus dem Protokoll zitiert werden:

»Weiblicher Torso, bestehend aus der Brust- und Lendenwirbelsäule, den hinteren Anteilen der Rippen und dem knöchernen Becken. Des Weiteren liegen in regelrechtem Zusammenhang vor die Lungen, das Herz (der Herzbeutel ist an der Vorderseite eröffnet), die Leber, die Milz, die Gallenblase (in dieser lassen sich Konkremente tasten), der Magen-Darm-Trakt und die Gebärmutter. Die Gebärmutter zeigt mehrere harte Muskelknoten.«

Bei dem Verdacht auf eine defensive Leichenzerstückelung sieht man sich natürlich ganz besonders die Abtrennungsebenen an, insbesondere im Hinblick auf die Verwendung eines Werkzeuges (Messer, Säge, Beil). Mitunter kann man an den Sägespuren auch auf die Zähnelung der verwendeten Säge schließen. In einem unserer Fälle hatten wir die Frage zu beantworten, ob im Rahmen einer definitiven Leichenzerstückelung in einer Wohnung das Spurenbild an den Wänden für die Verwendung einer elektrischen Kreissäge sprach.

Bei Leichenteilen aus dem Wasser wird man natürlich immer auch an eine Leichenzerstückelung durch Schiffsschrauben zu denken haben. Im Einzelfall kann die Sachlage aber dadurch kompliziert sein, dass Leichenteile nach einer defensiven Leichenzerstückelung erst später in eine Schiffsschraube geraten sein können, d. h. wir haben dann, wie auch schon einmal beobachtet, sowohl Hinweise für eine Leichenzerstückelung durch Schiffsschrauben, wie auch für eine Leichenzerstückelung im Rahmen einer defensiven Leichenzerstückelung (Zerstückelung nach einem Tötungsdelikt

zur leichteren Beseitigung der Leiche). Man kann Lignitz nur zustimmen, wenn er schreibt, dass der praktische Umgang mit Fällen von krimineller Leichenzerstückelung lehre, dass das gesamte Register möglicher forensischer und kriminalistischer Untersuchungstechniken gezogen werden muss und eine gut abgestimmte Zusammenarbeit der Kriminalpolizei mit der Rechtsmedizin und umgekehrt Voraussetzung sei, am ehesten die sieben Grundfragen des Kriminalisten (Wer? Wann? Wie? Wo? Warum? Womit? Was wurde veranlasst?) zu beantworten.
Wenn Leichenteile zur Beseitigung ins Wasser gegeben werden, dann werden sie mitunter nur durch Zufall entdeckt, so beispielsweise beim Angeln oder wenn durch ein Schiff die Leichenteile hochgewirbelt werden, durch Schwimmer oder durch Spaziergänger. Im Gegensatz zu nicht zerstückelten Leichen, die durch das sich entwickelnde Fäulnisgas zumindest in der wärmeren Jahreszeit sehr rasch wieder an die Oberfläche aufsteigen, bleiben Leichenteile meist unten am Grund liegen, da das Fäulnisgas über die Abtrennungsebene leicht entweichen kann (kein Auftrieb). Eine andere Form der Leichenbeseitigung nach Zerstückelung wäre das Vergraben der Leichenteile oder aber Ablegen der Leichenteile in Müllcontainern, die, wenn sie erst einmal in die Verbrennungsanlage gelangen, natürlich für immer beseitigt sind. Das Wiederauffinden von Leichenteilen auf einer Müllkippe wäre natürlich möglich. Auch dazu ist ein einschlägiger Fall aus unserem Institut publiziert worden.

Aber noch einmal zurück zum Untersuchungsprotokoll. Schon bei der flüchtigen Betrachtung, insbesondere der Gliedmaßen, fiel am Fundort auf, dass es sich um regelrechte anatomische Präparate handelte, mit Darstellung der einzelnen Muskeln, der Gefäße und der Nerven. Von daher war schnell klar, dass es sich nicht um eine defensive Leichenzerstückelung krimineller Art handelte, sondern dass hier offensichtlich anatomische Präparate abgelegt worden waren, möglicherweise von Studenten nach Abschluss ihres Physikums, denn bis zum Physikum war es damals üblich, dass ein Medizinstudent zwei Semester lang im Präpariersaal arbeiten musste, und dabei werden eben solche Präparate angefertigt, dies unter Anleitung und Aufsicht und nach vorheriger Fixierung der Weichteile

Die gaschromatografische Untersuchung der Flüssigkeit aus einem Plastikbeutel, in dem sich Gehirnteile befunden hatten, ergab vorwiegend Ethanol sowie Beimengungen von Methanol und Formalin. Dies sprach ebenfalls dafür, dass die präparierten Leichenteile aus dem anatomischen Institut stammten. Die Bestätigung ergab dann die Metallmarke (215) am großen Zeh des rechten Beines. Diese Marke wurde von den zuständigen Professoren der Anatomie als aus ihrem Institut stammend wiedererkannt. Unklar blieb allerdings bis zuletzt, wie es sein konnte, dass die Leichenteile, die ja nicht in der Tasche eines Arztkittels hätten »herausgeschmuggelt« werden können, das Institut verlassen haben.
Weiter aus dem Untersuchungsbericht:
»Die Gefäße im Bereich des Gekröses sind im gesamten Verlauf von der Bauchschlagader bis zur den Darmschlingen hin freipräpariert. Die Bauchschlagader selbst und die untere Hohlvene mit festem Material ausgefüllt. Die Beckenblutadern und Beckenschlagadern sind im Bereich der oberen Schambeinäste durchschnitten. Die Schlagadern mit einer roten festen Masse, die Blutadern mit einer blau gefärbten Masse ausgefüllt.
Das Herz uneröffnet. Die Organe der Brusthöhle und des Bauchraumes werden im Zusammenhang herausgenommen. Es zeigt sich nun, dass auch die Harnblase vorhanden ist. Auch diese mit einer bläulich gefärbten Masse ausgefüllt, ebenso auch die Scheide. Die Anhangsorgane der Gebärmutter vollständig, die Eierstöcke sind am Schnitt blass-braun, von kleinen weißlichen Fleckchen durchsetzt. Die Organe insgesamt ganz klein. Beide Nieren vorhanden, auch hier die Gefäße zum Teil ausgespritzt, ebenso auch das Nierenbecken.
Es liegt ferner vor ein vollständiges menschliches Gehirn samt Kleinhirn, Brücke und Hirnstamm. Die weichen Hirnhäute sind abpräpariert. Die Gefäße am Hirngrund fehlen. Hirngewicht 840 g.«
Und in der Beurteilung heißt es:
»Nach den erhobenen Befunden ist davon auszugehen, dass es sich um Leichenteile von mindestens drei verschiedenen Leichen gehandelt hat, die offensichtlich aus einem anatomischen Institut stammen.«

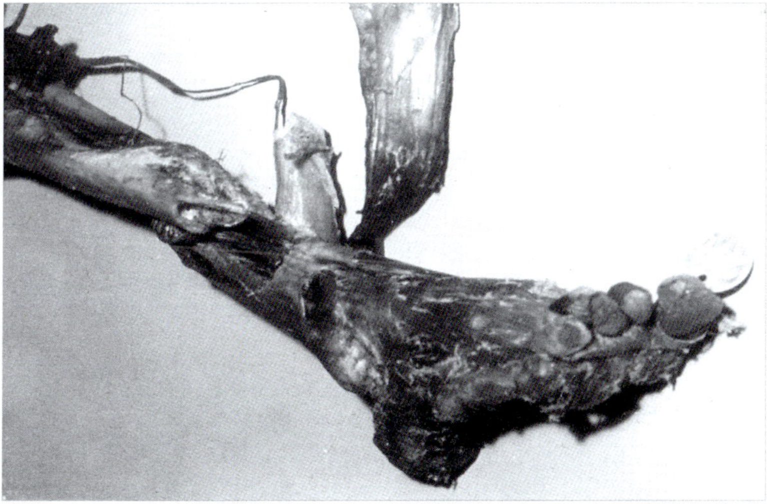

Metallmarke des anatomischen Instituts am Zeh des rechten Beins

Rechtliche Konsequenzen zog der Fall nicht nach sich. Man hätte in diesem Zusammenhang an Störung der Totenruhe denken können. In § 168 StGB Abs. 1 heißt es: »Wer unbefugt aus dem Gewahrsam des Berechtigten den Körper oder Teile des Körpers eines verstorbenen Menschen, eine tote Leibesfrucht, Teile einer solchen oder die Asche eines verstorbenen Menschen wegnimmt oder wer daran beschimpfenden Unfug verübt, wird mit Freiheitsstrafe bis zu drei Jahren oder mit Geldstrafe bestraft«.

Die Frage, ob angehende Ärzte im Rahmen ihres vorklinischen Studiums nach wie vor an Präparierübungen teilnehmen sollten, wird unterschiedlich gesehen, auch im Hinblick auf die nicht invasiven bildgebenden Verfahren, die jetzt zur Verfügung stehen. Die Meinung des Verfassers ist, dass man auf solche Übungen nicht verzichten sollte, wobei sich natürlich die Frage stellt, ob diese Übungen über zwei Semester durchgeführt werden sollten oder ob nicht ein Semester ausreichend wäre. Es ist schon ein Unterschied, ob man die Anatomie des Menschen durch das Studium von Büchern und Atlanten sich anzueignen versucht oder aber in der direkten Anschauung im Präpariersaal. Computersimulationen können die direkte Anschauung ebenfalls nicht ersetzen, auch wenn es an solchen

Versuchen in der Vergangenheit nicht gefehlt hat. Und auch im klinischen Studium sollte man auf die makroskopische Pathologie nicht verzichten. Museumspräparate können da auch keinen Ersatz schaffen, so wichtig sie als Ergänzung des Unterrichts sein mögen. Und, um noch einmal auf den eigenen Fall Bezug zu nehmen, schreibt Lignitz in dem bereits genannten Beitrag: »Nicht kriminelle Leichenzerlegungen sind übliche Produkte des Anatomiestudiums (Präparierkurs), wobei durchaus öffentliche Irritationen ausgelöst werden, wenn Anatomiepräparate gestohlen werden und zu ihrer späteren Beseitigung abgelegt werden.«

Im Präpariersaal steht der Medizinstudent meist erstmalig einer Leiche gegenüber. Auf der einen Seite erwartet man von ihm natürlich eine entsprechende Sensibilität, da die Würde des Menschen auch über den Tod hinausgeht, auf der anderen Seite kommt es immer wieder vor, dass versucht wird, mentale Alterationen durch »Späße« abzubauen. Den Lehrpersonen kommt hier schon eine ganz besondere Aufgabe zu. In vielen anatomischen Instituten hat sich der Brauch durchgesetzt, dass am Ende des Semesters bzw. der Präparierübungen eine Art Trauerfeier veranstaltet wird, zu der dann auch die Angehörigen der Verstorbenen, die sich der Anatomie zur Verfügung gestellt haben, eingeladen werden. Aus eigener Erfahrung kann gesagt werden, dass diese Veranstaltungen sehr würdevoll ablaufen, ehe dann die Leichenteile, die zu weiteren Übungen nicht mehr benötigt werden, eingeäschert werden. Am Anfang hat natürlich, wie bei allen Leichen, eine Leichenschau gemäß Bestattungsgesetz zu erfolgen, insbesondere unter der Fragestellung, ob es sich möglicherweise um eine nicht natürliche Todesart gehandelt hat, die dann Anlass geben würde, die Polizei zu benachrichtigen zwecks weiterer Ermittlungen im Rahmen eines Todesermittlungsverfahrens. Leichen, bei denen eine nicht natürliche Todesart anzunehmen ist bzw. bei denen die Todesart ungewiss ist, müssen der Polizei sofort, d. h. ohne schuldhaftes Zögern gemeldet werden. In der Regel erfolgt dann die polizeiliche Beschlagnahme der Leichen. In Berlin sind dies etwa 6 000 Fälle pro Jahr. Anschließend wird geprüft, ob eine gerichtliche Obduktion erforderlich scheint. Letztlich werden nicht ganz 2 500 Leichen gerichtlich obduziert, wobei in diesem Zusammenhang darauf hingewiesen werden sollte, dass man unter dem nicht natürlichen Tod nicht nur die reinen Tötungsdelikte versteht, sondern auch den Suizid und den tödlichen Unfall, aber auch den ärztlichen Behandlungsfehler, der zum Tode des Patienten geführt hat. Die Staatsanwaltschaft schließt sich in der Regel den Empfehlungen der ermittelnden Polizeibeamten an. Die Anordnung zur gerichtlichen Obduktion gemäß § 87 StPO erfolgt dann durch den zuständigen Richter. Eine Zustimmung der Angehörigen ist bei der gerichtlichen Leichenöffnung nicht erforderlich. Wenn eine richterliche Anordnung vorliegt, wird die Obduktion durchgeführt, wobei nach der Strafprozessordnung stets alle drei Körperhöhlen (Kopf-, Brust- und Bauchhöhle) zu eröffnen und die einzelnen Organe zu untersuchen sind. Bei Vergiftungsverdacht erfolgen in der Regel weitergehende Nachuntersuchungen im Labor.

Nicht alle Knochen, die zur Untersuchung ins Labor gebracht werden, sind menschlichen Ursprungs, auch nicht alle Tüten mit organischem Material. Mitunter handelt es sich um Reste nach Hausschlachtungen, die irgendwo im Freien entsorgt worden sind. Einen besonderen Fall galt es für uns einmal zu untersuchen, und zwar wurde in einem Keller bei Ausschachtungen eine Plastiktüte zutage befördert, die möglicherweise Leichenteile enthalten sollte. Letztlich erwiesen sich diese als Kartoffelschalen. Auch in diesem Fall war der Aufwand groß. Die Mordkommission war vor Ort, ebenso der Polizeifotograf, die Gerichtsmediziner und der Staatsanwalt. Die Ausgrabungen erfolgten auf eine Anzeige, die bei der Polizei eingegangen war. Jeder Gerichtsmediziner, der lange in seinem Fach tätig war, wird wahrscheinlich über ähnliche Fälle zu berichten wissen. Dies macht natürlich die Arbeit eines Rechtsmediziners auch für den Laien so interessant. Auch ist der Bereich zwischen Leben und Tod für manch einen, aus welchen Gründen auch immer, besonders aufregend, natürlich so lange es ihn nicht selbst betrifft. Für den Rechtsmediziner ist die Arbeit mitunter außerordentlich interessant, weil er wie in einem Puzzle viele Befunde zusammenführt, die dann in der Gesamtschau den konkreten Fall auflösen können. Wir behandeln mit unserer Arbeit zwar keinen konkreten Patienten, für die Gesellschaft kann unsere Tätigkeit aber durchaus von großem Wert sein und für den Angeklagten kann es von unseren Ergebnissen abhängen, ob er verurteilt oder frei gesprochen wird. Wenn es die Rechtsmedizin nicht gäbe, müsste sie schleunigst als Fach geschaffen werden. Aber es gibt sie schon sehr lange. Innerhalb der Arbeitsgemeinschaft für Wissenschaftliche Medizinische Fachgesellschaften zählt die gerichtliche Medizin oder, wie sie jetzt heißt, die Rechtsmedizin zu den ältesten Fachgesellschaften überhaupt, genauer gesagt sie ist im Jahre 1904, d. h. vor jetzt 100 Jahren in Breslau gegründet worden. Welche medizinischen Fachgesellschaften können dies für sich ebenfalls behaupten?

Michael Birkholz
Rechtsmedizinisches Institut Bremen Mitte

MD Dr. med. Michael Birkholz wurde im Jahre 1950 in Schwerin/Mecklenburg geboren. Er studierte Humanmedizin an der Ernst-Moritz-Arndt-Universität Greifswald. In den Jahren 1974 bis 1976 folgte der Militärdienst und die Ausbildung zum Taucherarzt. Danach begann Birkholz die Weiterbildung zum Facharzt am Institut für Gerichtliche Medizin des Bezirkes Schwerin. Die Facharztprüfung absolvierte er im Januar 1982, im Jahre 1983 wurde er zum Oberarzt ernannt.

1987 siedelte Birkholz nach Westdeutschland über. Im Dezember nahm er seine Arbeit in der Abteilung für Rechtsmedizin des Hauptgesundheitsamtes Bremen auf. Die Übernahme der Abteilung und die Einsetzung in die Funktion des Gerichtsarztes der Stadtgemeinde Bremen erfolgte 1989. Im Jahre 1990 wurde Michael Birkholz zum Medizinaldirektor ernannt und seit 1994 ist er Direktor des neu geschaffenen Institutes für Rechts- und Verkehrsmedizin am jetzigen Klinikum Bremen Mitte.

Deutsch-Niederländische Freundschaft

Es ist Donnerstag, der 3.8.1995. Die Sonne gibt sich seit Tagen redlich Mühe, das städtische Leben spielt sich weitgehend im Freien ab. Die Menschen nutzen das schöne Wetter – in Bremen beileibe keine Selbstverständlichkeit – und auch im Institut für Rechtsmedizin kommt langsam Feierabendstimmung auf. Es ist bereits nach 16.00 Uhr. Der Tag war mit Routinearbeiten angefüllt, wie überhaupt in den letzten Wochen wenig Spektakuläres passiert war. Auch im gerichtsmedizinischen Alltag gibt es so etwas wie eine »Saure-Gurken-Zeit« – zumindest hin und wieder – und genau in einer solchen Phase befanden wir uns. So richtig traurig war darüber niemand, denn wer freut sich nicht über einen pünktlichen Feierabend, wenn es Petrus mit einem so gut meint. Das Telefon klingelte. Sicher kam jetzt die Frage von daheim, ob man sich bei diesem schönen Wetter nicht in der Stadt treffen könne. Doch weit gefehlt: Es war der Kriminaldauerdienst. Beinahe entschuldigend kam die Anfrage, ob man zur späten Stunde noch mal vorbeikommen könne. Spaziergänger hätten aus dem kleinen Flüsschen Ochtum am Stadtrand von Bremen eine Reisetasche gefischt, über deren Inhalt man sich nicht ganz im Klaren war. Beim Öffnen der Tasche entströmte ein intensiver, unangenehmer Geruch, der den Forscherdrang der Finder sofort stoppte. Was man sehen konnte, war nicht genau zu identifizieren. Man glaubte an einen ertränkten Hund, alarmierte aber sicherheitshalber die Polizei. Auch bei dieser hielt sich aufgrund der aus der Tasche entströmenden Gerüche die Neugierde in Grenzen; da die Gerichtsmedizin nur wenige Fahrminuten entfernt lag, bot sich ein Ersuchen um »Amtshilfe« nahezu an.

Die schwarze Kunststoff-Reisetasche enthielt vier Dinge: zwei Mauersteine und zwei im oberen Oberschenkelbereich abgetrennte, menschliche Beine. Jetzt hatten wir ihn, unseren spektakulären Fall! Die Untersuchung beider Beine brachte nicht sehr viel Greifbares:

Fußlänge beidseitig je 27 cm, keinerlei vitale Verletzungen oder Individualmerkmale, Weichteile im Amputationsbereich scharf

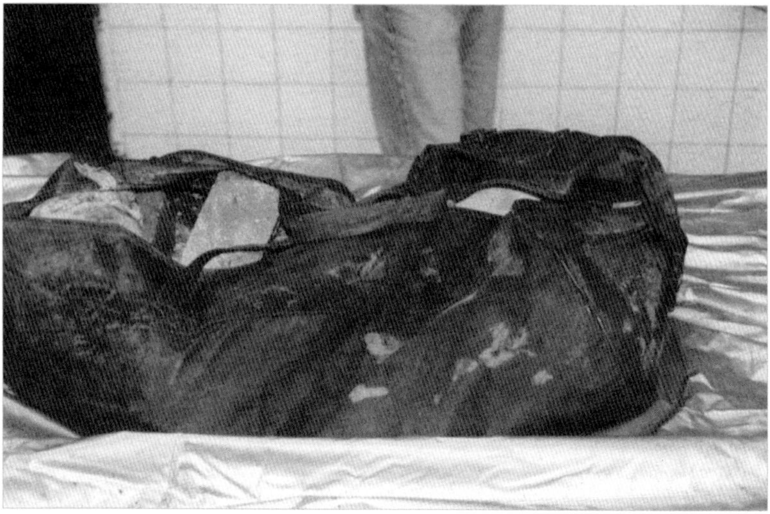

Noch ungeöffnete Kunststoff-Reisetasche

durchtrennt, die Knochenstümpfe selbst waren mehrfach gebrochen. Fazit: Defensive Zerstückelung einer offensichtlich männlichen Leiche. Keinerlei Hinweise auf die Person und die Todesursache.

Damit war nicht einmal eine Tötung bewiesen, sondern streng genommen nur die widerrechtliche Beseitigung von Amputaten. Wir wussten nun, dass wir am Anfang eines aufwendigen Puzzle-Spieles standen und dass es zunächst erst einmal hieß, alles zusammenzutragen, was irgendwie von Bedeutung sein könnte. Zunächst erfolgten genetische Untersuchungen, damit die gefundenen Gliedmaße später einmal mit der notwendigen Sicherheit einer Person zugeordnet werden können. Desgleichen wurden Untersuchungen auf Schartenspuren an den Knochenenden eingeleitet. Bei Letzteren untersucht man die Durchtrennungsstelle eines Knochens auf spezielle Merkmale des Durchtrennungswerkzeuges. Wenn man Glück hat, lässt sich ein Werkzeug zweifelsfrei einer Tat zuordnen.

Während unsere Arbeit damit erst einmal getan war, begannen für die Polizei nunmehr fieberhafte Ermittlungen. Als Erstes suchten Taucher intensiv den Fluss im Bereich der Auffindungsstelle der Tasche ab. Knapp 24 Stunden später wurden sie fündig. Pünktlich zum Feierabend, es war Freitag, der 4.8.1995, wurde uns der zweite

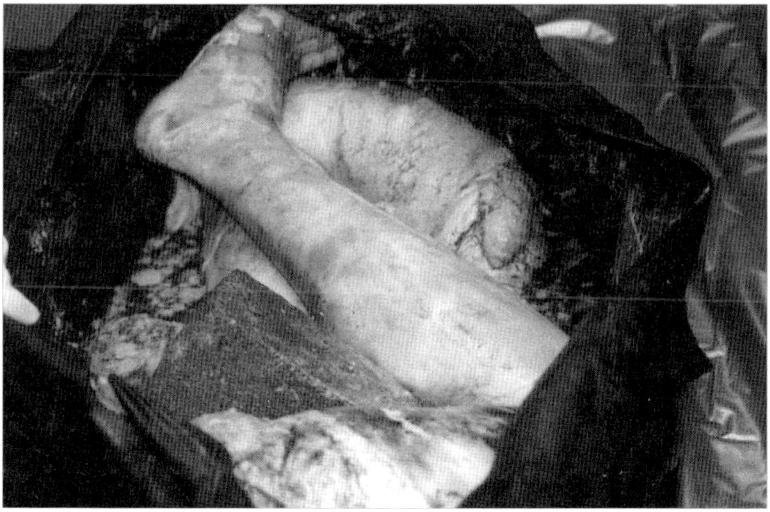

Tasche mit Mauersteinen und den an den Oberschenkeln abgetrennten Beinen

Fund auf den Sektionstisch gestellt. Es war wieder eine schwarze Kunststoff-Reisetasche. Neben zwei artgleichen Mauersteinen enthielt sie diesmal zwei menschliche Hände und einen abgetrennten Kopf.

Der Schädel war in Höhe zwischen erstem und zweitem Halswirbelkörper quer abgesetzt, der Zahn des zweiten Halswirbelkörpers glattrandig durchtrennt. Der Kopf befand sich im Zustand einer fortgeschrittenen Fäulnis und Autolyse mit abgelöstem, teils noch erhaltenem Kopfhaar, flächig getrübten und herausquellenden Augäpfeln und teils fetziger Ablösung der Oberhaut. Im Bereich der seitlichen Anteile der rechten Augenbraue konnte aus einem Hautweichteildefekt ein deformiertes Projektil geborgen werden. Die umschriebene Verletzung war schräg angeordnet, dabei 1,5 cm lang und gering klaffend sowie 0,3 cm tief. Eine Beschmauchung ließ sich nicht feststellen.

Im linken hinteren Scheitel-Hinterhauptsbereich, 3 cm hinter dem Ohransatz, fand sich ein lambdaförmiger, 8,5 cm langer und bis zu 3 cm ringsum unterminierter, kompletter Kopfschwartendefekt mit feinfetzig beschaffenen Wundrändern und teilweise erhaltenen Gewebsbrücken. Im Wundgrund begann ein nicht dislocierter

Schädeldach-Basisbruches. Dieser zog sich, im Bereich der Lambda-Naht beginnend, unter Aufspaltung in zwei Bruchlinien in die Schädelbasis und weiter an beiden Seiten des linken Felsenbeines entlang bis hin zum Türkensattel.

Weiterhin zeigte sich im oberen Hinterhauptsbereich, nahe der Körpermittellinie, ein annähernd längs angeordneter, 9 cm langer und bis 3 cm klaffender Hautweichteildefekt, der bis auf den Knochen reichte. Auch hier stellten sich zahlreiche Gewebsbrücken im Wundgrund dar.

Als weitere wesentliche Befunde konnten noch ein Bruch beider Unterkieferäste und der rechten Oberkieferanteile verifiziert werden. Als Individualmerkmale zeigten sich mehrere auffällige Narben im Gesichts- und Kopfbereich.

Beide Hände waren ebenso wie die Oberschenkel im Weichteilbereich glatt durchtrennt. Die Amputation erfolgte ebenfalls nicht im Bereich der Gelenke, sondern kurz darüber im Bereich der Röhrenknochen. Die Durchtrennungsstellen waren teils glattrandig, teils offensichtlich gebrochen. Aus dem Wundbereich konnten mehrere kleinste blaue Farbpartikel sichergestellt werden.

Wenngleich wegen des Fehlen des Rumpfes nach wie vor die Todesursache nicht sicher fest stand, bestand nun aber kein Zweifel mehr an einem Gewaltverbrechen. Die zahlreichen Brüche und die Art der Weichteilverletzungen belegten die Misshandlungen. Aber wer war der Tote und wo war der Rumpf? Wurde bereits jemand mit den von uns gefundenen Individualmerkmalen vermisst?

Da gab es eine Überraschung. Während die Herkunftsfeststellung der Taschen negativ verlief – es handelte sich offensichtlich um einen Massenartikel –, eröffnete die Untersuchung der Steine eine interessante Spur. Zwei von ihnen waren der Amtlichen Materialprüfungsanstalt Bremen (MPA) mit Fragen zu ihrer Beschaffenheit, Festigkeit und Dicke, dem Verwendungszweck, der Korn- und Zementzusammensetzung und zum Produktionsort übergeben worden. Die Untersuchungen ergaben, dass es sich um unbearbeitete Mauersteine aus Beton von relativ guter Beschaffenheit in der Größe von 210 x 100 x 84 mm handelte, die aufgrund ihrer Abmessungen nicht der Deutschen Industrienorm für Mauersteine – DIN 18 153 – entsprachen. Als Hersteller konnte ein niederländisches

Betonwerk festgestellt werden, das die Steine im Jahre 1994 hergestellt und nahezu ausschließlich im Inland und im holländisch-deutschen Grenzgebiet vertrieben hatte.

Parallel liefen die Untersuchungen zur Identifizierung des Toten auf vollen Touren. Wegen der ausgeprägten handschuhartig abziehbaren Waschhaut an beiden Händen des Opfers waren mit herkömmlichen Spurensicherungsverfahren von den Fingern keine geeigneten Abdrücke für Vergleichsuntersuchungen abzunehmen. Die unverletzten Finger wurden deshalb bei der Obduktion amputiert und für spezielle daktyloskopische Untersuchungen aufbereitet. Es gelang die Abnahme der Fingerabdrücke an der unteren Schicht der Hornhäute. Nach einer photographischen Sicherung der Fingerspuren, der Anwendung eines speziellen Verfahrens zur Farbumkehr sowie der Positiventwicklung des Filmes konnten jetzt die Fingerspuren für die weiteren Identifizierungsmaßnahmen genutzt werden. Sie wurden dem Bundeskriminalamt (BKA) im Rahmen der Personenidentifizierung für eine Recherche im AfiS (Automatisiertes Identifizierungssystem) übersandt. Identische Fingerabdrücke lagen in der Sammlung jedoch nicht vor, sodass Überprüfungen der Fingerabdrücke in den westlichen Anrainerstaaten Deutschlands sowie in ehemaligen Ostblockstaaten veranlasst wurden.

Bei dem Problem der Identifizierung unbekannter Leichen spielt noch vor den Fingerabdrücken der Zahnstatus eine sehr wichtige Rolle. In unseren Breiten war nahezu jeder Erwachsene schon mehrfach beim Zahnarzt, Veränderungen an den Zähnen sind in den Krankenakten dokumentiert. Häufig muss man nur den Zustand des Gebisses der zu identifizierenden Leiche mit dem Zahnstatus einer vermissten Person vergleichen, um ans Ziel zu kommen. Da in unserem Falle die Obduktion des Mundbereiches zahlreiche Individualmerkmale an den Zähnen zu Tage brachte, waren wir zuversichtlich, ein Stück weiter zu kommen. Die Ernüchterung kam prompt: Keine in Deutschland vermisste Person hatte nach den Polizeiakten ein vergleichbares Zahnschema. Um nichts unversucht zu lassen, erfolgte nun eine Veröffentlichung der z. T. sehr individuellen Befunde in der zahnmedizinischen Fachpresse.

In dieser Phase entschloss sich das ermittelnde Team, die breite Öffentlichkeit in die Ermittlungen mit einzubeziehen. Der Getötete

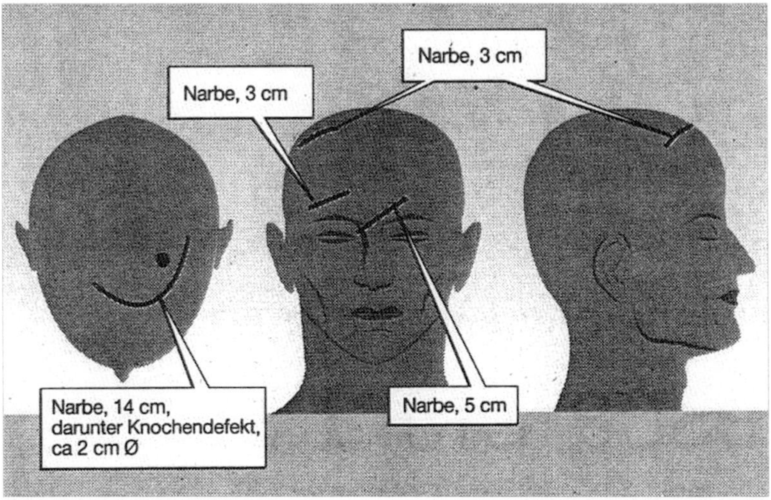

Kopfschema mit eingezeichneten auffälligen Narben

hatte zahlreiche Narben im Kopfbereich. Wir fertigten nunmehr mehrere Kopfschemata an, in die wir diese Narben einzeichneten. Die Massenmedien veröffentlichten diese Zeichnungen und riefen die Bevölkerung zur Mithilfe auf.

Doch damit nicht genug. Selbstverständlich wurden auch alle Möglichkeiten der modernsten Labortechnik ausgenutzt, um weitere Bausteine für das große Puzzle zu gewinnen. Zunächst musste das Offensichtliche – das Zusammengehören der Leichenteile – auch gerichtsfest bewiesen werden. Und dann mussten die Grundlagen dafür geschaffen werden, dass beim Auffinden des Rumpfes oder weiterer Leichenteile eine zweifelsfreie Zuordnung möglich sein würde. Wie bereits aufgeführt wurden zu diesem Zwecke umfangreiche DNA-Analysen betrieben, bei denen diverse Hautweichteilasservate, Zungen- und Wangenmuskulatur, Kopfhaare und Kopfhaut sowie verschiedene Knochen zur Untersuchung gelangten. Mithilfe einer speziellen Untersuchungsmethode (PCR) konnte eine Merkmalskombination der so genannten VNTR-Systeme nachgewiesen werden, welche in der Bevölkerung mit einer statistischen Häufigkeit von 0,0000004% – d. h. eine Person unter 250 Millionen Menschen – vorkommt. Im Amelogeninsystem wurden X- und Ychromosomale DNA nachgewiesen, sodass das untersuchte Material von einer männlichen Person stammen musste. Dieser Befund bestätigte die bei der Obduktion erhobenen Befunde hinsichtlich des Geschlechtes der Leiche.

Noch bevor diese Untersuchungen abgeschlossen waren und vollständig in die Ermittlungen mit einfließen konnten, geschah wieder etwas Unerwartetes. Die Feststellungen der Materialprüfungsanstalt sowie ein Hinweis aus der Bevölkerung, dass Anfang August 1995 in den Niederlanden eine ebenfalls in Taschen verpackte und zertrennte Leiche gefunden worden war, führten dazu, dass die Ermittlungen zur Identifizierung der Leichenteile auch in den benachbarten Niederlanden forciert wurden. Am 22.8.1995 teilte ein Angehöriger der Groninger Kriminalpolizei mit, dass die vom BKA nach Holland überspielten Fingerabdrücke bei einem Abgleich im dortigen System dem 36 Jahre alten niederländischen Staatsangehörigen R. zugeordnet werden konnten. Die Identifizierung der daktyloskopischen Spur fand später seine Bestätigung durch einen dort ansässigen Odontologen, der den bei der Obduktion erhobenen Zahnstatus mit dem ihm vom Opfer vorliegenden Zahnschema verglich und als übereinstimmend empfand.

Parallel zu den erwähnten Maßnahmen wurde der Versuch der Bestimmung des Trennwerkzeuges unternommen. Die von Weichteilen befreiten (mazerierten) Oberschenkelknochen, zwei Halswirbel und ein Teil der Speiche wurden der Kriminaltechnik des Landeskriminalamtes Bremen zur entsprechenden Begutachtung übergeben. Die mit optischen und messtechnischen Hilfsmitteln durchgeführten Untersuchungen der genannten Asservate ergab die folgenden Befunde:

Die Oberschenkelknochen wiesen mehrere feine Riefenspuren auf, die den Einsatz einer feinen Säge – z. B. Eisensäge – oder eines scharfen Messers denkbar erscheinen ließen. Aufgrund fehlender Individualmerkmale schieden die festgestellten Spuren für eine Identifizierung eines bestimmten Werkzeuges jedoch aus. Die anderen Trennflächen der Knochen waren uneben und deuteten auf den Einsatz eines relativ stumpfen Werkzeuges bzw. auf ein gewaltsames Frakturieren hin. Die Halswirbel waren aufgrund ihrer porösen Trennstellen für eine nähere Aussage nicht geeignet.

Die bei der Obduktion gesicherten Farbpartikel aus dem Amputationsbereich beider Hände waren zur weiteren Untersuchung an die Abteilung Kriminaltechnik/Chemie des LKA Bremen weitergeleitet worden. Die Überprüfung der Materialsplitter ergab, dass es sich um einschichtige, blaue Lacksplitter handelte, die eine matte, unregelmäßig geformte Oberfläche – typisch für abgeplatzte Splitter einer blauen Werkzeuglackierung – aufwiesen. Obwohl die Lacksplitter für Vergleichsuntersuchungen geeignet waren, erschien die Wahrscheinlichkeit einer Zuordnung zu einem individuellen Werkzeug gering, da von einem Massenprodukt aus einem Billiglohnland ausgegangen werden musste.

Die bei der Kriminaltechnik Bremen und dem BKA in Auftrag gegebenen waffentechnischen Untersuchungen zur Bestimmung des verwendeten Waffensystems, des Munitionsherstellers und des Spurenvergleiches mit der zentralen Tatmittelsammlung ergaben, dass das deformierte Vollmantelgeschoss des Kalibers 7,65 mm Browning Feldereindrücke des Laufs mit sechs Feldern/Zügen mit Rechtsdrall aufwies. Augenscheinlich handelte es sich um ein Produkt der Firma Dynamit Nobel. Wegen der großen Anzahl verschiedener in Frage kommender Waffenmodelle konnten zu der Feuerwaffe keine Angaben gemacht werden. Ebenso konnte aufgrund der Beschädigungen des Geschosses eine Einbeziehung in den normalen Sammlungsvergleich nicht erfolgen.

Nachdem am 23.8.1995 die Identifizierung der Leichenteile auch vom BKA bestätigt worden war, reisten niederländische Kriminalbeamte im Rahmen der justitiellen und polizeilichen Rechtshilfe nach Deutschland ein und suchten die Kriminalpolizei Bremen auf, um hier mögliche Tatzusammenhänge mit den in den Niederlanden aufgefundenen Leichenteilen zu diskutieren. Ein Zusammenhang zwischen den beiden Taten konnte jedoch nicht erkannt werden. Für die justitielle und polizeiliche Rechtshilfe war laut RiVASt (Richtlinien für den Verkehr mit dem Ausland in strafrechtlichen Angelegenheiten) Nr. 138 und 139 eine Genehmigung der zuständigen senatorischen Dienststelle erforderlich. Weiterhin erfolgte eine Unterrichtung von Interpol Deutschland. Bereits einen Tag später reisten zwei Beamte der Kriminalpolizei Bremen nach Groningen/NL, um dort im Rahmen eines justitiellen Rechtshilfeersuchens die Lebensgefährtin des getöteten R. zu vernehmen. Weiterhin wurde ein polizeiliches Rechtshilfeersuchen an die Polizei Groningen gemäß Artikel 39 (1) des Schengener Durchführungsübereinkommens (SDÜ) durch das LKA Bremen zwecks Austausch des jeweiligen Ermittlungsstandes und der Festlegung des weiteren gemeinsamen Vorgehens gerichtet. Die Genehmigung für die Reise der Bremer Kriminalbeamten in die Niederlande wurde gemäß Nr. 140, 141 RiVASt durch die zuständige senatorische Dienststelle erteilt. Es zeigte sich, dass R. der Groninger Polizei als international tätiger Btm-Händler mit Kontakten in ganz Europa und dem nördlichen Afrika bekannt war. Gemeinsam mit seiner langjährigen Lebensgefährtin betrieb er zwei so genannte Coffee-Shops in Groningen.

Die weiteren Ermittlungen wurden jetzt durch eine Anzeige der Lebensgefährtin nachhaltig beeinflusst. Sie erschien aus eigener Veranlassung ebenfalls am 24.8.1995 bei der Groninger Polizei, um R. als vermisst zu melden. Die Zeugin berichtete, dass R. am 26.7.1995 die gemeinsame Wohnung verließ und sich danach nicht mehr meldete. Im Beisein ihres Anwaltes führte sie weiter aus, dass der Geschäftspartner E. des R. sich an sie gewandt und die Zahlung von 1,5 Millionen Gulden sowie die Lieferung von 100 kg Haschisch für die Freilassung des R. verlangt hatte. Am 3.8.1995 soll es dann zu der Zahlung von 250 000 Gulden gekommen sein, ohne dass R. jedoch zurückkehrte.

Aufgrund dieser Sachlage wurde die weitere Sachbearbeitung jetzt fast ausschließlich von der niederländischen Polizei durchgeführt. Dazu gingen bis zum 21.11.1995 bei der Polizei und der Justiz in Bremen diverse Rechtshilfeersuchen von den niederländischen Behörden (Polizei, Staatsanwaltschaft und Gericht) zwecks Übermittlung von Spuren, Ermittlungsberichten u. a. ein. Die Ermittlungen ergaben alsbald einen dringenden Tatverdacht gegen den bereits namentlich bekannten, 44-jährigen Geschäftsfreund E. sowie einen zweiten Bekannten des R. Während letzterer die Tat leugnete, räumte der von der Lebensgefährtin des R. belastete E. nach langwierigen Vernehmungen die Tötung des R. ein. Danach hatten sich R. und E. auf einem von R. Anfang 1995 gekauften Bauernhof getroffen und waren dort wegen eines größeren Geldbetrages in Streit geraten, in dessen Verlauf R. von seinem Kontrahenten erschossen wurde. Unmittelbar nach der Tat zerteilte E. den Toten, verteilte die Leichenteile in die aufgefundenen Taschen und in einen Plastiksack und fuhr mit dem Pkw des R. nach Deutschland, wo er zunächst den Rumpf im Bereich der A 27, Anschlussstelle Hagen, in einem Gebüsch ablegte und später die in Bremen aufgefundenen Leichenteile in der Ochtum versenkte. Der Pkw des R. wurde drei Monate nach der Tat in Antwerpen aufgefunden, wo ihn E. abgestellt hatte. Im Kofferraum des Fahrzeuges konnten serologische Spuren gesichert werden, die gerichtsmedizinisch untersucht wurden. Die Ergebnisse der DNA-Analyse stimmten mit den Merkmalen des Opfers überein.

Am 27.11.1995 ging ein justitielles Rechtshilfeersuchen des Untersuchungsgerichtes Groningen über den Leitenden Oberstaatsanwalt in Bremen beim Bremer LKA ein. In dem Ersuchen bat das Gericht um die Inaugenscheinnahme des Leichenfundortes. Gleichzeitig sollte der in Haft einsitzende Tatverdächtige E. von zwei niederländischen Kriminalbeamten zum Leichenfundort geführt und mit Hilfe des E. der Torso im niedersächsischen Umland aufgefunden werden. Die erforderlichen Genehmigungen wurden erteilt. Weil sich die Suche nach dem Rumpf auf das niedersächsische Gebiet erstreckte, wurde die Rechtshilfestelle des LKA Niedersachsen ebenso wie Interpol Deutschland unterrichtet. Das niedersächsische Justizministerium erteilte die justitielle Genehmigung, die Staatsanwaltschaft und die Generalstaatsanwaltschaft Oldenburg wurden informiert. Doch damit nicht genug. Wenn man glaubt, an alles gedacht zu haben, lässt die nächste Hürde bestimmt nicht lange auf sich warten. Niederländische Polizisten haben in Deutschland kein Festhalterecht, weshalb dieses auf deutsche Beamte übertragen werden muss. Da aber der Tatort in den Niederlanden lag, der Täter Niederländer ist und ein niederländisches Gericht die Ermittlungen führte, lag keine Straftat gemäß § 7 Strafgesetzbuch (Auslandstaaten) vor. Somit bestand auch kein Festhalterecht für deutsche Polizisten. Deshalb erging am 28.11.1995 vom Amtsgericht Bremen ein Haftbefehl gegen den Tatverdächtigen gemäß Artikel VII des Vertrages zwischen der BR Deutschland und dem Königreich der Niederlande über die Ergänzung des europäischen Übereinkommens vom 20.4.1959 über die Rechtshilfe in Strafsachen und die Erleichterung seiner Anwendung vom 30.8.1979 und Artikel 2 des Gesetzes zu dem Vertrag vom 30.8.1979 zwischen der BR Deutschland und dem Königreich der Niederlande über die Ergänzung des europäischen Übereinkommens vom 20.4.1959 über die Rechtshilfe in Strafsachen und die Erleichterung seiner Anwendung vom 21.12.1981 in Verbindung mit dem § 63 (1) und (2) des Gesetzes über die internationale Rechtshilfe (wer soeben beim Lesen ins Stocken gekommen ist – die letzten zehn Zeilen waren ein Satz (!) – der sei um Nachsicht ersucht, aber so klingt es, wenn Behörden miteinander umgehen).

Von Beamten der Bremer Kriminalpolizei wurden am 29.11.1995 die Ermittlungen und die Festnahme/Bewachung des Tatverdächtigen beim Grenzübertritt im Bunde übernommen. Der Rumpf des Getöteten wurde in den Mittagsstunden in der Samtgemeinde Hagen/Nds. aufgefunden. Aufgrund eines Erlasses in Niedersachsen lag die Entscheidung über die Behandlung des Torsos ausschließlich im Zuständigkeitsbereich der Generalstaatsanwaltschaft Celle. Auf Antrag des Leitenden Oberstaatsanwaltes Bremen erfolgte die erforderliche Genehmigung für die Verbringung, Obduktion und Übergabe von Leichenteilen an die niederländischen Behörden. Für die Übergabe der Leichenteile aus der Bremer Gerichtsmedizin an die niederländische Justiz war ein weiteres justitielles Rechtshilfeersuchen erforderlich, über das die Bremer Generalstaatsanwaltschaft und das hiesige Justizressort entschieden.

Alle aufgeführten Rechtshilfeersuchen und Genehmigungen waren erforderlich, um die Ergebnisse rechtsstaatlich und gerichtsverwertbar in das niederländische Strafverfahren einzubringen.

Vier Monate waren seit jenem lauen Sommertag vergangen, an dem uns eine Tasche mit »eigenartigem« Inhalt zur Untersuchung übergeben wurde. Vier Monate hat es gedauert, bis ein spektakuläres, grenzüberschreitendes Verbrechen gerichtsfest aufgeklärt war, das mit einer ganz dürftigen Spurenlage begann. Eine sicher beachtenswerte Leistung. Defensive Leichenzerstückelungen sind auch im gerichtsmedizinischen Alltag seltene Vorgänge und noch seltener ist der Versuch, Leichenteile an verschiedenen Orten zu beseitigen. Wenn das Ganze zudem einen internationalen Charakter bekommt, wird es nicht nur schwieriger, sondern auch richtig spannend. In 28 Dienstjahren ist mir kein Fall mit einer vergleichbaren Dimension begegnet. Besonders erfreulich war die gute Zusammenarbeit mit den internationalen Ermittlungsbehörden. Sie stellte eine Art Ausblick in die Zukunft dar. Wie bereits im »Schengener Durchführungsübereinkommen« (SDÜ) postuliert, zeigten sich in diesem konkreten Fall schon Ansätze auf dem Weg zu einer internationalen und europäischen Polizei. Die Vielzahl der noch bestehenden und im Einzelnen dargestellten bürokratischen Hürden wurden erstaunlich schnell genommen und stellten de facto keine größeren Hemmnisse dar, als sie auch zwischen deutschen Behörden vorkommen. Wenngleich sich die Internationalisierung polizeilicher Ermittlungen wohl noch in einem Anfangsstadium befindet, könnte der vorliegende Fall als exemplarisches Beispiel auf dem Wege zu einer besseren und effektiveren inneren Sicherheit für Europa bewertet werden. Im Sinne einer Verhütung und Bekämpfung von schwerwiegenden Formen internationaler Kriminalität scheint sich die Funktion von Europol zu realisieren und zu definieren. Bereits im Maastrichter Vertrag von 1992 (Art. K1) wurde diese Form der Zusammenarbeit festgeschrieben.

Als wir kurz vor Weihnachten 1995 zusammen mit der Polizei den Fall abschließend auswerteten, waren wir schon ein wenig stolz, dass wir uns einbringen durften in eine beispielhafte, internationale Zusammenarbeit, die so erfolgreich endete. An diesem Nachmittag fühlten wir uns als gute Europäer und ein wenig näher an der Zukunft.

Als wir abends auseinander und nach Hause gingen, war es draußen kalt und es nieselte. In Bremen herrschte Schmuddelwetter, wie fast immer zu dieser Jahreszeit. Die vergangene Woche war ruhig gewesen und in Routinearbeiten aufgegangen. Es war wieder »Saure-Gurken-Zeit«. Doch wir kannten die Statistik: Mit mehr als 90% Wahrscheinlichkeit gibt es in Bremen über Weihnachten/Silvester ein Tötungsdelikt. Das Kalenderblatt zeigte den 21.12.1995.

Walter Marty

Rechtsmedizinisches Institut Chur (Schweiz)

PD Dr. med. Walter Marty wurde im Jahre 1942 geboren. Er studierte Medizin in Zürich. Es folgte eine mehrjährige Grundausbildung in innerer Medizin, Chirurgie und Pathologie. Von 1985 bis 1999 war Marty am Institut für Rechtsmedizin der Universität Zürich tätig. Er habilitierte über Thermometrie und Thermographie in der Forensik. Seit 1999 ist Walter Marty Leiter der neugeschaffenen Rechtsmedizin Graubünden am Kantonsspital Chur.

In den vergangenen Jahren nahm er ebenfalls an verschiedenen Einsätzen als Expert-in-Mission für das Kriegsverbrechertribunal Den Haag bezüglich der Massengräber in Bosnien, Kosovo und Serbien teil. Marty publizierte bisher vor allem über Schussverletzungen, Flugunfalluntersuchungen und Todeszeitbestimmungen.

Eine ungewöhnliche Suizidart?

Im Sommer des Jahres 2001 taumelte der 32-jährige Elektroingenieur R. P. in seine Wohnung. Er rang nach Atem, war nicht mehr in der Lage zu sprechen und sank kurz darauf bewusstlos zu Boden. Seine Ehefrau rief unverzüglich die Rettung, welche wenige Minuten später am Ort war. Obwohl bereits ein Herzkreislaufstillstand vorlag, versuchte der Notarzt mit den modernsten Mitteln zu reanimieren, vergeblich. Er konnte nur noch den Tod aus unbekannter Ursache feststellen.

Der Staatsanwalt ordnete eine gerichtliche Autopsie an. Dabei fanden sich lediglich unspezifische Zeichen einer inneren Erstickung und eines anaphylaktischen Schockes. Ungewöhnlich waren allerdings zwei nadelstichförmige Veränderungen am rechten Zeigefinger, zweifellos keine notärztliche Maßnahme.

Was war geschehen? Der Verstorbene war Spezialist für Giftschlangen. Durch sein Wissen hatte er sich weit über die Grenzen unseres Landes einen Ruf als hervorragender Kenner verschiedenster seltener Schlangen gemacht. Neben seinem Wohnhaus war ein modernes Terrarium gebaut worden, das 89 Giftschlangen und 50 weitere ungiftige Schlangen, Echsen, Warane und Lurche beherbergte. Es bestand kein Zweifel, dass der Verstorbene von einer Giftschlange gebissen worden war, wie weitere Untersuchungen zeigten.

Wie es zum verhängnisvollen Biss kam, konnte nie eruiert werden. Merkwürdigerweise hatte der Mann die immer griffbereiten Notfallmedikamente wie Schlangenseren, Kortison und Adrenalin nicht benutzt. Frühere Schlangenbisse hatte er immer unter Einsatz der selbstverabreichten Medikamente problemlos überlebt. Dies gab Anlass zu nicht endenden Spekulationen im Umfeld des Verstorbenen.

War es ein Unfall oder ein Suizid? Ist jemand bereit, sich von einer giftigen Schlange beißen zu lassen und damit einen qualvollen Tod in Kauf zu nehmen? Eine ungewöhnliche Suizidart? Oder etwa doch nicht?

Die gerichtsmedizinische Literatur ist reich an Berichten über

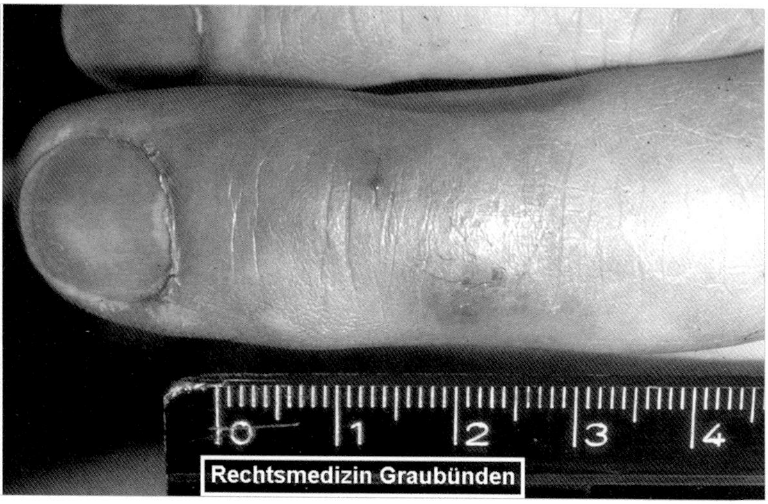

Finger mit den Bissstellen einer Giftschlange

ungewöhnliche Suizide. Publiziert wurden Berichte über Selbstverbrennungen in einem Ziegelofen, über Harakiri, über Eintreiben eines Nagels in den Kopf, Aufbohren des Schädels mit Bohrmaschine, Absägen des Kopfes mit einer Bandscheibe, Absprengen des Kopfes mit Dynamit im Auto in rasender Fahrt, Bau einer Guillotine mit anschließender Selbstenthauptung, Herausschneiden des Kehlkopfes und weitere nicht nachvollziehbare Suizidmethoden. Ob der kürzlich bekannt gewordene Fall eines Mannes, der sich töten und verspeisen ließ, ebenfalls in den Bereich von Suizid gehört, ist wohl Gegenstand richterlicher Beurteilung.

Auch in der historischen Literatur und selbst im Alten Testament sind Berichte über Suizide in nicht zählbarer Menge vorhanden. Lucrezia, die edle Römerin, tötet sich mit einem Dolch, um einer Vergewaltigung zu entgehen. Böcklin und Dürer haben in berühmten Gemälden diesen Moment festgehalten. Bekannt ist auch der Suizid mit Schlangengift von Cleopatra. Samson lässt das Dach über seinen Feinden einstürzen und nimmt seinen Tod in Kauf. Saul stürzt sich in sein eigenes Schwert. Der römische Geschichtsschreiber Sueton berichtet im zweiten Buch »De Vita Caesarum« über Suizide durch Einschneiden der Krampfadern (venas incidit), was bei großen Konvoluten sicher zu einem schnellen Verbluten geführt haben muss.

Unter den Suizidenten sind weitere bekannte Namen zu finden: Hemingway, Judas, Kleist, Klaus Mann, Nero, Quintilius Varus, Werther und Stefan Zweig. Auch die neuere Literatur ist reich an Suizidgeschichten, z. B. bei Eichendorff, Goethe, Hesse, Hölderlin, Nietzsche und Rilke. Ebenso lassen sich in der Dramatik Suizide fast seitenweise aufzählen, so z. B. »Das Vermächtnis« von Arthur Schnitzler, »Maria Magdalene« von Friedrich Hebbel oder vielleicht am meisten bekannt »Romeo und Julia« von Shakespeare.

Eine historische Beschreibung eines ungewöhnlichen Suizids mag zum Schluss für all die Tausende ungenannter Berichte stehen (Ovid, Pyramus):

»Und das Schwert, dass er am Gurt trug, stieß er sich in die Eingeweide, und ohne Verzögerung zog er es sterbend heraus aus der Wunde und fiel rücklings zu Boden. Das Blut spritzte hoch empor, nicht anders, als wenn wegen beschädigten Bleis ein Rohr platzt und aus dem zarten Riss zischend lange Wasserfontänen herauspresst und mit Stößen die Luft durchbricht. Die Früchte des Baumes wurden durch das Bespritzen mit dem Blut in eine dunkle Gestalt verwandelt und die vom Blut getränkten Wurzeln färbte die herabhängenden Beeren mit purpurner Farbe.«

Und unser Schlangenbissfall?

Der Staatsanwalt schloss das Verfahren mit der Beurteilung: Tod durch Biss einer Giftschlange. Kein Hinweis für Einwirkung Dritter beim Ableben.

Reinhard Urban

Rechtsmedizinisches Institut Mainz

Prof. Dr. med. Dr. rer. nat. Reinhard Urban wurde am 28.2.1949 in Mark Indersdorf geboren. Nach dem Abitur studierte er zunächst an der technischen Universität München von 1968 bis 1973 Chemie und promovierte zum »Dr. rer. nat.« im Jahre 1975. Von 1975 bis 1981 war er als wissenschaftlicher Assistent am Organisch-Chemischen Institut der TU München tätig. Zur gleichen Zeit studierte Urban Medizin an der Ludwig-Maximilians-Universität München, erhielt seine Approbation 1981 und promovierte 1983 zum »Dr. med.«. In den Jahren 1983 bis 1988 arbeitete er als wissenschaftlicher Assistent am Institut für Rechtsmedizin der Medizinischen Hochschule Hannover. Die Gebietsanerkennung als Arzt für Rechtsmedizin erfolgte 1988. 1991 wurde Urban zum stellvertretenden Institutsleiter der Rechtsmedizin und C3-Professor auf Lebenszeit an die Johannes-Gutenberg-Universität Mainz berufen. Im Jahre 2003 folgte schließlich die Berufung zum Leiter des Institutes für Rechtsmedizin und zum C4-Professor. Reinhard Urban ist Dekan des Fachbereiches Medizin am Klinikum der Johannes Gutenberg-Universität Mainz.

Selbsttötung oder Mord im Schlaf?

Einleitung

Die Differenzierung einer in suizidaler Absicht oder akzidentell selbst beigebrachten und einer durch fremde Hand beigebrachten tödlichen Schussverletzung gelingt in der Regel einfach durch Bestimmung der Entfernung, aus der der Schuss abgegeben wurde. Daneben spielen auch die betroffene Körperregion, die Anzahl der Schüsse und die Schussrichtung für diese Unterscheidung eine wichtige Rolle. Dies gilt uneingeschränkt auch für tödliche Schussverletzungen des Kopfes, wobei, sofern es sich um Mehrfach-Schussverletzungen handelt, auch die Frage der Schussfolge, die bei den Schüssen erlittenen Verletzungen und die sich daraus ableitenden Konsequenzen für eine noch bestehende oder nicht mehr gegebene Handlungsfähigkeit in die Begutachtungsüberlegungen einbezogen werden müssen. Grundsätzlich ist dabei ein suizidales Geschehen auch bei mehrfacher Schussabgabe am Kopf nicht ausgeschlossen, da in der Literatur über bis zu vier Schüsse, die glaubhaft in suizidaler Absicht gesetzt wurden, berichtet wird.

Einzelschussverletzungen des Kopfes sind, abhängig von Schussentfernung, in der Regel sicher als selbst- bzw. fremdbeigebracht zu identifizieren, auch wenn, wie Suizide von inhaftierten Mitgliedern terroristischer Vereinigungen in den 70er Jahren gezeigt haben, die Schussabgabe in die Nackenregion erfolgt.

Falldarstellung

Eine 46 Jahre alt gewordene Frau bewohnte zusammen mit ihrem 41 Jahre alten Lebensgefährten ein Haus in einem kleinen Ort in Rheinland Pfalz. Sie hatte das Haus gemietet und er war schon vor Jahren zu ihr gezogen. In der letzten Zeit soll es immer wieder zu Streitigkeiten zwischen den beiden Personen gekommen sein, wobei insbesondere die wirtschaftlichen Schwierigkeiten und die berufliche

Erfolglosigkeit des Mannes Inhalt der Auseinandersetzungen waren. Auch Freunden und Familienangehörigen blieben diese Auseinandersetzungen nicht verborgen. Sie berichteten, dass Marianne H. in der letzten Zeit auch Trennungsabsichten geäußert habe. Diese habe sie schon vor Jahren gehabt, sei jedoch mit den damit verbundenen Konsequenzen damals nicht zurecht gekommen und habe in Gesprächen immer die Ausweglosigkeit ihres Lebens beklagt. In diesem Zusammenhang wurde auch über einen Suizidversuch mit einer Überdosierung von nicht näher bekannten Tabletten berichtet. In letzter Zeit habe sich jedoch ihr psychischer Zustand dem äußeren Anschein nach stabilisiert und sie sei zu einer Trennung entschlossen gewesen. Aus diesem Grund habe sie sich auch im Wohnzimmer eine Schlafstätte eingerichtet und nicht mehr im Schlafzimmer im gemeinsamen Bett geschlafen.

An einem Morgen im März 1997 wollte der Vermieter mit Frau H. wegen einer Versicherungssache Kontakt aufnehmen, fand das Haus jedoch verschlossen und mit heruntergelassenen Rollläden vor. Auf sein Klingeln öffnete niemand. Er versuchte dann noch mehrere Male, auch telefonisch, an diesem Tag Frau H. zu erreichen, jedoch ohne Erfolg. Als schließlich sich bis um 17.00 Uhr niemand gemeldet hatte und Frau H. üblicherweise dem Vermieter Nachricht gab, wenn sie verreiste, entschloss dieser sich im Haus nachzusehen. Er fand Frau H., vollständig bis über den Kopf zugedeckt, im Wohnzimmer auf einer Bettcouch mit einer offensichtlichen Verletzung an der rechten Kopfseite tot vor.

Bei der äußeren Leichenbesichtigung durch den hinzugezogenen Rechtsmediziner vor Ort war in der rechten Schläfenregion ein großer, bizarrer Hautdefekt zu erkennen, aus dem viel Blut auf das Kopfkissen und Bett gequollen sein musste, da sich hier ausgedehnte Blutantragungen, teils mit großen Blutkoageln, fanden. Auffallend war bereits vor Ort, dass kein weiterer Defekt am Kopf nachweisbar war, sodass bereits hier von einem so genannten Steckschuss ausgegangen wurde. Darüber hinaus fanden sich in der Umgebung der Hautwunde nur geringste schwärzliche Antragungen, die i. S. einer so genannten Beschmauchung zu interpretieren waren, sodass entweder eine spezielle Munition verwendet worden sein musste oder aber von einer sehr nahen Schussabgabe auszugehen war. Eine

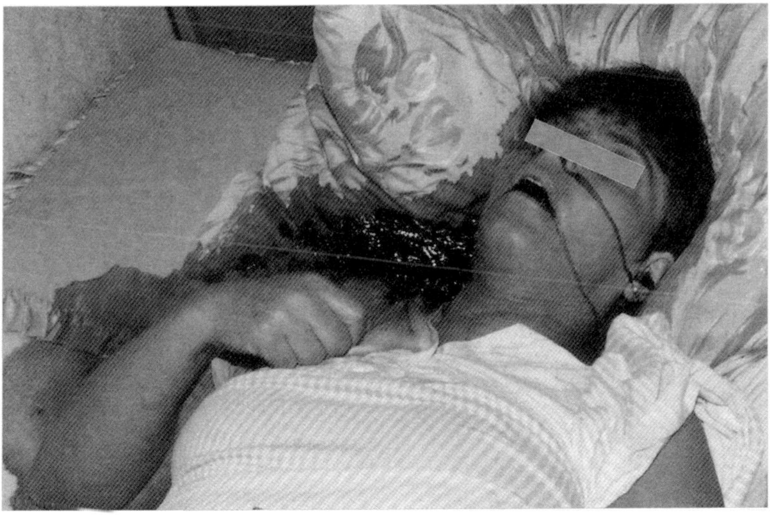

Leiche der Frau H. am Auffindeort auf der Bettcouch

Waffe fand sich bei oder in der Umgebung der Leiche nicht.

Somit ergaben sich u. a. folgende rechtsmedizinisch-kriminalistische Fragestellungen:

- Welche Schussentfernung?
- Selbst- oder Fremdbeibringung?
- Beeinflussung durch Medikamente, Drogen oder Alkohol?
- Handlungsfähigkeit nach Schussabgabe?

Bereits bei der Obduktion erhärtete sich der Verdacht, dass es sich um einen sehr dicht an der Haut der Schläfenregion abgegebenen Schuss oder gar einen aufgesetzten Schuss gehandelt haben musste, da sich eine ausgedehnte Höhlenbildung unter der äußeren Verletzung mit ebenso ausgedehnter Schwärzung des Gewebes und typischer hellroter Färbung der Schläfenmuskulatur wie bei lokaler CO-Einwirkung fanden. Die spätere Schussentfernungsbestimmung durch das Landeskriminalamt bestätigte diese Einschätzung mit einer Schussentfernungseinschätzung von »wenigen Zentimetern bis aufgesetzt«. Ein solcher Befund ist durchaus mit einer Selbstbeibringung vereinbar, wobei sich die Frage der Verfügbarkeit einer Waffe stellte. Nach Angaben von Familienangehörigen besaß der Lebensgefährte von Frau H. eine Schusswaffe, die als Tatwerkzeug in Betracht kommen konnte. Aufgrund der Vorgeschichte war aber an eine zusätzliche Einnahme von Medikamenten, gegebenenfalls zusammen mit Alkohol, zu denken. Die diesbezüglichen orientierenden Untersuchungen, welche im Rahmen der Obduktion durchgeführt wurden, ergaben jedoch keine Hinweise für eine solche Beeinflussung.

Somit blieb die Frage einer nach Schussabgabe noch vorhandenen Handlungsfähigkeit, da zunächst keine Hinweise dafür vorlagen, dass der Lebensgefährte von Frau H. zum Zeitpunkt des Vorfalls im Haus anwesend gewesen sein könnte. Er war nach ersten Erkenntnissen mit einem Pkw in Frankreich unterwegs und konnte hierzu zunächst auch nicht befragt werden. Die Untersuchung des Schussverlaufs im Gehirn ergab zweifelsfrei, dass ausgedehnte Zerstörungen, teils mit fehlenden und aus der äußeren Wunde ausgetretenen Hirnanteilen, vorlagen, die, sei es auch nur kurzzeitige, willkürliche Handlungen sicher ausschließen ließen. Somit war aufgrund der Untersuchung der Leiche davon auszugehen, dass entweder eine Selbstbeibringung – hier wäre zu fordern, dass die Waffe durch eine andere Person zu einem späteren Zeitpunkt entfernt und die spätere Auffindesituation mit vollständiger Bedeckung des Körpers einschließlich des Kopfes mit dem Federbett hergestellt worden war – oder aber eine Fremdbeibringung – hier wäre zu fordern, dass Frau H. die Annäherung der Waffe an ihren Kopf nicht bemerkt hatte, wie dies z. B. im Schlaf möglich wäre – vorliegen könnte, ohne dass die eine bzw. andere Variante durch die Leichenbefunde allein sicher auszuschließen war.

Erste Ermittlungen im Freundeskreis und in der Familie von Frau H. ergaben, dass sie sich vor der Waffe gefürchtet habe und man sich nicht vorstellen könne, dass sie sie je in die Hand genommen hätte. Im Rahmen von späteren Vernehmungen wurde sogar über einen Vorfall berichtete, bei dem der Lebensgefährte Frau H. mit der allerdings nicht geladenen Waffe bedroht haben soll, was die Ängste von Frau H. verstärkte, sodass sie immer wieder darüber gesprochen haben soll, dass es ihr lieber wäre, die Waffe würde aus ihrem Haus verschwinden. Damit konzentrierten sich die Ermittlungen auf das Auffinden des Lebensgefährten, gegenüber dem zwar ein unbestimmter Verdacht bestand, der nach dem Ergebnis der Untersuchungen der Leiche jedoch primär als Zeuge angehört werden sollte. Seine Anhörung wurde umso dringlicher, als er in einem Telefonat mit einem Bekannten über einen »schrecklichen Vorfall« berichtete und andeutete, dass »Marianne etwas Schlimmes zugestoßen sei«. Er meldete sich schließlich mehrere Tage später nach weiteren telefonischen Kontakten mit Bekannten und zuletzt mit einem Rechtsanwalt bei der Polizei.

Angaben des Lebensgefährten

In einer ersten Aussage als Zeuge berichtete er über seine Lebensgefährtin und ihre Beziehung, dass es schon seit Jahren Spannungen gegeben habe. Teilweise seien die Spannungen darin begründet, dass Marianne ihre gemeinsame finanzielle Situation falsch eingeschätzt und ihm keinen Glauben geschenkt habe, er werde für sich schon eine passende und ausreichend bezahlte Beschäftigung finden, vor allem seien sie aber darin begründet, dass Marianne schon seit mehr als fünf Jahren an Depressionen gelitten habe, aufgrund derer sie auch einen Suizidversuch mit Tabletten unternahm. Er habe sie damals aber rechtzeitig gefunden und in ärztliche Behandlung gebracht, sodass keine körperlichen Schäden zurückgeblieben waren. Zum Vorfall selbst gab er an, er sei ins Wohnzimmer gekommen und habe Marianne mit einer offensichtlichen Schussverletzung auf der Bettcouch tot vorgefunden. Er habe in Panik die bei ihr liegende Waffe zu sich genommen und befürchtet, man könne ihn verdächtigen, weil die Waffe ihm gehörte. Er habe sie dann vollständig zugedeckt, weil er den Anblick nicht ertragen habe und sei »kopflos« aus dem Haus gelaufen und weggefahren. Die Waffe habe er in den Rhein geworfen, sei danach über die Grenze nach Frankreich gefahren und habe sich bei den Bekannten darüber informiert, ob man Marianne gefunden habe und wie der Stand der Ermittlungen gewesen sei. Aus Angst, man könne ihn mit dem Vorfall in Verbindung bringen, habe er sich zunächst nicht an die Polizei gewandt.

Nachdem er sich in mehreren Vernehmungen unterschiedlich zu einzelnen Details geäußert hatte, wurde er schließlich als Beschuldigter vernommen, blieb aber bei der Version, er sei erst hinzugekommen, als der tödliche Schuss bereits von Marianne selbst abgegeben worden war. Indizien, wie z. B. geringe Blutspuren im Waschbecken des Badezimmers und an seiner Bekleidung, führten schließlich zu einer Anklage wegen Mordes. Es wurde ihm vorgeworfen, Marianne H. im Schlaf aus niedrigen Beweggründen (finanzielle und Trennungsprobleme) getötet zu haben.

Nachdem er zunächst im Rahmen der Verhandlung vor dem Schwurgericht keine Angaben zum Vorfall gemacht hatte und viele Zeugen zum Umfeld und der Beziehung von Marianne und ihrem Lebensgefährten ausgesagt hatten, gab er schließlich im Rahmen der Verhandlung vor dem Schwurgericht an, er habe bisher aus Angst, dass man ihm keinen Glauben schenken werde, nicht die Wahrheit gesagt. Es sei richtig, dass man am Vortag des Vorfalls über seinen nicht adäquaten Beitrag zum täglichen Leben gestritten hatte. Marianne habe geäußert, dass sie so nicht weiterleben wolle. Sie habe auch über die Möglichkeit einer Trennung gesprochen. Man sei aber überein gekommen, dass man weiter miteinander versuchen wolle, die tatsächlichen und vermeintlichen Probleme zu lösen. Sie habe allerdings schon seit einigen Wochen immer wieder ihm gegenüber geäußert, dass sie nicht mehr weiterleben wolle. Sie sei sehr verzweifelt und depressiv gewesen – dies wird durch ärztliche Unterlagen belegt, nach denen sie regelmäßig seit einigen Jahren, so auch bis zuletzt, wegen depressiver Verstimmung in ärztlicher Behandlung war. Am Vorfallstag selbst sei er morgens aufgestanden und Marianne habe, wie üblich, im Wohnzimmer übernachtet. Er begründete dies mit seinem Schnarchen.

Er habe am Vormittag des Vorfallstages wegfahren wollen und wollte sich wie üblich von Marianne verabschieden, die seiner Meinung nach wohl länger schlief, zumindest sich bis zu diesem Zeitpunkt noch nicht habe blicken lassen. Er sei dann ins Wohnzimmer gegangen und habe Marianne im Bett sitzen sehen. Sie habe sich seine Pistole an die rechte Schläfe gehalten und »so starr geblickt«. Er sei auf sie zugesprungen und habe noch gerufen, sie solle keinen »Blödsinn« machen. Kurz bevor er sie erreicht hätte, habe sie plötzlich geschossen und sei nach hinten umgefallen. Die Waffe sei ihr aus der Hand geflogen. Er habe gleich gesehen, dass sie tot war. Völlig geschockt habe er zunächst gar nichts machen können, habe dann aber die Waffe an sich genommen, weil er befürchtete, dass man ihm, da es sich um seine Waffe, für die er keine Waffenbesitzkarte hatte, Schwierigkeiten machen oder ihn gar mit dem Tod von Marianne in Verbindung bringen könnte. Danach habe er sie vollständig mit dem Federbett bedeckt, weil es ein so schrecklicher Anblick gewesen sei, und habe deswegen auch fluchtartig das Haus verlassen. Zunächst sei er ziellos umhergefahren, habe sich aber dann entschlossen nach Frankreich zu fahren. Vorher habe er die Waffe in den Rhein geworfen. An der von ihm bezeichneten Stelle fand sie sich, obwohl von der Polizei Taucher eingesetzt wurden, jedoch nicht.

Damit stellte sich für die Juristen die Frage, ob es sich um die angeklagte vorsätzliche Tötung ohne Zeichen der Abwehrreaktion, z. B. im Schlaf, unter der Befürchtung eines für ihn finanziellen Desasters durch die Trennung, oder aber um einen Unglücksfall beim Versuch der Gefahrenabwehr oder um einen Suizid gehandelt haben könnte, bzw. ob sich aus sachverständiger Sicht die eine oder andere der Möglichkeiten sicher widerlegen ließe.

Sachverständige Überlegungen zur Vorfallsrekonstruktion

Eine erste Analyse anhand der äußeren Leichenbesichtigung und der Obduktion ergab keine sichere Differenzierungsmöglichkeit, sodass die nun vorgetragene Version grundsätzlich denkbar erschien. Auch die Untersuchung der Waffe auf Fingerabdrücke hätte keine sichere Differenzierung zugelassen, zumal eine solche Untersuchung im vorliegenden Fall schon deshalb nicht möglich war, weil die Waffe nicht aufgefunden werden konnte.

So blieben andere Überlegungen, z. B. die Frage einer Schmauchantragung an der rechten Hand von Marianne H., mit der sie nach seinen Angaben die Waffe gegen sich gerichtet hatte. Solche wurden in minimaler Ausprägung durch das Landeskriminalamt nachgewiesen. Hierzu wurde von dem Verteidiger vorgetragen, dass die Waffe nicht geeignet gewesen wäre, ausgedehntere Spuren an der so genannten Schusshand zu hinterlassen. Da die Art der Waffe nicht näher spezifiziert wurde, war diese Feststellung nicht hinreichend sicher zu widerlegen.

Blut- und Gewebeantragungen an Wohnzimmerwand und -decke

Die am Tatort vorgefunden Spuren führten schließlich zu weiteren Überlegungen.

Es fanden sich Blut- und Gewebeantragungen im gesamten Bereich des Kopfendes der Bettcouch bis in den Bereich der Zimmerdecke. Alle diese Spuren sind im Zusammenhang mit der unmittelbaren Schussabgabe kegelförmig von der Hautwunde aus weggeschleudert worden. Dabei war durch die digitale graphische Auswertung der Tatortaufnahmen ein Spurenbereich einzugrenzen, der sich zwanglos mit einer Schussabgabe bei liegender Position mit leicht nach links geneigtem Kopf in Einklang bringen ließ. Eine typische Sitzposition, wie angegeben, zumindest dann, wenn man von einer geraden oder leicht nach links zu dem ins Zimmer kommenden Lebensgefährten gerichteten Kopfhaltung ausgeht, ergab in der Computersimulation eine völlig andere Spurenverteilung. Diese Feststellung erlaubte aber immer noch keine vollkommen sichere Einschätzung des Tatablaufs, da die Kopfhaltung nicht bekannt war und in der Computersimulation bei unterschiedlicher Kopfhaltung und -neigung völlig unterschiedliche Spurenmuster generiert werden konnten, sodass grundsätzlich auch das vorgefundene Spurenbild denkbar erschien.

Das vorgefundene Spurenmuster mit einem offensichtlichen Wegschleudern auch größerer Gewebepartikel über mehr als 2 m Wegstrecke führte zusammen mit einem Befund der äußeren Leichenbesichtigung zu einer schließlich das Problem lösenden Überlegung. Unterstellt man eine Selbstbeibringung, so wäre aufgrund des Spurenbildes, unabhängig von der Frage von Schmauchantragungen, eine Blut- und/oder Gewebekontamination der Schusshand und der benutzten Waffe zu erwarten. Für die Waffe gilt das insbesondere für den Lauf, in dem sich in ähnlichen Fällen sehr häufig Blut und Gewebepartikel nachweisen lassen. Da die Waffe nicht zur Verfügung stand, blieben zur Rekonstruktion die Hände von Marianne H., wobei ihr Zustand bei der äußeren Leichenbesichtigung im Rahmen der Obduktion deshalb keine sichere Beurteilung zuließ, da durch bereits vor Ort erfolgte Manipulationen durch erkennungsdienstliche Maßnahmen und die Spurenasservierung für eine Schusshandbestimmung sich eine Entfernung vorhandener Spuren nicht sicher ausschließen ließ. Zudem wurden die Hände, da die erforderliche Spurensicherung bereits vor Ort erfolgt war, nicht durch Abdecken beim Leichentransport geschützt, sodass auch hierbei eine Entfernung vorhandener Spuren grundsätzlich denkbar erschien. Fotographische Aufnahmen zu einem Zeitpunkt sicher vor erfolgten Manipulationen und insbesondere die Inspektion der Hände vor Ort gemeinsam durch Polizeibeamte und den hinzugerufenen Rechtsmediziner ließen schließlich keine Zweifel aufkommen, dass die Hände von Marianne H. bereits von vornherein keine spritzer- oder andersartige Blut- bzw. Gewebespuren aufwiesen.

Konfrontiert mit diesem Ergebnis der Überlegungen zum Geschehensablauf, die eine Version der Fremdbeibringung stützten, wurde nun vorgetragen, dass die Waffe und die verwendete Munition dazu geeignet gewesen sein könnten, dass bei der Schussabgabe durch den starken Rückstoß ein so rasches »Auswandern« der Waffe und der Schusshand erfolgte, dass es zu keinen sichtbaren Antragungen kommen konnte. Dies umso eher, als bei Marianne H. davon auszugehen war, dass sie im Umgang mit einer Waffe ungeübt war und daher eine besonders instabile Schusshand- und Waffenhaltung denkbar sei. Damit stellte sich die Frage, ob es möglich gewesen sei, dass sich die Schusshand mit oder ohne Waffe so rasch aus dem Blut- und Gewebespritzkegel entfernen konnte, sodass keine Kontamination auftrat, während Blut- und Gewebepartikel in die unmittelbare Umgebung des Kopfes und der Verletzung, aber auch weit davon entfernt, geschleudert wurden.

Hierzu wurden zusammen mit Physikern, Biologen und Schusswaffensachverständigen des Landeskriminalamtes zunächst theoretische Überlegungen angestellt und später auch Experimente mit Kopfattrappen, die mit Farbe gefüllt waren, durchgeführt. Sowohl die Berechnungen der Zeit bis zum Auftreten erster Blut- und Gewebepartikel außerhalb der Hautwunde und der Zeit, mit der bei locker gehaltener Waffe und ohne Muskelanspannung des Armes ein Auswandern der Waffe und Hand geschieht, als auch die Experimente belegten, dass ein vollständiges Fehlen von Spuren auf der Schusshand mit einer Selbstbeibringung nicht in Einklang gebracht werden kann. Grundsätzlich wäre auch bei einer Fremdbeibringung in der später aufgefundenen Körperposition mit solchen Antragungen zu rechnen, nicht dagegen, wenn die Hände durch einer darüber liegende Bettdecke geschützt waren.

Resümee

Der Fall, wenn auch nicht einer der spektakulärsten rechtsmedizinischen Fälle, zeigt die Wichtigkeit der Erfassung von Leichenbefunden und umgebenden Spuren bereits am Tatort gemeinsam durch die Kriminalpolizei und Rechtsmediziner, da die Synthese aus deren unterschiedlichen Blickwinkeln oftmals erst mit der erforderlichen Sicherheit auch zunächst schwierig anmutende Differenzierungen gewährleistet.

Herr P. wurde wegen Mordes (Ausnutzen der Arg- und Wehrlosigkeit des Opfers sowie niedere Motive – finanzielle und Trennungsprobleme) zu einer lebenslangen Haftstrafe verurteilt. Das Urteil ist rechtskräftig.

Klaus Püschel

Institut für Rechtsmedizin Hamburg

Prof. Dr. med. Klaus Püschel wurde im Jahre 1952 geboren. Sein Medizinstudium absolvierte er an der Medizinischen Hochschule in Hannover. Ab 1978 arbeitete er als Rechtsmediziner am Universitätsklinikum Hamburg-Eppendorf. Püschel habilitierte 1983 und wurde 1985 zum Professor berufen. Von 1989 bis 1991 war er Direktor des Institutes für Rechtsmedizin am Universitätsklinikum Essen und ab 1992 Direktor des Institutes für Rechtsmedizin am Universitätsklinikum Hamburg-Eppendorf.

Klaus Püschels wissenschaftliche Schwerpunkte liegen in den Bereichen forensische Traumatologie, Leichenschau, Drogentod, Alkohologie, Altersforschung und Viktimologie. Er ist ebenfalls Herausgeber der Zeitschriften »Rechtsmedizin« und »Blutalkohol«.

Hamburg-Thriller um den Säurefass-Mörder

Der »Kürschner von Rahlstedt« füllte im letzten Jahrzehnt des vergangenen Jahrhunderts in Hamburg die Gazetten und gab mit seinem authentischen Fall den Stoff für einen hochkarätigen Hamburg-Thriller im Fernsehen: »Angst hat eine kalte Hand.«

Lutz Reinstrom (Jahrgang 1948) hat Hildegard K. (61) und Annegret B. (31) in seinem schalldichten unterirdischen Atombunker gefoltert, getötet und danach in Säurefässern vergraben. Zunächst lagerte er die Leichen in Fässern in seinem Keller. Dann vergrub er sie samt Fässern in seinem Garten, zog Taucheranzug und Tauchermaske an, schüttete dampfende Salzsäure ins Fass. Reinstrom verriet bei der Polizei und später vor Gericht stets nur so viel, wie man ihm lückenlos nachweisen konnte. Ansonsten ließ er seiner blühenden Fantasie freien Lauf … Seine Version: Hildegard K. habe er im Fass vergraben, nachdem sie sich bei einem Treppensturz in seinem Haus das Genick gebrochen habe. Die zweite Frau sei bei Fessel-Sex-Spielen in seiner Sauna wohl an Kreislaufversagen gestorben, hypnotisiert von einem südamerikanischen Arzt.

Der Psychiater Hans-Jürgen Horn stellte bei ihm eine sadomasochistische Fehlentwicklung fest, eine schwere seelische Abartigkeit. Steuerungsfähig sei er dabei allerdings stets gewesen.

Das Landgericht Hamburg, Große Strafkammer 22 als Schwurgericht, sprach in seiner Sitzung am 22.05.1996 Lutz Reinstrom schuldig. Der Angeklagte Lutz Reinstrom wurde wegen Mordes in zwei Fällen, versuchten schweren Raubes in Tateinheit mit Freiheitsberaubung sowie wegen erpresserischen Menschenraubes zu einer lebenslangen Freiheitsstrafe als Gesamtstrafe verurteilt. Die besondere Schwere seiner Schuld wurde festgestellt. Des Weiteren wurde für den Angeklagten Sicherheitsverwahrung angeordnet. Der Vorsitzende Richter Schaberg sprach Lutz Reinstrom im Urteil mehrmals direkt an: »Sie haben, Herr Reinstrom, gesagt – das ist ein Schlüsselsatz –: ›Ich kann das alles erklären.‹ Aufgeklärt haben Sie nichts.« Dieser Angeklagte hatte nicht aufgeklärt mit seinen Reden, sondern vertuscht, dadurch hatte er mehr zu seiner Verurteilung beigetragen als jeder Zeuge und alle Indizien. Er war ein Zeuge gegen sich selbst.

Für das Gericht war Reinstrom überführt, die 61 Jahre alt gewordene Ehefrau seines ehemaligen Arbeitgebers und Ausbilders zum Kürschner 1986 getötet zu haben. Die Indizien waren gewichtig. 20 000 Mark, die mit der 61-jährigen Frau verschwunden waren, fanden sich auf einem Konto, das Reinstrom über einen Strohmann eingerichtet hatte. Der Schmuck der Frau lag in einem Schließfach, das ihm gehörte. Die abenteuerliche Version Reinstroms, die Frau sei einem Haushaltsunfall zum Opfer gefallen, sie sei die Treppe herabgestürzt, akzeptierte das Gericht nicht. Es nahm aber auch sexuelle Gründe für die Tat nicht an. Es wurde auf Mord aus Habgier erkannt, auf Verdeckung einer Straftat.

Die 31-jährige Industriekauffrau Annegret B. wurde nach Überzeugung des Gerichts von Reinstrom im Oktober 1988 getötet. Er hatte sie wie zuvor Hildegard K. in sein Haus gelockt und sie dort in einer grauenvollen Gefangenschaft gehalten, bis er sie umbrachte. Tonbänder Reinstroms, Fotos und Aufzeichnungen seines Opfers belegen sadomasochistische Spiele, die nicht »einvernehmlicher Sex« waren, wie Reinstrom behauptete, sondern brutale Gewalt mit vorgeplantem tödlichen Ende. Auch in diesem Fall hatte er sich Geld und Sachwerte seines Opfers nachweisbar angeeignet.

Nach den Zitaten in den Medien war dies ein »Jahrhundertfall«. Zitate: »Mörder und Monstrum« – »Wie in einem Horrorfilm« – »Der geheime Friedhof des Frauenmörders« – »Todesspiele mit wehrlosen Frauen« – »Gruseltaten, wie sie Edgar Allan Poe erdichtet haben könnte« – »Wie viele Frauen tötete Lutz R. wirklich?« – »Er mordete nur, wenn seine Frau im Urlaub war« – »Zersägte Frauen im Atombunker« – »Wie viele Leichen hat er im Keller« – »Sex und Salzsäure« – »Die toten Frauen des Kürschners Lutz R.« – »Domina Marianne: Er winselte um Schläge« – »Er war der beste Papi, der netteste Kollege, der großzügigste Gastgeber, aber er führte ein unheimliches Doppelleben«.

Die minutiöse, 204 Seiten lange Anklageschrift gegen den arbeitslosen Kürschnermeister Lutz Reinstrom listete 186 Zeugen, 15 verschiedene Sachverständige und 17 Bände Akten auf.

Reinstrom wurde verteidigt von den bekanntesten Strafverteidigern Hamburgs. Der Prozess gegen ihn dauerte 93 Verhandlungstage und 15 Monate. Die Verteidigung protestierte immer wieder, dass ein sachliches Urteil nicht gesprochen werden könne, da der Fall so extremes Aufsehen in den Medien erregte und Horror-Fantasien herausforderte, sodass die Unschuldsvermutung gegen den Angeklagten nicht zu existieren schien.

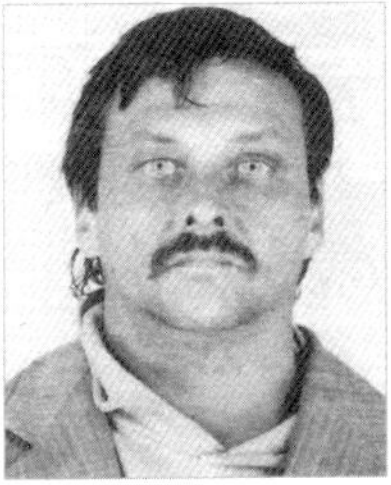

Von der Pressestelle der Polizei veröffentlichtes Foto des so genannten Säurefassmörders

Zu den Fakten, die später dem Säurefassmörder nachgewiesen wurden:

1. Der Mordfall Hildegard K.:

Am 12.03.1986 verschwindet die 61-jährige Frau aus ihrem Haus, nachdem sie in der Nacht vom 10.03. zum 11.03.1986 von einer Urlaubsreise zurückgekehrt war. Mit ihr verschwinden 20 000 DM aus einem Versteck im Badezimmer hinter der Beleuchtung des Spiegelschranks. Zurückgelassen wird ein Zettel mit der Handschrift von Frau K.: »Hab' arbeiten satt. Ich vill nicht mehr arbeiten. Vill nur noch leben. Im Urlaub ist es mir klar geworden. Brief folkt.« Mit der Frau verschwinden ihr Führerschein, der Personalausweis und ihr Dackel »Donald« mit seinem Hundekorb. Das Gericht geht später davon aus, dass Frau K. unter körperlicher Gewalt und/oder Waffengewalt entführt und dann tagelang im Atombunker des Kürschners gefangen gehalten wurde. Der Täter zwang die gefangen gehaltene Frau dann dazu, weitere Briefe zu schreiben, die später von einem Schriftsachverständigen ausgewertet wurden. Dieser konnte herausarbeiten, dass die Textzeugnisse von Frau K. als Versuch einer geheimen Kommunikation benutzt wurden, die jedoch von den Adressaten und den Sachbearbeitern der Vermisstensache bei der Polizei nicht bemerkt wurde. Ende März und im April 1986 wurden dann noch Ansichtskarten der Vermissten aus Teneriffa versandt. Letztlich wurde der Fall von der Polizei als unerledigte Vermisstensache ablegt.

2. Der Mordfall Annegret B.:

Am Abend des 05.10.1988 traf sich die Frau mit ihrem Mörder an einem vereinbarten Treffpunkt. Unter einem Vorwand lockte der Kürschner die vollkommen arglose Annegret B. sodann in seinen

Atombunker in Hamburg-Rahlstedt, wo sie keine Chance mehr gegen ihn hatte. Er fesselte sie und sperrte sie tagelang in diesen Bunker ein. Hier musste die Frau auch eine Tonbandkassette besprechen sowie diverse Schreiben nach seiner Anweisung handschriftlich aufsetzen. Unter anderem deponierte der Kürschner in der Wohnung des Opfers einen Zettel mit folgendem Text: »Mir ist sowieso egal, was Sie machen, ich ziehe aus. Alles Gute für Sie persönlich«, gerichtet an die Putzfrau. In einem Brief an ihren Lebengefährten teilte die Entführte mit, dass sie ihn verlassen habe und nicht wiederkommen werde. Ihr Arbeitgeber erhielt Briefe mit Urlaubsplänen und der Kündigung des Arbeitsvertrags. Auf einem dieser Schreiben wurden später Fingerabdrücke des Kürschners gesichert. Die entführte Frau schrieb mindestens neun weitere Briefe an Angehörige, einen Brief an die Polizei, vier Geburtstagskarten an Angehörige, eine Postkarte an ihre Mutter, zehn Ansichtskarten mit Ansichten von Chile, der Schweiz und Brasilien und drei Weihnachtskarten. Der Täter wollte mit diesen Briefen und Karten, die er nach und nach versandte, Lebenszeichen von Annegret B. vortäuschen – mit Erfolg. Aufgrund der diversen scheinbaren Lebenszeichen wurde auch der Fall Annegret B. über Jahre als unerledigte Vermisstensache zu den Akten gelegt. Die spätere Analyse durch den Schriftsachverständigen ergab, dass Annegret B. durch eine absichtliche Fehlermontage versuchte, mit den Adressaten zu einer geheimen Kommunikation zu kommen. Unter anderem hat sie durch Nachziehen verschiedene Buchstaben optisch hervorgehoben und dadurch auf den Täter hingewiesen: »Hilf Luz« (Hinweis: Lutz ist der Vorname des Säurefassmörders). Auch in diesem Fall konnte nicht sicher geklärt werden, wie und wann die entführte Frau getötet und der Leichnam beseitigt wurde. Aufgefundene Fotos belegen, dass sie gefesselt, geknebelt und sadistisch missbraucht wurde.

3. Der Entführungsfall Christa S.:

In dieser Sache wurde der Kürschner am 17.09.1991 festgenommen. Der in der Zeit vom 06.09. bis 13.09.1991 begangene erpresserische Menschenraub zum Nachteil der Christa S. ist die letzte Straftat des Beschuldigten. Er hielt die Frau tagelang in seinem Atombunker gefangen. Frau S. war die neue Lebensgefährtin des

Ehemanns der zuvor getöteten Hildegard K. Die Entführung lief wiederum nach dem bekannten Muster des Kürschners ab. Er kannte die Frau persönlich und spionierte sie in ihrem Lebensbereich aus. Dann entführte er sie in ihrem eigenen Pkw, nachdem er ihr in der Garage aufgelauert hatte. Er bedrohte sie mit einem Elektroschockgerät und bugsierte sie letztlich ebenfalls in seinen Atombunker, wo er sie fesselte und tagelang gefangen hielt. Durch Hinhaltetaktik verzögerte sich die Übergabe des geforderten Lösegeldes von 300 000 DM. Auch diese entführte Frau musste wiederum eine Kassette besprechen und Briefe schreiben. Letztlich konnte die lebenserfahrene und resolute Christa S. den Entführer sozusagen als Persönlichkeit ansprechen, seine Hemmschwelle erhöhen und ihn letztlich sogar dazu veranlassen, sie freizugeben.

Das war der Punkt, an dem ich selbst in der Nacht vom 13.09. zum 14.09.1991 erstmals beruflich mit den Taten des Säurefassmörders zu tun hatte – seinerzeit allerdings »nur« als zuständiger Rechtsmediziner im Entführungsfall Christa S.

Ich war eingeteilt im üblichen Bereitschaftsdienst des Hamburger Institutes für Rechtsmedizin. Kurz nach Mitternacht klingelte das Telefon. Am anderen Ende der Leitung war Kriminalhauptkommissarin Z., eine mir persönlich gut bekannte Beamtin der Mordkommission. Sie informierte mich kurz über den Entführungsfall Christa S. Die Polizei war hier mehrere Tage eingeschaltet gewesen und hatte die Verhandlungen mit dem Entführer begleitet. Relativ plötzlich und überraschend war die Entführte jetzt aufgetaucht und hatte erste Details ihrer geradezu abenteuerlich anmutenden Erlebnisse berichtet.

Als ich knapp eine Stunde später im Polizeipräsidium ankam, herrschte hier hektische Aktivität. Die gesamte Sonderkommission war einschließlich höherer Polizeiführer zugegen. Die Ermittlungen liefen auf Hochtouren. Meine Aufgabe bestand darin, die Frau im Hinblick auf körperliche Misshandlungsspuren und ihren psychischen Zustand zu untersuchen. Sie zeigte sich in einem erstaunlich gefassten Zustand und konnte hervorragende Ermittlungshinweise geben.

Ich untersuchte Christa S. von Kopf bis Fuß sehr sorgfältig und stellte keine Verletzungen fest. Diese Untersuchung geschah nachts um zwei Uhr in Gegenwart von Kommissarin Z. Christa S. war in ihrer psychischen Verfassung sehr wechselhaft: Sie weinte hin und wieder und erschien müde, abgespannt und erschöpft; dann wiederum war sie ruhig, wirkte voll konzentriert und machte klare Angaben. So zeigte sie, als sie von ihrer Fesselung im Bunker berichtete, ihre Miederhose, auf der sie sich innen die Marke »Smith & Wesson« und die Nummer der Handschellen notiert hatte. Der Gesamtbefund entsprach durchaus ihrer Darstellung des Sachverhalts, wonach sie lediglich mit Worten und Waffen bedroht, jedoch nicht körperlich misshandelt worden war. Selbst die Handschellen, mit denen sie festgekettet worden war, hatten keine Spuren hinterlassen.

Die Hinweise von Christa S. zur Person des Entführers und den Räumlichkeiten, in denen sie gefangen gehalten wurde, führten die Polizei sehr schnell zum Kürschner, der kurz darauf festgenommen wurde und dann auch im Hinblick auf diese Entführung ein Teilgeständnis ablegte.

Wenn man bedenkt, dass Reinstrom zuvor schon zwei Frauen getötet und in Säurefässern vergraben hatte, dann liest sich das Urteil des Landgerichts Hamburg vom 26.5.1992 zum Entführungsfall Christa S. schon mit einem merkwürdigen Beigeschmack. Zur Strafzumessung hatte das Gericht im Urteil Folgendes festgestellt: »Bei dem depressiv und masochistisch veranlagten Angeklagten, der über eine erhebliche Umtriebigkeit verfügt und astrologischen Voraussagungen vertraut, lässt sich das Merkmal der ›schweren anderen seelischen Abartigkeit‹ gemäß § 20 StGB im Sinne eines Zusammentreffens ungünstiger Persönlichkeitsfaktoren mit situativen Merkmalen zwar nicht verneinen, jedoch ist hierdurch mangels Zerstörung oder Erschütterung des Persönlichkeitsgefüges keine strafrechtlich relevante Verminderung der Steuerungsfähigkeit eingetreten. Die Kammer hat von der Möglichkeit der doppelten Strafmilderung Gebrauch gemacht. Bei der Bejahung des minderschweren Falles und bei der Zumessung der schuldgerechten Strafe wurde berücksichtigt, dass der Angeklagte bislang sozial eingeordnet gelebt hat und erstmals im Alter von 43 Jahren straffällig geworden ist. Nachdem seine bürgerliche Existenz und sein Selbstverständnis durch die erzwungene Aufgabe der beruflichen Tätigkeit ins Wanken geraten sind, ist es ihm nicht gelungen, beruflich wieder festen Fuß zu fassen, um den Lebensunterhalt für sich und seine Familie zu sichern. Er hat sich vielmehr in immer stärkerem Maße seiner Astrologiegläubigkeit hingegeben, die dann Auslöser dieser schweren Straftat geworden ist. Er hat kein durchgeplantes Konzept gehabt, sondern teilweise spontan gehandelt. Die Lösegeldforderung ist von ihm nicht mit Todesdrohungen verknüpft worden. Soweit es die Lage zuließ, hat er sein Opfer ›gut‹ behandelt. Er hat ein Geständnis abgelegt, das allerdings erheblich eingeschränkt war und daher auch nur in diesem Umfang mildernd berücksichtigt werden konnte. Der Angeklagte befindet sich das erste Mal in Haft und leidet unter dem Verlust des bürgerlichen Ansehens, von dem auch seine Familie betroffen ist.«

Bei diesem Verfahren hatte auch ich meinen Auftritt als medizinischer Sachverständiger, konnte allerdings zum Ablauf des Verfahrens und zur Urteilsfindung wenig Erhellendes beitragen.

Am Rande des Verfahrens gegen Lutz Reinstrom wegen des Entführungsfalles Christa S. wurde in einer Verhandlungspause die Kriminalbeamtin Z. von Frau R., der Mutter der seit 1988 vermissten Annegret B., angesprochen. Frau R. wies die Kriminalbeamten darauf hin, dass es diverse Parallelen in der Vermisstensache ihrer Tochter zu der Vermisstensache Hildegard K. gab, sowie zum Entführungsfall Christa S. Auch ihre Tochter habe Lutz Reinstrom gekannt.

Aufgrund dieser Information von Frau R. forderte die Kriminalbeamtin Z. die alten Vermisstenvorgänge Hildegard K. und Annegret B. an. Die Kopie des Vermisstenvorgangs Hildegard K. befand sich beim Landeskriminalamt. Der Vermisstenvorgang Annegret B. war beim Amtsgericht Wandsbek abgelegt worden. Nach Studium der Akten begann sich bei der erfahrenen Kriminalbeamtin ein grausiger Verdacht zu regen. Bei der sorgfältigen Analyse aller Akten erkannte sie Parallelen, die nicht zufällig sein konnten. Z. musste allerdings noch einige Überzeugungsarbeit leisten, bis man bei der Hamburger Mordkommission die Sonderkommission Lutz Reinstrom (SOKO 924) einrichtete. Eine SOKO, die noch viel Arbeit bekommen sollte.

Relativ bald erschienen die Sonderermittler nun in der Rechtsmedizin. Sie hatten im Wesentlichen zwei Fragestellungen:

1. Wie kann man eine Leiche verschwinden lassen, ohne dass Spuren zurückbleiben?

2. Was bedeutet es, wenn speziell ausgebildete Leichenspürhunde im Bereich des Hauses des Kürschners sowie auf seinem Wochenendgrundstück an verschiedenen Stellen anschlagen, ohne dass man hier irgendwelche Spuren/Überreste von Leichen oder Tötungshandlungen mit den Sinnen oder labortechnischen Hilfsmitteln des Menschen feststellen kann?

In einer längeren Diskussion spekulierte ich mit den Kriminalbeamten über Aufsehen erregende Fälle aus der Geschichte der Gerichtsmedizin, z. B.

- den Fall Sarret-Schmidt, bei dem die Leichen eines Doppelmordes in einer Badewanne mit Säuren zu einem gelatinösen Brei zersetzt wurden,
- den Massenmörder Petiot, der in Paris seine Opfer in den Kriegswirren des 2. Weltkriegs mit ungelöschtem Kalk zersetzte,
- den Säuremörder Haigh in London,
- den US-Massenmörder Geffrey Dahmer, der seine Opfer in Fässern in seiner Wohnung lagerte und sie mit Säuren übergoss,
- und auch die modernen Literaturübersichten von Endris über die säure- und laugenbedingten Zersetzungen von Hartsubstanzen (wie z. B. Zähne) und von Lignitz über die Möglichkeiten des Zersetzens organischer Materialien durch chemische Einwirkungen.

Reinstrom hatte bei den ersten Vernehmungen zu den Vermisstensachen Hildegard K. und Annegret B. außer einer flüchtigen Bekanntschaft keinerlei weitergehenden Bezug eingeräumt. Er hatte allerdings sehr hintergründig erklärt, man würde Tote und Vermisste ja nicht immer wiederfinden. Als am 21.11.1992 in seinem Garten (dort, wo die Hunde gescharrt hatten) fünf Plastikbehälter mit insgesamt 35 l Salzsäure (30%ig) und ein blaues säurefestes Plastikfass (200 l) ausgegraben wurden, machte er zur Herkunft und zum Zweck dieser Utensilien keine Angaben. Die weiteren Ermittlungen der Polizei ergaben dann allerdings, dass der Kürschner auf seinem Wochenendgrundstück an der Elbe einige Zeit nach dem Verschwinden von Annegret B. eine so tiefe Grube ausgehoben hatte, dass er kaum noch mit dem Kopf herausgeschaut hatte. Dieser Teil des Grundstücks wurde daraufhin von der Polizei mit schwerem Gerät ausgekoffert und man stieß auf das erste Säurefass mit Leichenteilen.

Am 1.12.1992 erfolgte am Vormittag ein erster Anruf der SOKO 924 in der Rechtsmedizin. Beim Ausgraben auf dem Wochenendgelände von Reinstrom war man auf eine Betonplatte gestoßen. Später entdeckte man hierunter das Säurefass und nach dem Öffnen des Fasses bot sich den Kriminalbeamten vor Ort ein grausiger Anblick. Aus der übel riechenden Soße im Fass ragten zunächst undefinierbare Körperteile hervor. Die graue Plastiktonne mit schwarzem Deckel und gelber Gummidichtung wurde unverzüglich zur weiteren Untersuchung in die Rechtsmedizin gebracht. Hier erfolgten zunächst Röntgenuntersuchungen, die jedoch keinerlei abgrenzbare Strukturen im Fass erkennen ließen. Das Fass war gut zur Hälfte mit einer schwarz-braunen Flüssigkeit gefüllt. Erste orientierende chemische Untersuchungen ergaben, dass es sich hierbei um eine Säure handelte. Auf der Flüssigkeit schwammen dicke Fettbrocken. Ein Teil ragte heraus, der sich bei der weiteren Untersuchung als menschlicher Oberkörper entpuppte.

Der Fassinhalt wurde dann vorsichtig auf dem Sektionstisch entleert. Nach 8 Stunden Arbeit erstatteten die Obduzenten ihr vorläufiges Gutachten: Die im Fass befindlichen menschlichen Körperteile waren hochgradig zersetzt, teilweise aufgelöst und stark deformiert. Alle vorgefundenen Leichenteile konnten von einem einzigen Körper stammen. Bei der Toten handelte es sich zweifelsfrei um eine Frau. An auffälligen Körpermerkmalen wurden silberfarbene Fingernägel sowie rot lackierte Fußnägel festgestellt, an verschiedenen Zähnen Amalgamfüllungen. Die verschiedenen Körperteile waren mannigfach gefesselt. Die Kopfhaare waren geschoren. Der Körper war mehrfach zerlegt. Unter anderem war der Kopf abgetrennt. Am linken Unterschenkel fanden sich eindeutige Sägespuren. Die im Fass befindliche Flüssigkeit enthielt Salzsäure. Sofort am nächsten Morgen wurde der Zahnstatus/Gebissbefund aus den im Fass vorgefundenen Fragmenten rekonstruiert. Hierbei konnte zweifelsfrei festgestellt werden, dass es sich um den Körper der Annegret B. handelte. Weiterführende DNA-Untersuchungen erwiesen sich als unmöglich, da die Erbsubstanz in der Salzsäure vollständig zersetzt worden war. Insgesamt mussten sich die Rechtsmediziner mit all

Zwei Kriminalbeamte entleeren den Inhalt des ersten Säurefasses vorsichtig auf den Sektionstisch im Institut für Rechtsmedizin

ihren weiterführenden Untersuchungen sputen. Was die vierjährige Leichenliegezeit in der Salzsäure an erhaltenen Körperstrukturen übrig gelassen hatte, wandelte sich noch auf dem Sektionstisch unter dem Einfluss von Luftsauerstoff und Spülwasser schnell in einen gelatinösen Brei um. Eine Todesursache konnten die Obduzenten nicht feststellen. Bei nachfolgenden chemisch-toxikologischen Untersuchungen konnten keine Gifte, Medikamente oder Drogen nachgewiesen werden.

Als die SOKO 924 Reinstrom mit den Untersuchungsergebnissen des Säurefasses konfrontierte, stritt dieser jegliche Schuld am Tod der Annegret B. ab. Als man ihm daraufhin eröffnete, dass man nunmehr seine Grundstücke und das Fundament der Häuser vollständig auszuheben gedachte, gab Reinstrom den Hinweis auf ein zweites vergrabenes Fass auf seinem Privatgrundstück in Hamburg-Rahlstedt.

Am 4.12.1992 rückte erneut ein größerer Bergungstrupp der Polizei mit schwerem Gerät aus. An der bezeichneten Stelle fand man ein zweites Plastikfass unter einer 80 cm dicken Betonschicht. Reinstrom hatte angegeben, in dieses Fass den gesamten Leichnam

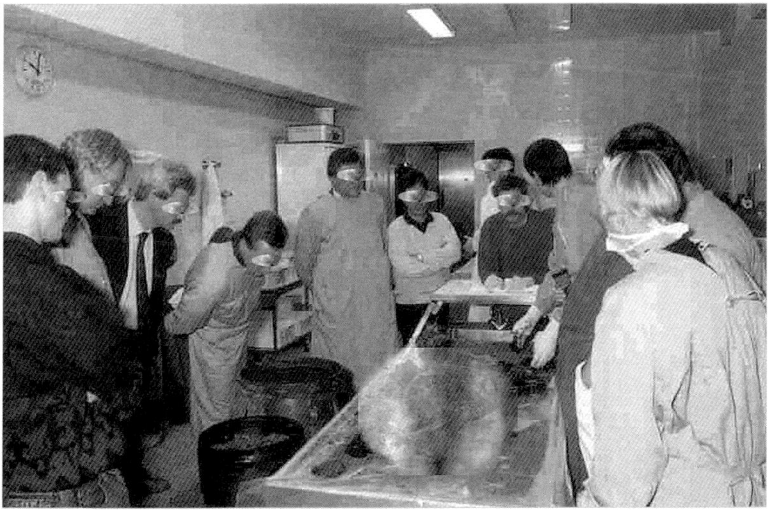

Gespannte Aufmerksamkeit bei der Untersuchung des zweiten Säurefasses im Sektionssaal der Rechtsmedizin

von Hildegard K. hineingestopft und dann mit Salzsäure übergossen zu haben.

Nach der Bergung wurde auch dieses Fass in die Rechtsmedizin gebracht. Hier wurde erneut eine Nachtschicht eingelegt. Das jetzt untersuchte Fass ähnelte dem ersten. Allerdings zeigte sich der Fassinhalt, nachdem er auf dem Sektionstisch ausgebreitet war, als nur noch schwer definierbare Masse. Die Obduzenten stellten folgende Diagnose: Organreste, die eindeutig menschlicher Provenienz waren. Dies konnte insbesondere mit absoluter Sicherheit von erhaltenen Hirnstrukturen (Großhirn und Kleinhirn) gesagt werden. Über weitere Organreste waren nur spekulative Diagnosen möglich: Haut, Knochen, Lunge, Gallenblaseninhalt. Am deutlichsten waren noch Reste von Muskulatur abzugrenzen. Es konnte nicht festgestellt werden, ob es sich um die Überreste eines Mannes oder einer Frau handelte. Der gesamte Fassinhalt wurde letztlich ausgeschlämmt und durchgesiebt. Dabei wurden Zahnfüllungen und Zahnkronen aus Amalgam und Gold festgestellt, darunter eine typische so genannte Ringdeckelkrone. Später erklärte ich in der Gerichtsverhandlung, dass wir uns bei dieser Obduktion sozusagen wie Goldsucher betätigt hatten.

Eine Reihe weiterer Utensilien im Säurefass war besser definierbar: Zum Beispiel wurden diverse Plastiktüten vorgefunden, Bausand, Steinwolle, Pinnnadeln, eine Holzklammer, eine Metallzwinge, eine Kabelschelle aus Hartplastik sowie diverse Bänder. Man grübelte später in der Gerichtsverhandlung darüber, ob mit diesen Utensilien Fesselungen vorgenommen wurden und ob mit den Klammern, Zwingen und Nadeln Hildegard K. gemartert wurde.

Vor der Untersuchung dieses Fasses hatte ich abends noch meine Frau angerufen, um sie darauf vorzubereiten, dass sie nicht damit rechnen könne, dass ich dieser Nacht noch nach Hause komme. Die Familie war natürlich vom Fall des Säurefassmörders in groben Zügen informiert. Am nächsten Tag fragte mich dann mein Sohn mit kindlicher Ironie: »Papi, habt ihr wieder ein Fass aufgemacht?«

In der Tat, wir hatten zwei Fässer aufgemacht. Aber es gab keinen Grund zum Feiern. Wir hatten in Abgründe geschaut. Einen Abgrund der Seele, einen Abgrund des Grauens, aber nach wie vor entzieht sich meiner Vorstellungskraft – auch nach vielen Jahren Gerichtsmedizin, Tausenden von untersuchten Todesfällen und persönlichen Erfahrungen mit zahllosen Tatorten, Rekonstruktionen, Leichenöffnungen, Gerichtsverhandlungen als Gutachter – was hier zwischen dem sadistischen Mörder und seinen hilflosen Opfern hinter den Betonmauern des Atombunker-Verlieses abgelaufen ist. Später wurde die Vorstellung untermalt durch Bilddokumente und Tonbandaufnahmen, die der sadistische Mörder selbst produziert hatte. In Kenntnis der Leidensfähigkeit des menschlichen Körpers, seiner vitalen Reaktionen und der Auswirkungen von Entsetzen, Todesangst und psychischer Traumatisierung erschließt sich dem Rechtsmediziner ein kaum vorstellbarer Ablauf …

Lutz Reinstrom begegnete ich zum ersten Mal, als er im Prozess wegen der Entführung von Christa S. angeklagt wurde. Äußerlich ein eher unscheinbarer Mann, mit auffällig stechenden Augen, aufmerksamem Blick und eher einem Plauderton in der Stimme. In den Printmedien wurde er stark überzeichnet dargestellt als kalt und dämonisch. Gegenüber der Polizei und dem Gericht trat er eher beiläufig und sich als Opfer unglücklicher Umstände bzw. eines ungünstigen Schicksals darstellend auf. Als könnte er kein

Wässerchen trüben, geschweige denn einem Menschen etwas zu Leide tun. Durchaus an ungewöhnlichen Sexualpraktiken interessiert, hierzu jedoch eher von anderen motiviert und keineswegs dominant. Die Analyse seiner Taten und das Urteil des Schwurgerichts zeichnen allerdings ein anderes Bild!

Zum zweiten Mal sah ich Reinstrom dann als Angeklagten im Mordprozess zum Nachteil von Hildegard K. und Annegret B. Auseinanderzusetzen hatte ich mich mit seinen Versionen, die beiden Todesfälle seien auf unglückliche Umstände bzw. Unfälle zurückzuführen und hier sei auch eine Organexplantations-Mafia tätig gewesen. Am vergleichsweise wenig zersetzten Leichnam der Annegret B. konnten diese Schutzbehauptungen des Angeklagten ohne Weiteres widerlegt werden. Soweit sachverständige Äußerungen wegen des defizitären Zustandsbildes der beiden Frauenleichen nicht möglich waren, füllte die Schwurgerichtskammer die Lücken im Rekonstruktions-Puzzle mit nachhaltiger richterlicher Überzeugung aufgrund der in der Hauptverhandlung präsentierten Ermittlungsergebnisse der Polizei sowie der Zeugenaussagen.

Freitag, 17. Februar 1995

Aus den Gerichten

Säuremord: Die letzte Spur liefern Goldzähne

Der erfahrene Rechtsmediziner Prof. Klaus Püschel muß um Worte ringen, als er vor Gericht das beschreibt, was gemeinhin als „Sektion" bezeichnet wird. Püschel hatte den Inhalt des Säurefasses untersucht, in dem der mutmaßliche Mörder Lutz Reinstrom eine Leiche verstaut haben soll.

Von Sektion könne keine Rede sein. „Es war vielmehr so, daß uns etwas auf den Tisch gegossen wurde, in dem die Strukturen eines menschliches Leichnams erkennbar waren", erklärt der Mediziner.

Der Angeklagte Lutz Reinstrom beugt sich bei den Ausführungen des Sachverständigen interessiert vor und blickt den Mediziner unverwandt an, als wolle er kein Wort verlieren.

Dem 46 Jahre alten Kürschner wird vorgeworfen, zwei Frauen gefoltert, ermordet und in besagten Säurefässern aufgelöst zu haben. Zweimal hüstelt er verhalten. Doch als ihm das Fragerecht erteilt wird, schweigt er.

Bei der polizeilichen Vernehmung war er mitteilsamer gewesen. Damals hatte Reinstrom zugegeben, den Leichnam von Hildegard K. in das Säurefaß gesteckt zu haben.

Neben Strukturen, die als bestimmte Organe identifiziert werden konnten, erklärt Prof. Püschel dem Gericht, habe er Reste von Zement-, Amalgam- und Goldfüllungen gefunden. Weil in dem Säurefaß auch „kiloweise Sand" gewesen seien, „mußten wir vorgehen wie Goldsucher", so der Sachverständige.

Auf die Frage des Gerichts, wie lange die 30prozentige Salzsäure brauche, um einen vollständigen menschlichen Körper so weit zu zersetzen, gibt es in sogar in der Literatur keine genauen Erkenntnisse. Dazu seien „sicherlich viele Monate notwendig, vermutlich mehrere Jahre". Der Prozeß wird fortgesetzt. bem

Zeitungsausschnitt mit populärer Darstellung zur rechtsmedizinischen Begutachtung im Prozess gegen den »Kürschner von Rahlstedt«

Was ich als »Sektionsergebnisse« präsentierte (von lateinisch secare = Schneiden), beruhte allerdings wirklich nicht auf Arbeit mit dem Werkzeug, mit dem sich Rechtsmediziner, als manchmal so genannte Kaltchirurgen, am besten verstehen, nämlich mit dem Messer. Die erhobenen Befunde basierten vielmehr auf dem vorsichtigen stundenlangen Freispülen, Anpassen und Identifizieren von Leichenteilen und dem vollständigen Austasten und Durchsieben des gesamten Inhalts beider Säurefässer.

Dies sollte aber nicht meine letzte Begegnung mit Lutz Reinstrom bleiben. Im weiteren Verlauf der Hauptverhandlung ergab sich eine neue gutachterliche Fragestellung, nachdem der Angeklagte erklärt hatte, das Opfer Annegret B. sei unglücklicherweise nach einem einverständlichen Geschlechtsverkehr in der Sauna verstorben, als sie ihn zunächst beim Liebesakt in den Penis gebissen hatte und er sie daraufhin heftig wegstieß und in der Sauna zurückließ, um sein verletztes, blutendes Glied zu versorgen. Das Schwurgericht formulierte deshalb den Beweisbeschluss, den Angeklagten gezielt im Intimbereich auf alte Verletzungsspuren zu untersuchen. Als bereits mit dem Verfahren vertrauter Sachverständiger wurde ich nunmehr auch noch mit der Aufgabe der körperlichen Untersuchung von Reinstrom im Untersuchungsgefängnis betraut.

Es wurde eine Begegnung der anderen Art. In der Rolle des Sachverständigen bot sich mir nunmehr die Gelegenheit, einen weitergehenden persönlichen Eindruck von Herrn Reinstrom im Umfeld Untersuchungsgefängnis zu gewinnen. Wieder einmal stand ich vor dem Rätsel bzw. vor der Tatsache, dass einem Menschen keineswegs auf die Stirn geschrieben steht, dass er ein Mörder ist, auch wenn er wegen der besonderen Schwere seiner Taten zu lebenslänglicher Haft und Sicherheitsverwahrung verurteilt wird.

Mein zweiter Auftritt als Sachverständiger im Schwurgerichtsprozess beendete meine rechtsmedizinische Arbeit im Zusammenhang mit der Aufklärung der Säurefassmorde und der Überführung und Verurteilung des Kürschners von Rahlstedt.

Trotzdem ließ mich der Fall »Reinstrom« noch lange nicht los. Er begegnete mir erneut im nächsten Skiurlaub hoch oben in den Ötztaler Alpen. Hier traf ich auf der Skipiste völlig überraschend Kriminalhauptkommissarin Z. wieder. Dass sich unsere Wege so weit entfernt von Hamburg im ewigen Eis kreuzten, erschien fast wie ein Wink von oben. Natürlich ließen wir noch einmal den Fall Reinstrom vor unserem geistigen Auge Revue passieren und tauschten auch einige sehr persönliche Hintergrundinformationen aus. Es war meine letzte Begegnung mit der Kriminalbeamtin Z. Der Fall Reinstrom, den sie ins Rollen gebracht hatte und dessen Dimension sie als Erste erahnt hatte, brachte ihr kein Glück. Sie hatte bald die Mordkommission verlassen und den Kapitalsachen bei der Polizei insgesamt abgeschworen.

Die SOKO 924 drehte über den Fall Reinstrom einen sehr informativen Lehrfilm für polizeiliche Ausbildungszwecke.

Lutz Reinstrom sitzt heute in der Justizvollzugsanstalt Hamburg-Fuhlbüttel ein.

Und das Fazit über den Fall des Säurefassmörders aus rechtsmedizinischer Sicht?

- Interaktionen zwischen Entführern und Entführten sind nur schwer voraussagbar, es kann sich als sehr schwierig erweisen, nach der Tat dem Opfer einerseits (z. B. im Rahmen der rechtsmedizinischen Untersuchung) und dem Täter andererseits (etwa in der Gerichtsverhandlung und beim Urteil) gerecht zu werden.
- Unklare Vermisstensachen bedürfen sehr sorgfältiger polizeilicher Aufklärungsarbeit. Hinter jedem dieser Fälle könnte sich auch ein Tötungsdelikt verbergen. Es wirft schon prinzipielle Fragen auf, wenn vermisste Frauen vier bzw. sechs Jahre nach ihrem Verschwinden weitgehend zersetzt in Säurefässern aufgefunden werden. Wie viele Vermisste liegen eigentlich schon tot unter der Erde oder anderswo? Zu bedenken ist, dass in derartigen Fällen die Täter völlig unerkannt und ohne Verfolgungsdruck weitermachen können.
- Es entsteht die Frage, inwieweit unklare Vermisstensachen nicht nach Art einer so genannten operativen Fallanalyse untersucht werden sollten, um ggf. Fallserien zu identifizieren.
- Jedenfalls sollten Nachrichten aus dem Jenseits (postalische Informationen, E-Mails o. ä.) nicht ausreichende Rechtfertigung sein, ohne Weiteres zu akzeptieren, dass es sich allenfalls um eine Vermisstensache und keinesfalls um ein bereits stattgehabtes Ableben dieser Person handeln könnte.
- Der Rechtsmediziner muss sich immer wieder auf neue Fachfragen einstellen, z. B. »Wie lasse ich eine Leiche verschwinden?« oder »Welche Spuren hinterlässt eine Leiche, wenn sie vom Täter zerstört oder versteckt wird?«. Er muss sich auch immer wieder auf neue, ungewohnte Situationen beim Bergen, Untersuchen und Sezieren von Leichen, Leichenteilen und sterblichen Überresten einrichten, bis hin zu der hier praktizierten extremen Variante einer weitgehenden chemischen Zersetzung des Körpers.

Gerade in defizitären Fällen ist es unverzichtbar, alle Details zur Auffindesituation persönlich in Augenschein zu nehmen und zu berücksichtigen: Im vorliegenden Fall z. B. alle Details zum Inhalt der Säurefässer, die für die Rekonstruktion von eminenter Bedeutung waren.

• Neben der Untersuchung von Verstorbenen im Rahmen der Sektion und den dazugehörigen Anschlussuntersuchungen gehört zum rechtsmedizinischen Standardrepertoire auch die Ganzkörperuntersuchung und psychische Einschätzung eines Opfers oder eines eventuellen Tatverdächtigen (mit umfassender Dokumentation und den erforderlichen Spurensicherungsmaßnahmen).

• Für die Arbeit der Kriminalpolizei hat sich wieder einmal gezeigt: »Kommissar Zufall« und sorgfältig analysierende einzelne Beamte sind für die Aufdeckung und Aufklärung eines spektakulären Falls unverzichtbar.

• Und dass man einem vom psychiatrischen Sachverständigen und vom Schwurgericht als sadistischer Mörder eingeschätzten Menschen seine Schuld, seine niedrige Gesinnung und seine tödlichen Phantasien äußerlich nicht ohne Weiteres ansieht oder anmerkt, ist wirklich eine kriminalistische Binsenweisheit.

Zeitschema

• Verschwinden von Hildegard K.: 12.03.1986

• Verschwinden von Annegret B.: 05.10.1988

• Entführung von Christa S.: 06.09.1991

• Freilassung von Christa S., rechtsmedizinische Untersuchung: 14.09.1991

• Urteil gegen Lutz Reinstrom im Entführungsfall Christa S. – Verurteilung wegen erpresserischen Menschenraubes zu drei Jahren Freiheitsstrafe: 26.05.1992

• Aufarbeiten der Vermisstensachen Hildegard K. und Annegret B. durch die Kriminalbeamtin Z.: seit dem 14.05.1992

• Formierung der SOKO 924 bei der Hamburger Mordkommission

• Durchsuchung von Haus, Grundstück und Atombunker des Lutz Reinstrom: am 16.09.1992
• Sektion der ersten Säurefassleiche (Annegret B.): 1.12.1992
• Bergung und rechtsmedizinische Untersuchung der zweiten Säurefassleiche: 04.12.1992
• Mordprozess gegen den Säurefassmörder vor dem Schwurgericht: 11.01.1995 bis 22.05.1996.
• Verurteilung des Angeklagten wegen Mordes in zwei Fällen, versuchten schweren Raubes in Tateinheit mit Freiheitsberaubung sowie wegen erpresserischen Menschenraubes zu einer lebenslangen Freiheitsstrafe. Feststellung der besonderen Schwere der Schuld. Anordnung der Sicherheitsverwahrung.
• Seitdem: Haftzeit von Lutz Reinstrom in der Justizvollzugsanstalt Hamburg-Fuhlsbüttel

Literaturnachweis

J. Arnal: Die Affäre Petiot (Übersetzung von Mehl). Kriminalistische Rundschau 2 (1) 1948: 2–8, 2 (2): 26–30, 2 (3):S. 42–48.

R.J. Dvorachak/L. Holewa: Wer ist Jeffrey Dahmer? Das schockierende Portrait des Milwaukee-Mörders. Bergisch-Gladbach 1992, Bastei-Lübbe-Taschenbuch, Bd. 13415, 1992.

R. Endris/G. Ruscheweyh: Forensisch-odontologische Befunde bei chemischer Leichenbeseitigung. Arch Kriminol 167, 1981: S. 164–174.

E. Lignitz: Kriminalistik der Leichenbeseitigung, Leichenzerstückelung und Leichenverstümmelung. In: Brinkmann, B./Madea, B. (Hrsg.): Handbuch gerichtliche Medizin. Springer, Berlin – Heidelberg – New York, 2004.

K. Püschel: Der Säurefassmörder und ein weiterer ungewöhnlicher Fass-Problemfall. In: Rothschild, M. (Hg.): Beiträge anlässlich des Festsymposiums zum 60. Geburtstag von Prof. Dr. med. Dr. h. c. Volkmar Schneider. Universitätsdruckerei der FU Berlin, 2000.

K. Püschel/E Koops: Zerstückelung und Verstümmelung. Arch Kriminol 180, 1987: S. 28–40 und 88–100.

K. Simpson: »Rex v. John George Haigh": The acid-bath murder Med-Legal Criminal Rev 18, 1950: S. 38–47.

H, Schneickert: Der Mordprozess Sarret-Schmidt. Ein bisher einzig dastehender Fall von Leichenbeseitigung Arch Kriminol 104, 1939: 122–124.

Hansjürgen Bratzke

Zentrum der Rechtsmedizin Frankfurt am Main

Univ.-Prof. Dr. Hansjürgen Bratzke wurde am 19.5.1946 in Hamburg geboren. Schulzeit und Abitur absolvierte er in Berlin. In den Jahren 1966 bis 1972 studierte Bratzke Medizin an der Freien Universität Berlin. 1974 war er wissenschaftlicher Assistent am Institut für Rechtsmedizin der FU und promovierte 1975. Im Jahre 1978 folgte eine Assistenzprofessur am Institut für Rechtsmedizin der FU, 1980 wurde Bratzke Facharzt für Rechtsmedizin und habilitierte 1981. Im Jahre 1984 wurde er in Berlin zum C2-Professor auf Zeit berufen, im gleichen Jahr erfolgte die Berufung zum C2-Professor auf Dauer an das Institut für Rechtsmedizin der Ludwig-Maximilians-Universität München. 1991 erhielt Bratzke die C4-Professur für Rechtsmedizin in Frankfurt a. M. Er ist geschäftsführender Direktor des Zentrums der Rechtsmedizin der Johann-Wolfgang-Goethe-Universität Frankfurt a. M. und Direktor des Institutes für Forensische Medizin, ebenso ist er Präsident des Berufsverbandes Deutscher Rechtsmediziner sowie Vorsitzender des Sektorkomitees Forensische Medizin, - Toxikologie und - Biologie.

Hansjürgen Bratzke veröffentlichte über 150 Publikationen mit dem Schwerpunkt Neurotraumatologie und gab drei Bücher zu den Themen Immunhistochemie, Datenverarbeitung und Rausch heraus.

Teppichleiche

Nach dem Begriff »Teppichleiche« wird man vergebens in der wissenschaftlichen Literatur suchen. Er wird vielmehr umgangssprachlich für Leichen benutzt, die in einen Teppich oder ähnliche Gegenstände eingewickelt sind und aus kriminalistischer Sicht vom vornherein signalisieren, dass »hier etwas nicht mit rechten Dingen zugeht«.

Die Verpackung der Leiche dient häufig dem leichteren Transport oder um die Leiche zu verbergen, auch vor den eigenen Augen, wenn zum Beispiel die Wohnung weiter benutzt wird und der Anblick unerträglich wird. Ähnliche Motive stecken dahinter, wenn eine Leiche in einem Schrank oder Bettkasten »versteckt« wird.

Über den Fall einer »Teppichleiche« soll hier kurz berichtet werden, weil die Vorgeschichte zunächst mehr als unklar war, die Sektion schwer zu deutende Befunde ergab und später der Tatablauf durch Geständnis des 19 Jahre alten Täters weitgehend rekonstruiert werden konnte (eine Publikation ist seinerzeit unter dem Titel »Tötung durch elektrischen Strom« erfolgt).

Vorgeschichte

Im Frühjahr 1978 war in einer Wohnung eine in Vorhänge, Bettzeug und Teppiche eingewickelte Leiche aufgefunden worden, nachdem Mieter sich wegen zunehmender Geruchsbelästigung aus dieser Wohnung beschwert hatten. Schnell konnte geklärt werden, dass es sich um den 20-jährigen Wohnungsinhaber handelte, der seit über einer Woche nicht mehr gesehen worden war. Sein mit ihm lebender Bekannter war zwar in den letzten Tagen sporadisch gesehen worden, aber am Abend des Auffindens nicht aufspürbar.

Eine erste rechtsmedizinische Untersuchung noch in der Nacht ließ keine eindeutige Todesursache erkennen, wobei auf Grund der Fäulnis und der schlechten Beleuchtung die Beurteilungsmöglichkeiten stark eingeschränkt waren.

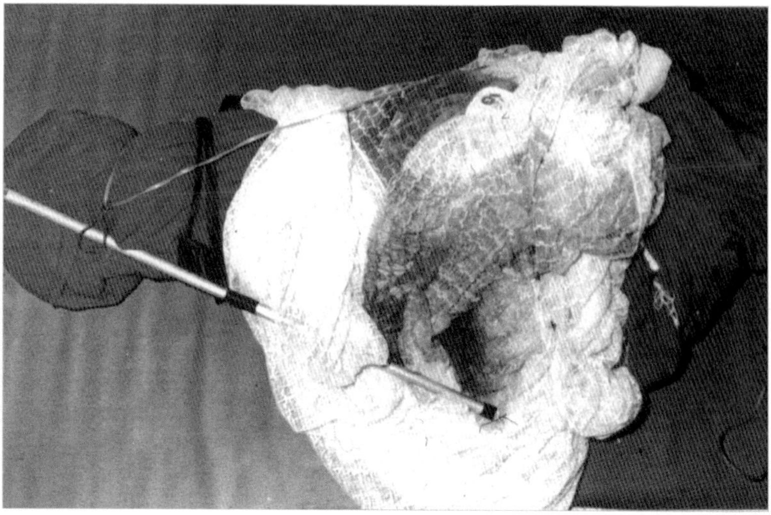

Zum Abtransport bereitgelegte »Teppichleiche«, in Vorhänge, Teppiche u. a. eingerollt mit »Transportvorrichtung«

Bei der gerichtlichen Leichenöffnung am nächsten Vormittag fielen bei der äußeren Besichtigung an Händen und Füßen eigentümlich geformte, rinnenförmige Hautveränderungen auf, wobei die aufgeworfenen Rändern an Strommarken denken ließen. Die histologischen Untersuchungen und rasterelektronenmikroskopischen Analysen ließen keinen Zweifel an der Einwirkung von elektrischen Strom, wobei die Mikroelementanalyse Kupfer und Eisenimprägnationen zeigte.

Erste Vernehmungen mit dem mittlerweile festgenommen Freund des Verstorbenen gingen in Richtung »sexuelle Spiele« (Gesäß und Penis) durch Einwirkung einer Niedrigspannung (Transformator einer elektrischen Eisenbahn). Nachdem diese Erklärungen in Hinblick auf die Strommarken als nicht nachvollziehbar eingestuft und bei der Wohnungsdurchsuchung eine Vielzahl von Stromkabeln mit z. T. abisolierten Enden gefunden wurden, legte der Täter ein umfassendes Geständnis ab, wobei die Motivation für seine Tat bis zum Schluss im Unklaren blieb (»Ärger über das Verhalten des Freundes, Geldschwierigkeiten«).

Nach seinen Angaben will er den Schlafenden an Hand und Fuß

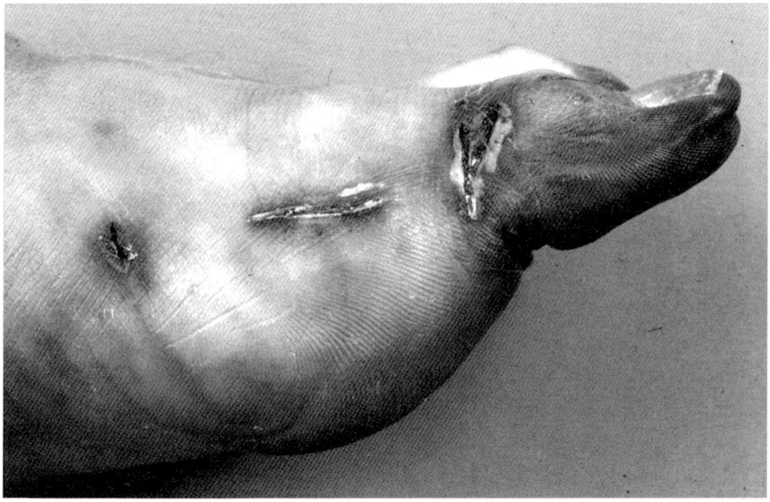

Linker Fuß mit zirkulären Strommarken am großen Zeh; kraterförmige Strommarke am linken seitlichen Vorfuß

Schrägverlaufende und zum Teil angedeutet zirkuläre Strommarken am linken Daumen

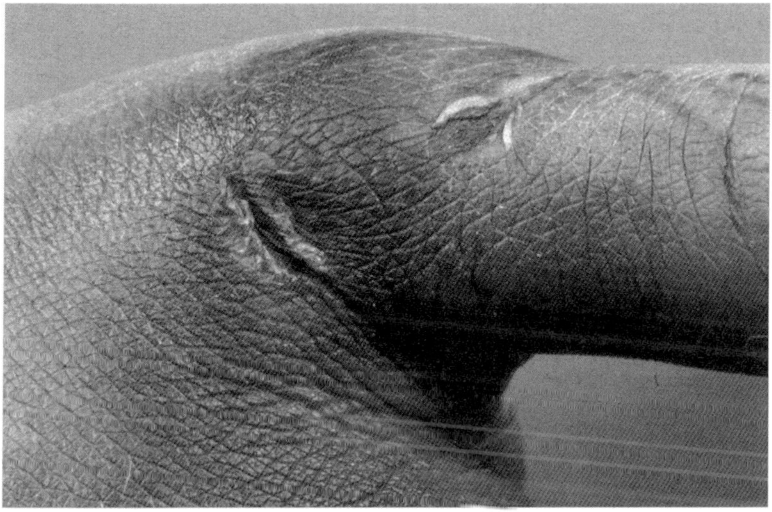

mit zuvor abisolierten Stromkabeln umwickelt und dann die vorsorglich abgeschaltete Sicherung wieder aktiviert haben. Er habe danach beobachten können, wie der Körper unter der Stromeinwirkung »durch kurzes Zucken noch einige Male geregt worden sei«. Die Dauer der Stromeinwirkung wurde mit »einigen Minuten« angegeben. Die Leiche wurde danach von dem Täter in den Teppich eingewickelt, um sie abzutransportieren, was wegen des erheblichen Gewichtes nicht gelang.

Im Strafprozess blieb der Angeklagte im Wesentlichen bei seinen früheren Einlassungen und wurde wegen Mordes zur 15 Jahren Freiheitsstrafe verurteilt; von einer lebenslangen Strafe wurde nach § 106 JGG abgesehen.

Diskussion

Bei dem vorgestellten Fall handelt es sich um eine der wenigen bekannt gewordenen und publizierten Tötungen durch elektrischen Strom, wobei solche Fälle bei den kriminalistischen Beweisführung erhebliche Schwierigkeiten bereiten (Bratzke 1980).

Auch hier bestanden aus gutachterlicher Sicht erhebliche Zweifel an der Tatschilderung, weil das Opfer nachweislich nicht unter Drogen- oder Alkoholeinfluss stand und es wenig nachvollziehbar schien, einen Schlafenden mit Kabeln zu umwickeln, ohne dass dabei zumindest die Gefahr bestand, dass er aufwacht und damit der Plan vorzeitig scheitert.

Die modernen Untersuchungsmethoden mit Rasterelektronenmikrokopie und Mikroelementanalyse trugen in hohem Maße zur Aufklärung des Sachverhaltes bzw. Untermauerung des Geständnisses bei (»Täterwissen«).

Für die heutigen Zeiten mit abnehmender Sektionsfrequenz und einigen aus dem Sektionsalltag fast verschwundenen Bildern (und dazu gehören Strommarken) stellt sich die Frage, ob derartige Fälle überhaupt noch erkannt werden – getreu der morphologischen Devise, dass man nur kennt, was man wiedererkennt.

Markus A. Rothschild
Institut für Rechtsmedizin Köln

Univ.-Prof. Dr. med. Markus A. Rothschild wurde 1962 in Berlin geboren. Nach dem Abitur 1981 studierte er von 1981 bis 1988 Medizin an der freien Universität Berlin. Während des Studiums war er Famulant in Hongkong (1984) und Nord-Borneo (1986). Die Approbation erhielt Rothschild 1988, danach war er von 1988 bis 2001 als Arzt am Institut für Rechtsmedizin der Freien Universität Berlin tätig. Im Jahre 1989 erfolgte die Promotion, 1993 die Facharztapprobation als Rechtsmediziner, 1999 die Habilitation im Fach Rechtsmedizin. Von 2001 bis 2002 war Rothschild Professor am Zentrum für Rechtsmedizin der Johann-Wolfgang-Goethe-Universität Frankfurt a. M. Seit 2002 ist er Direktor des Institutes für Rechtsmedizin des Klinikums der Universität zu Köln.

In den Jahren 1998 bis 2000 nahm Rothschild an der Untersuchung von Massengräbern im Auftrag des UN-Kriegsverbrechertribunals in Bosnien-Herzegovina und im Kosovo teil. Im Jahre 2000 erhielt er den Preis der Konrad-Händel-Stiftung.

Das Schweigen der Gräber

Das Schweigen der Lämmer. Was für ein schrecklicher, spannender Film. Schauspielerisch exzellent besetzt und dramaturgisch hervorragend inszeniert. Zum Glück nur ein Film.

Es war ein kalter, nasser und vor allem grauer Berliner Donnerstagabend im Dezember, nicht mehr ganz Herbst und noch nicht richtig Winter. Einer dieser Tage, an denen man sich am liebsten gar nicht viel nach draußen bewegen möchte, schon gar nicht zum Arbeiten. Dr. E. hatte Bereitschaftsdienst. Die Woche hatte gerade angefangen und es war bislang insgesamt recht ruhig geblieben im Institut. Als er gerade zu Bett gehen wollte, fing der Bereitschafts-Beeper an sich lautstark und penetrant zu melden. Das Lagezentrum der Kriminalpolizei informierte ihn, dass man einen Gerichtsmediziner wegen eines Leichenfundes auf einem Charlottenburger Friedhof benötige. Nun, es war verständlich, dass sich Dr. E.'s Enthusiasmus angesichts dieses wenig überraschenden Einsatzauftrages in Grenzen hielt. Zu diesem Zeitpunkt konnte allerdings auch niemand ahnen, dass dies der Beginn eines bizarren Albtraums werden sollte.

Der besagte Friedhof erstreckt sich über ein weites Areal im Westen Berlins mit zum Teil alten Gräbern wohlständiger Familien. Durch das einsetzende Tauwetter war der ohnehin rasch unansehnlich gewordene Berliner Schnee geschmolzen und unter anderem in die Gruft eines denkmalgeschützten Familienmausoleums, das nahezu die Größe eines kleinen Ferienhäuschens hatte, eingedrungen. Friedhofsarbeiter waren deshalb in die fünf Meter tiefe Gruft hinab gestiegen, um das Schmelzwasser abzupumpen. Doch ihnen bot sich hierbei ein erschreckender Anblick. Die von Säulen durchsetzte Grufthalle stand etwa einen Meter hoch unter Wasser und auf dem Wasser schwammen zahlreiche Sargteile, dazwischen teilweise mumifizierte Leichen und Leichenteile. Es hatte alles den Anschein, als ob hier nicht nur die Kraft des Wassers eingewirkt hatte. Was die Arbeiter außer Fassung brachte, war ein weiterer Fund: Auf einem im Schmelzwasser treibenden Sargdeckel lag rücklings die noch relativ frische Leiche eines Kindes.

Als Rechtsmediziner ist man sicherlich manch ungewöhnliche Arbeitssituation gewöhnt, aber im Winter auf einem Friedhof nachts eine wacklige Leiter hinabsteigen, die in eine unter Wasser stehende Gruft führt, in der Leichen umherschwimmen, gehört zweifelsohne auch für eher hartgesottene Kollegen zu den Situationen, wo man sich – zumindest für eine kurzen Augenblick – an anderen Orten zu sein wünscht.

Am nächsten Morgen wurde die Leiche des Kindes im Beisein der Staatsanwaltschaft sowie der Kriminalpolizei obduziert. Es handelte sich im Ergebnis unserer Untersuchungen um einen Jungen im Grundschulalter, an dessen Körper sich eine Reihe zu Lebzeiten entstandener erheblicher stumpfer Verletzungsfolgen fanden, die noch chirurgisch versorgt worden waren. Das Verletzungsmuster sprach für eine massive stumpfe Gewalteinwirkung, wie wir sie gewöhnlich nach Verkehrsunfällen oder Stürzen aus der Höhe vorfinden. Die Verletzungen waren offensichtlich nur etwa ein bis zwei Tage überlebt worden. Postmortale, also erst nach dem Tode entstandene Verletzungsspuren zeigten sich an der Leiche nicht. Die allgemeinen Leichenveränderungen sprachen für eine Liegezeit von wenigen Wochen.

Wer war der Junge? Und warum lag er dort in dieser Gruft? Wir dachten an alles Mögliche. Ich stellte mir z. B. vor: Das Kind ist vielleicht mit seinen Eltern illegal in Deutschland, möglicherweise sind die Eltern sogar auf der Flucht. Und da passiert ein Autounfall, das Kind wird schwer verletzt und in einem Krankenhaus behandelt. Die Eltern müssen aber weg, und entführen das Kind aus dem Krankenhaus, nachdem es dort chirurgisch versorgt wurde. Auf der weiteren Flucht stirbt das Kind dann aufgrund seiner vorbestehenden schweren Verletzungen und der nun fehlenden medizinischen Weiterversorgung und die Eltern müssen die Kindesleiche beseitigen. Um es nicht würdelos zu »entsorgen«, fahren sie schließlich zu einem Friedhof und geben die Leiche ihres Kindes in die Gruft, in der sie dann wenige Wochen später entdeckt wird. Schöne Theorie, aber warum wurden in der Gruft die Särge aus ihren Fächern gerissen, teilweise zerstört und die darin befindlichen Leichen herausgezerrt?

Mitten in die Überlegungen platzte dann die Neuigkeit, dass die Kriminalpolizei die Leiche identifiziert hatte: Es handelte sich um einen sieben Jahre alt gewordenen Jungen, der rund vier Wochen zuvor beim Überqueren einer Straße von einem Pkw angefahren wurde, schwer verletzt wurde und rund einen Tag später in einem Berliner Krankenhaus gestorben war. Seine Leiche war rund drei Wochen zuvor auf dem gleichen Friedhof bestattet worden, etwa 400 Meter von dem Mausoleum entfernt.

Wie war die Kindesleiche aus ihrem Grab heraus und in die Gruft des weit entfernten Mausoleums gelangt? Und was befand sich in dem Grab des Kindes?

Es gab natürlich zahlreiche Zeugen der Begräbnisfeier des Jungen, die angaben, dass ein Kindersarg in das Grab gegeben und dieses geschlossen worden war. War der Sarg leer gewesen? Hatten die Bestatter vergessen, die Kindsleiche in den Sarg zu legen und ihren Irrtum erst nach Schließen des Grabes bemerkt und dann den Körper heimlich in die Gruft gelegt? Hatten die trauernden Eltern, die Zeugen gegenüber geäußert hatten, dass ihr geliebtes Kind »wie ein griechischer Gott« bestattet werden sollte, die Leiche ihres Kindes ausgegraben und dann auf dem gleichen Friedhof in dem architektonisch an einen griechischen Tempel erinnernden Mausoleum erneut »bestattet«? Es waren hilflose Theorien angesichts der skurrilen Ausgangslage.

Die Beantwortung dieser Fragen konnte nur ein Blick in das Grab des Jungen geben. Wir wären am liebsten gleich mit Schaufeln losgezogen, aber es tat sich nun eine juristische Hürde auf: Der Richter, der über den Antrag der Staatsanwaltschaft zur Exhumierung des Grabes zu entscheiden hatte, verweigerte die Anordnung mit dem Hinweis, dass der Antrag juristisch unzulässig sei, da das Kind ja »bereits exhumiert« worden wäre. Nach einigem Grübeln fand die Staatsanwaltschaft dann eine Lösung: Sie ließ die Grabstelle beschlagnahmen und erwirkte von dem Richter einen Durchsuchungsbeschluss für das Grab.

Alles Weitere war Routine. Wie allgemein üblich fand die Öffnung des Grabes im Morgengrauen statt. Die Gründe für die grundsätzliche Auswahl dieser Tageszeit für Exhumierungen sind natürlich weniger die Steigerung dramaturgischer Effekte als vielmehr ganz praktische Erwägungen: Die ersten Friedhofsbesucher sind noch nicht da und es gibt schon ausreichend natürliches Licht. Die Friedhofsarbeiter stießen alsbald auf einen festen Widerstand. Tatsächlich fand sich der weiße Kindersarg noch immer im Grab, allerdings war der Sargdeckel offensichtlich mit einer Axt oder einem Spaten aufgeschlagen worden. Der Sarg war leer.

Im Inneren fanden sich überall Sand- und Erdantragungen. Die weiteren Spurenuntersuchungen und insbesondere der Nachweis von Gewebespuren des Kindes an dem Sarg ergaben, dass das Kind tatsächlich ursprünglich in diesem Sarg gelegen hatte und mit ihm bestattet worden war. Irgendjemand musste den Jungen nach der Bestattung wieder ausgegraben und anschließend das mit reichlich Blumenschmuck und Spielsachen geschmückte Grab so hergerichtet haben, dass es nicht einmal den häufig an das Grab ihres Kindes wiederkehrenden Eltern aufgefallen war.

Rund drei Wochen später wurden wir an einem Freitagmorgen erneut zu dem Friedhof gerufen, weil man »vor einem Rätsel« stand: Am Nachmittag zuvor hatten Friedhofsarbeiter in der Friedhofskapelle vier Särge nebeneinander aufgestellt, die am nächsten Tag jeweils bestattet werden sollten. Als die Arbeiter nun morgens in die Friedhofskapelle kamen, waren nur noch drei Särge vorhanden. Der vierte fehlte. Die Überprüfung der noch vorhandenen drei Särge ergab, dass in zwei Särgen der dazu gehörende Verstorbene lag, und sich in dem dritten Sarg zwei Leichen befanden! In den Sarg eines verstorbenen alten Mannes war noch die Leiche einer alten Frau gelegt worden. Der Sarg dieser Frau war verschwunden – und wurde, um es vorweg zu nehmen, auch nie wieder gefunden.

Die Ermittlungen vor Ort ergaben, dass jemand durch ein gewaltsam geöffnetes Kellerfenster in den Leichenkeller der Friedhofskapelle eingedrungen war, die Leiche der Frau in den Sarg des Mannes gelegt und anschließend die Kapelle mit dem leeren Sarg der Frau durch die von innen geöffnete Kapellentür verlassen hatte. Zusätzlich waren aus den übrigen drei Särgen einige Leichentücher entwendet worden. Vor der Kapelle verloren sich die Spuren alsbald im trockenen festen Boden der Friedhofswege.

Die Körper der Toten aus der Kapelle wurden einer rein äußerlichen gerichtlichen Leichenschau unterzogen. Hierbei fanden sich keine weiteren Auffälligkeiten, insbesondere keine Hinweise für irgendwelche Manipulationen an den Körpern.

Hatten wir zunächst gehofft, die erneute Alarmierung auf den Friedhof würde uns in dem Fall der Kindesleiche weiterbringen, so mussten wir schnell einsehen, dass alle bisherigen Fragen unbeantwortet blieben und nun durch zahlreiche neue Fragen ergänzt wurden. Wir wussten nicht einmal, ob es eine Verbindung zwischen beiden Fällen gab. Wer benötigte einen Sarg und Leichentücher? Und wofür? Die Sache wurde immer rätselhafter.

Es ist auf zahlreichen Friedhöfen eine gängige Praxis, dass bei einer anstehenden Beisetzung bereits am Vortag die zukünftige Grabstelle vorbereitet und das Grab ausgehoben wird. So war es auch auf dem uns mittlerweile gut bekannt gewordenen Friedhof der Fall. Als Friedhofsarbeiter an einem Freitagmorgen eine solche von ihnen bereits am Vortag vorbereitete Grabstelle für eine kurz darauf angesetzte Beisetzung noch einmal überprüften, stellten sie fest, dass innerhalb der Grube an der dem Nachbargrab zugewandten Seite reichlich Erdreich abgerutscht war. Dies war an sich nicht sehr ungewöhnlich, da es sowohl durch Witterungsbedingungen als auch zum Beispiel durch nächtliche Grabungsaktivitäten von Füchsen zu Erdverschiebungen kommen kann. Durch die vorherigen Ereignisse waren die Friedhofsarbeiter allerdings sensibilisiert und nachdem sie zwischen dem abgerutschten Erdreich auch offensichtlich von einem Sarg stammende Holzsplitter entdeckten, riefen sie vorsichtshalber die Polizei, die uns dann wiederum verständigte. So kam es, dass wir einige Wochen nach unserem letzten Besuch auf dem Friedhof dort erneut in bewährter Runde zusammenstanden. Erste Überlegungen zur Eröffnung einer Dependance unseres Institutes auf dem Friedhof machten die Runde.

Bei Bestattungen in neu anzulegenden Grabstellen wird – wie auf vielen Friedhöfen üblich – ein neues Grab neben eine zuletzt eingerichtete Liegestelle gesetzt. Gerade auf den innerstädtischen Friedhöfen, die feste Umgrenzungen aufweisen, steht Platz nicht unbegrenzt zur Verfügung. Und so wurde auch in diesem Fall die neue Grabstelle nur etwa 30 cm neben dem zuletzt eingerichteten Grab angelegt.

Dr. E. stieg nun in das für den Tag vorgesehene neue Grab und sah, dass reichlich Erdreich tief zur Seite zum Nachbargrab hin abgerutscht war, sodass der benachbarte Sarg teilweise frei sichtbar war. Die Erde zeigte sich an der gesamten Seite recht locker, so als ob sie erst kurz zuvor umgegraben worden war. Man entschloss sich, das Nachbargrab zu öffnen (eine richterliche Anordnung zur Exhumierung war in diesem Fall natürlich kein Problem). Hierbei fand sich etwa in der Mitte des Sargdeckels eine offenbar mit einem scharfkantigen Gegenstand aufgeschlagene Öffnung, durch die gerade eine Erwachsenenhand gut hineinpasste. Weitere Beschädigungen fanden sich nicht und die anschließend in unserem Institut untersuchte, beginnend fäulnisveränderte Leiche eines älteren Mannes wies gleichfalls keine Verletzungen auf. Auffallend war lediglich, dass die Kleidung im Genitalbereich verrutscht und geöffnet war.

Die kriminaltechnischen Untersuchungen wiesen darauf hin, dass es sich bei den bisherigen Taten um die Handlungen ein und derselben Person handeln musste. Es wurde immer deutlicher, dass hier offenbar jemand mit nekrophilen Neigungen sein Werk verrichtete. Unter Nekrophilie wird in engerem Sinne ein eindeutig auf einen toten Körper ausgerichtetes sexuelles Verlangen verstanden, umgangssprachlich häufig als »Leichenschändung« bezeichnet. Die Kriminalpolizei ging mit Hilfe der Staatsanwaltschaft alle Berliner Fälle der letzten Jahre durch, in denen gegen nekrophile Personen ermittelt wurde oder wo solche Personen wegen nekrophiler Handlungen verurteilt worden waren. Es kam dabei eine erstaunlich stattliche Liste zusammen. Die »besonders heiklen Fälle« wurden von den Kriminalbeamten entweder zu einer Befragung in das Kommissariat eingeladen oder gleich zu Hause aufgesucht. Trotz intensiver Recherchen und Befragungen blieben diese Ermittlungen jedoch ohne Ergebnis und alle waren frustriert. Ein weiterer Ansatzpunkt für Ermittlungen war die auffällige Häufung der Taten jeweils in den Nächten von Donnerstag auf Freitag. Was war besonders an diesen Nächten? Gab es Donnerstagabends eine

»spezielle« Theater- oder Konzert-Veranstaltung in der weiteren Umgebung des Friedhofs oder eine besondere Fernsehserie, die geeignet waren, zu solchen Taten zu animieren? Auch hier Fehlanzeige. Also musste eine andere Strategie zur Lösung des Falles gewählt werden.

Wer kennt nicht diese typischen gruseligen Filmszenen, wo der Filmheld alleine (natürlich nachts) über einen Friedhof läuft, um irgendetwas herauszubekommen und als Zuschauer denkt man die ganze Zeit: So etwas Idiotisches, da würden mich keine zehn Pferde hinbekommen, das würde in der Realität kein Mensch tun. Nun, es war in etwa genau das, was die Kriminalpolizei vor hatte. Man entschloss sich, eine nächtliche Überwachung des Friedhofs durchzuführen. Angesichts der Größe des alten Berliner Friedhofs und der umgekehrt proportional dazu geringen Personaldichte des Kommissariats waren die Erfolgsaussichten gering. Aber es musste versucht werden. Und so begann eine Überwachungsaktion, die für die eingesetzten Beamten eine hollywoodreife Atmosphäre bot: Über viele Nächte legten sich mal zwei, in seltenen Fällen auch vier Beamte einzeln in Verstecken auf dem Friedhof auf die Lauer. Und es war wirklich gespenstisch. Nachts wird der Himmel über Berlin nie ganz dunkel und so war der Friedhof mit seinen zahllosen Gräbern immer in ein schemenhaftes kaltes Licht getaucht. Und wenn man auf der Lauer liegt, achtet man fast schon schreckhaft auf jedes Geräusch und jede Bewegung. Von beidem gab es genug auf dem Friedhof. Scharrende, raschelnde und kratzende Tiere waren dabei allerdings das geringste Problem. Niemand hatte zuvor damit gerechnet, dass ein Friedhof nachts offenbar vielfältige Attraktionen bot: von Schäferstündchen auf Grabplatten über schwarze Messen unheimlich gekleideter Gestalten bis zu Grabschmuckdieben war alles dabei. Und ab und zu wurde auch mal ein alter Kühlschrank über die Friedhofsmauer entsorgt. Es entstand fast der Eindruck, als ob nachts auf dem Berliner Friedhof mehr los war als tagsüber. Der einzige, der nicht auftauchte, war unser Täter.

Als die Überwachungsaktion schließlich nach einigen Wochen abgebrochen wurde, gab es zwar einen Ordner voll mit Ordnungswidrigkeits- und Strafanzeigen wegen Hausfriedensbruchs, Diebstahls, Störung der Totenruhe, Verunglimpfung des Andenkens

Verstorbener und Sachbeschädigung, aber im Fall selber war man keinen Schritt weiter gekommen.

Es vergingen zahlreiche Wochen und so langsam keimte die Hoffnung auf, dass der Spuk nun endlich ein Ende hätte. Möglicherweise hatte die mehrwöchige Polizeiaktion den Täter verschreckt. Da auch von anderen Berliner Friedhöfen keine Meldungen über irgendwelche Grab- oder Leichenschändungen wie in unserem Fall eingingen, hoffte die Polizei, dass der Täter vielleicht ganz aufgehört hatte. Dem standen allerdings die forensisch-psychiatrischen Überlegungen entgegen, wonach derartige nekrophile Neigungen kaum einfach so aufhören würden. Vielleicht war der Täter ja mittlerweile irgendwo erfolgreich in therapeutischer Behandlung. Vielleicht war er aber auch zur Zeit irgendwo inhaftiert oder in stationärer Krankenhausbehandlung und konnte deshalb seinen Neigungen nicht nachgehen.

Die Antwort kam schließlich in Form eines Anrufes von »unserem« Friedhof. Friedhofsarbeiter hatten dort in bewährter Weise ein Grab für eine am nächsten Tag geplante Beisetzung vorbereitet und nun am Morgen erneut festgestellt, dass sich von dieser Grube aus jemand an das benachbarte, recht frische Grab vorgearbeitet hatte. Umher liegende größere Sargteile verrieten, dass es sich nicht um die Grabungsaktivitäten eines Tieres handeln konnte.

Auf dem Friedhof zeigte sich dann, dass sich tatsächlich jemand von der Seite an das benachbarte Grab durchgearbeitet hatte. Nach Entfernen von locker an der Sargseite aufgehäufter Erde bot sich ein ungewöhnlicher Anblick: Die Seitenwand des benachbarten Sarges war nahezu vollständig herausgebrochen worden und die Leiche einer alten Frau war frei sichtbar. Und noch etwas war eigenartig. Die Leiche lag ganz offensichtlich bäuchlings in ihrem Sarg, was allen Bestattungsregeln widersprach. Es wurde daher davon ausgegangen, dass die Leiche wohl aus dem Sarg entfernt und danach wieder auf den Bauch gedreht in den Sarg zurückgelegt worden war, wobei sich der Sarg selbst die ganze Zeit über an seinem Platz in der Erde befunden hatte. Nach Rücksprache mit der Staatsanwaltschaft wurde die Leiche der alten Frau in das Institut für Rechtsmedizin gebracht, wo sich eine weitere Überraschung bot. An der Vorder- und Rückseite des Rumpfes sowie an den Schultern und den Oberarmen fehlte die Haut. Die Haut war in diesen Bereichen mit auffallend glatten geraden Schnitten entfernt worden. Die Morphologie der Schnitte sprach für die Verwendung eines sehr scharfen Messers, am ehesten eines Skalpells. Und der Täter war offensichtlich geübt, denn nur an ganz wenigen Stellen war das Schneidewerkzeug mehrfach angesetzt worden.

Die fehlende Haut hatte exakt die Form eines T-Shirts.

Was war mit der fehlenden Leichenhaut geschehen? Sie blieb verschwunden, ebenso Teile der Sargausstattung. Befand sich das Hautstück noch irgendwo auf dem Friedhof? Der von einem wenig hellen Kopf vorgeschlagene Einsatz von Leichenspürhunden schied aus nahe liegenden Gründen natürlich aus.

Die Form des fehlenden Hautstückes als Kleidungsstück ließ Ungutes vermuten. Und während über die erneute Aufnahme von Überwachungsmaßnahmen auf dem Friedhof nachgedacht wurde, platzte eine Anfrage des Landeskriminalamtes aus Nordrhein-Westfalen herein. Ein Kölner Kriminalkommissariat hatte alle Landeskriminalämter angeschrieben, weil es in einem äußerst ungewöhnlichen Fall um Mithilfe bat und wissen wollte, wer einen derartigen Fall schon einmal bearbeitet hatte.

Auf einem großen Kölner Friedhof waren an einem Tag mehrere Bestattungen angesetzt worden, wozu am Vortag in der Friedhofskapelle die Särge mit den Verstorbenen aufgebahrt worden waren. Als nun am Morgen die Friedhofsarbeiter alles Weitere veranlassen wollten, bemerkten sie, dass einer der Särge mitsamt der darin befindlichen Verstorbenen verschwunden war. Da auch ein Rollwagen fehlte, musste davon ausgegangen werden, dass jemand den Sarg mitsamt der Leiche wegtransportiert hatte. Teilweise gelang es noch, die Reifenspuren zu verfolgen. Nach intensiver Absuche des Friedhofs wurde an einer großen alten Familiengruft eine verschobene Bodenplatte entdeckt. Nach Wegnahme dieser Platte zeigte sich eine Stahltreppe, die in die Tiefe der Gruft führte. In der Gruft fand sich der verschwundene Sarg. Neben dem Sarg lag die entkleidete Frauenleiche. Die Haut an der gesamten Rumpfvorderseite war mit einem scharfen Messer abgetrennt worden. Dieses Hautstück wiederum befand sich gleichfalls in der Gruft.

Die Leiche der Frau wurde in das Kölner Institut für Rechtsmedizin gebracht. Die Untersuchung der relativ frischen Leiche sowie des neben der Leiche vorgefundenen Hautlappens ergab eine ausgesprochen symmetrische, glattrandige Schnittführung, als Hinweis darauf, dass der Täter offenbar reichlich Zeit hatte, die Haut von der Rumpfvorderseite der Frauenleiche zu entfernen. Der Hautlappen bestand aus der gesamten Rumpfvorderseite mitsamt den Brüsten sowie dem äußeren Genitale. Weitere Beschädigungen fanden sich an der Leiche nicht. Und es fanden sich in der Gruft auch keine Hinweise auf den Täter.

Die Anfrage aus Köln ließ im Berliner Kommissariat natürlich ganze Kirchturmglocken erklingen. Sofort wurde Kontakt mit den Kölnern aufgenommen und ein Vergleich der unmittelbaren Tatorte auf den beiden Friedhöfen sowie der Leichenbefunde machte klar, dass man es hier mit ein und demselben Täter zu tun hatte. Merkwürdig war nur der unerwartete Ortswechsel. Warum wechselte der Täter plötzlich nach einer monatelangen und für ihn durchaus »erfolgreichen« Serie nun in das rund 550 km entfernte Köln? Wo war die Verbindung?

Und hier zeigte sich einmal wieder der Unterschied zwischen der Gedächtnisleistung sowie der Assoziationsfähigkeit eines Menschen und der eines Computers. Einer der Kriminalbeamten erinnerte sich daran, dass einer der in der »Nekrophilen-Liste« geführten Personen, die Monate zuvor befragt worden waren, aus Bonn stammte. Und Bonn ist nur etwa 25 km von Köln entfernt. Eine Durchsicht der entsprechenden Ermittlungsakte ergab, dass die Eltern dieses Mannes noch immer dort lebten und ein Elternteil Geburtstag hatte, als sich der Vorfall auf dem Kölner Melatenfriedhof ereignet hatte. Es lag nahe anzunehmen, dass der brave Sohn seine Eltern in Bonn besucht hatte und auf der Rückreise die Gelegenheit eines Abstechers über den allgemein bekannten und nahe gelegenen Kölner Friedhof nicht auslassen wollte.

Sofort wurde die Wohnung des Mannes in Berlin observiert und schon nach kurzer Zeit konnte der Mann beim Betreten seiner Wohnung festgenommen werden. Er schwieg zunächst.

Die sofort richterlich angeordnete Durchsuchung seiner Wohnung zeigte auf, dass man hier offensichtlich den Täter gefasst hatte. Schon beim Betreten kam den Kriminalbeamten ein muffig-fauliger Geruch entgegen. Alle Fenster waren verdunkelt und die Luft zum Schneiden dick. Die Räume waren unordentlich, aber nicht verschmutzt. Im Schlafzimmer machte die Polizei dann die wesentliche Entdeckung. Im Bettkasten fanden sich zahllose Leichentücher, Sargkissen und Unterwäsche, die von Verstorbenen stammten und sich teilweise den Fällen zuordnen ließen. Mit diesen Befunden konfrontiert, legte der 34-jährige Mann schließlich ein Geständnis ab.

Da der Mann bei seiner Festnahme leicht verletzt worden war, hatte die Kriminalpolizei um eine körperliche Begutachtung des Mannes durch einen Rechtsmediziner gebeten. Als ich zu dem Untersuchungstermin fuhr, gingen mir viele Fragen durch den Kopf. Auch rekapitulierte ich im Geiste die Friedhofsfälle der vergangenen Monate. Ich muss gestehen, dass ich auf die Begegnung gespannt war. Als ich schließlich dem Mann auf der Dienststelle der Kriminalpolizei gegenübersaß, war ich fast enttäuscht. Der Mann, der uns und unsere Fantasie monatelang auf Trapp gehalten hatte, der unglaubliche Dinge getan und uns gruselige Rätsel aufgegeben hatte, war ein ruhiger, durchaus sympathisch wirkender junger Mann! Nichts verriet seine Neigungen. Er wirkte absolut gelassen, fast schüchtern. Erst als er im Laufe meiner Untersuchung erfuhr, dass ich nicht nur einfach Arzt, sondern sogar Rechtsmediziner sei, kam ein ungewöhnliches Funkeln in seine Augen und er strahlte mich an, als ob ich einem Kind gesagt hätte, ich sei der Weihnachtsmann.

Rund zehn Jahre vor den hier beschriebenen Ereignissen hatte der Mann erstmals nekrophile Handlungen durchgeführt. Hierzu war er in Berlin in Friedhofsleichenhallen und Krematorien eingedrungen und hatte dort zunächst nur Sargwäsche und Totenhemden an sich genommen, um sich damit sexuell zu erregen. Dann hatte er begonnen, an den Leichen selbst Manipulationen vorzunehmen und sie mit einem Messer zu verstümmeln. Diese Vorfälle wiederholten sich in Abständen von ein bis drei Jahren, wobei der Mann zunächst unerkannt blieb. Schließlich war er durch ein Fenster in ein Krematorium eingedrungen und hatte dort einer Frauenleiche beide Brüste sowie einen Unterarm abgetrennt und ihr einen tiefen Schnitt am Hals gesetzt. Nach seinen Angaben hatte er sich dann die Brüste auf den eigenen Körper gelegt und sich in einem Spiegel betrachtet, was ihn erregt habe.

Bei diesem letzten Krematoriumseinbruch waren Teile von Latexhandschuhen gefunden worden, an denen sich wiederum Fingerabdrücke nachweisen ließen. Mit diesen Fingerabdrücken ließ sich der Täter identifizieren, da seine Fingerabdrücke bereits wegen eines Diebstahlsdeliktes vor einigen Jahren erkennungsdienstlich erfasst worden waren. Er war daraufhin festgenommen worden und hatte schließlich wegen der nekrophilen Handlungen im Krematorium rund drei Jahre in einem psychiatrischen Krankenhaus des Maßregelvollzugs verbracht. Nachdem ihm die dortigen Gutachter eine »deutliche Nachreifung« attestiert hatten, wurde er aus der stationären Behandlung entlassen, bekam aber die gerichtliche Auflage, sich in regelmäßige weiterführende psychotherapeutische Behandlung zu begeben.

Doch schon bald wurde der Drang nach erneuten nekrophilen Handlungen immer stärker und die hier beschriebene unheimliche Serie auf dem Berliner Friedhof nahm ihren Lauf:

Als er in den frühen Morgenstunden eines Dezembers über den Friedhof lief, entdeckte er das relativ frische Kindergrab, das mit reichlich neuem Grabschmuck belegt war. Er entschloss sich aus purer Neugierde und in der Annahme, dass der Sarg wohl nicht tief vergraben sei, das Grab zu öffnen. Er entwendete hierzu auf dem Friedhof einen Spaten, entfernte den Grabschmuck und grub sich bis zum Sargdeckel vor, in den er mit dem Spaten ein Loch schlug. Durch dieses zog er die Kindesleiche heraus. Er schüttete nun das Grab wieder zu und rekonstruierte den Grabschmuck. Erst jetzt bemerkte er, dass es sich bei der Leiche um die eines kleinen Jungen handelte, was ihn aber sexuell nicht erregte. Er trug daher die Leiche, ohne weitere Handlungen an ihr zu begehen, bis zu dem Familiengrab, wo er die Kindesleiche nach Entfernen der Stahlbodenplatten in das in 5 m Tiefe angesammelte Schmelzwasser der Gruft warf. Er selbst will nicht in die Gruft hinab gestiegen sein und habe die dortigen Zerstörungen auch nicht begangen.

Bei dem nächsten Vorfall sei er nachts durch ein gewaltsam geöffnetes Kellerfenster in den Leichenkeller der Friedhofskapelle eingedrungen, um einen Sarg zu entwenden. Hierzu öffnete er dort zwei Särge. Den Leichnam einer alten Frau aus dem einen Sarg legte er neben die männliche Leiche in einen anderen Sarg. Da der Sargdeckel sich über den zwei Leichen nicht richtig schließen ließ, legte er die Frauenleiche umgekehrt auf die Leiche des Mannes, sodass die Köpfe der Leichen jeweils zwischen den Füßen der anderen Leiche lagen. Nachdem sich der Sarg so schließen ließ, trug er den anderen, leeren Sarg anschließend durch die von innen geöffnete Kellertür auf den Friedhof. Aus weiteren Särgen der Kapelle hatte er zuvor einige Leichentücher entwendet. Nachdem er sich im Sarg liegend, zugedeckt mit einem Leichentuch, sexuell befriedigt hatte, zerschlug er den Sarg und vergrub die Holzstücke an verschiedenen Stellen des Friedhofes. Die Leichentücher nahm er mit zu sich nach Hause.

Einige Zeit später bemerkte der Mann bei einem nächtlichen Gang über den Friedhof ein frisch ausgehobenes Grab, in dem offensichtlich am nächsten Tag eine Beisetzung stattfinden sollte. Er entschloss sich, in die Grube einzusteigen und in Richtung des benachbarten Grabes zu graben, um festzustellen, wie weit die Gräber voneinander entfernt sind. Hierbei bemerkte er, dass der Sarg des benachbarten, zuletzt eingerichteten Grabes nur ca. 30 cm entfernt im Erdreich lag. Er legte so von der Seite her den Sargdeckel frei und schlug in die Mitte des Sargdeckels ein Loch. Durch dieses ertastete er nun die Genitalien, um festzustellen, ob es sich um eine männliche oder weibliche Leiche handelte. Nachdem er bemerkt hatte, dass es sich um die Leiche eines Mannes handelte, ließ er von der Leiche ab. Anschließend schichtete er den Sand seitlich wieder auf und verließ den Friedhof.

Im Laufe der weiteren Vernehmungen gestand der Täter dann die nachfolgende Tat, die nie entdeckt worden war. Als er bei einem seiner nächtlichen Gänge über den Friedhof ein frisches Grab mit frischen Kränzen entdeckte, öffnete er diesmal das Grab direkt von oben mit einem Spaten und schlug den Sargdeckel ein. Nachdem er durch Ertasten durch das Loch hindurch festgestellt hatte, dass es sich um eine weibliche Leiche handelte, vergrößerte er das Loch im Sargdeckel und zog die Leiche der alten Frau aus dem Sarg heraus. Er platzierte die Leiche innerhalb der Grube in halbsitzender Position und enthäutete sie mit einem Klappmesser. Hierbei schnitt er der Leiche die Haut von der Vorder- und Rückseite des Rumpfes, wobei ein großes Hautstück mit T-Shirt-ähnlicher Form mitsamt Brüsten und den oberen Anteilen der großen Schamlippen entstand. Anschließend ließ er die Leiche auf dem Sarg liegen und schüttete das Grab wieder zu. Die Leichenhaut nahm er zu einem Komposthaufen, wo er mitgebrachte Damenunterwäsche anzog und sich sexuell befriedigte. Anschließend vergrub er die Leichenhaut noch auf dem Friedhofsgelände. Das Leichenhemd behielt er und nahm es mit zu sich nach Hause. An die Grabstelle, den Namen der Leiche oder den Ort, wo er die Leichenhaut vergraben hatte, konnte sich der Mann nicht mehr erinnern und auch eine Ortsbegehung im Beisein der Kriminalpolizei verlief ergebnislos.

Einige Zeit danach habe er wieder ein Grab von der Seite her durch eine erst kurz zuvor von Friedhofsarbeitern angelegte neue Grube geöffnet. Nach Feststellung des weiblichen Geschlechts der Leiche entfernte er nahezu die gesamte seitliche Sargwand und zog der Leiche innerhalb des Sarges das Totenhemd aus, welches er später wiederum nach Hause nahm, und entfernte gleichfalls noch im Sarg mit einem Messer die Haut am Rücken sowie der Rumpfvorderseite. Bei diesen Manipulationen hatte er die Leiche innerhalb des Sarges mehrfach gedreht, sodass der Körper schließlich in Bauchlage im Sarg verblieb. Anschließend verschloss er das Grab wieder und begab sich erneut in die Nähe des Komposthaufens. Hier legte er sich die Leichenhaut auf den nackten Körper, zog die mitgebrachte Damenunterwäsche darüber und befriedigte sich sexuell. Die Leichenhaut vergrub er danach auch diesmal.

Bezüglich der Tat auf dem Kölner Friedhof äußerte sich der Mann dahingehend, dass er seinen Vater in Bonn besuchen wollte, was jedoch nicht zustande kam. Er fuhr dann weiter nach Köln, wo er sich etwas auskannte und begab sich dort auf den ihm bekannten

Friedhof, auf dem er sich abends einschließen ließ. Nach Eintritt der Dunkelheit brach er dann in die Friedhofskapelle ein, wo er sich einen Sarg mit einer Frauenleiche suchte und diesen mit einem Rollwagen bis zu einer Gruft fuhr, wo er den Sarg mitsamt der Leiche eine Stahltreppe hinab gleiten ließ. In der Gruft entkleidete er die Leiche und enthäutete dann die Rumpfvorderseite mitsamt Brüsten und äußerem Genitale. Er entkleidete sich dann selbst, zog ein mitgebrachtes Mieder an, steckte in dieses den Unterbauchbereich des von der Leiche geschnittenen Hautlappens und zog sich dann eine Schnürkorsage an, mit der er den restlichen Hautlappen an seinem nackten Körper fixierte. Die Nacht verbrachte er schlafend in der Gruft neben der Leiche. Am Morgen sei er erst durch Friedhofsbesucher wach geworden, habe dann vorsichtig die Gruft verlassen und sei am nächsten Tag wieder zurück nach Berlin gefahren.

Weitere Erklärungen gab der Mann nicht ab, er verweigerte sich allen weiteren Vernehmungen und ließ sich auch nicht durch einen forensischen Psychiater untersuchen. Die körperlich-neurologische Untersuchung ergab keine relevanten pathologischen Befunde. Testpsychologisch wurde festgestellt, dass er über eine extrem hohe intellektuelle Leistungsfähigkeit verfügte. Er erzielte einen Intelligenzquotienten (IQ) von 130.

Während nach wie vor einige Gutachter meinten, dass von dem Mann keine Gefahr für die (lebende) Allgemeinhaut ausgehe, wurde dies von uns Rechtsmedizinern und auch der Mehrzahl der forensischen Psychiater anders gesehen. Es war auffällig, dass die Zeitabstände zwischen den Taten immer kürzer wurden. Dies allein war noch nicht so sehr das Problem, aber die von ihm ausgesuchten Leichen wurden von Tat zu Tat immer frischer. Und die Durchsicht der klinisch-psychiatrischen Unterlagen seines ersten Maßregelvollzuges nach den Vorfällen im Krematorium ergab, dass von ihm in den Therapiestunden Äußerungen gemacht worden waren, die Tötungsfantasien beinhalteten. Es wäre vermutlich nur eine Frage der Zeit gewesen, wann er einen ganz frischen Körper zum Ausleben seiner nekrophilen Neigungen benötigt hätte.

Hinweise dafür, dass er den Film »Das Schweigen der Lämmer«

kannte, ergaben sich nicht. Tatsächlich waren seine ersten nekrophilen Taten bereits lange vor Erscheinen des Films begangen worden.

Der Mann wurde schließlich durch richterliche Anordnung für unbestimmte Zeit in einem Krankenhaus des Maßregelvollzugs untergebracht, wo er sich noch immer befindet.

Wir waren alle erleichtert, dass die unheimlichen Taten ein Ende gefunden hatten und der Täter gefasst worden war. Auf die zahllosen Fragen der Friedhofsfälle fanden sich nun Antworten. Nur eine Frage blieb noch offen. Warum hatte sich die Mehrzahl der Taten immer in den Nächten von Donnerstags auf Freitags ereignet? Die Antwort fanden wir schließlich in den Ermittlungsakten: Nach seinem ersten Aufenthalt im Maßregelvollzug hatte der Mann die gerichtliche Auflage erhalten, eine ambulante psychotherapeutische Behandlung durchzuführen.

Seine Therapiestunden fanden immer Donnerstagabends statt. Und der Friedhof lag auf dem Nachhauseweg von der Psychotherapiepraxis in seine Wohnung.

Peter Betz
Institut für Rechtsmedizin Erlangen

Prof. Dr. med. Peter Betz wurde am 2.9.1962 in Würzburg geboren, wo er auch zur Schule ging. Nach dem Wehrdienst in den Jahren 1981 und 1982 begann er mit dem Studium der Humanmedizin an der Universität Würzburg, das er 1988 beendete. Im gleichen Jahr promovierte Betz. Als Arzt im Praktikum war er am Institut für Pathologie der Universität Düsseldorf von 1988 bis 1989 und am Zentrum für Forensische Psychiatrie Eickelborn/Lippstadt von 1989 bis 1990 tätig. In den Jahren 1990 bis 1996 arbeitete Betz als Assistent am Institut für Rechtsmedizin der Universität München. Er habilitierte 1993 und wurde 1996 auf den Lehrstuhl für Rechtsmedizin an die Universität Erlangen gerufen. Seit 1996 ist Peter Betz Direktor des Institutes für Rechtsmedizin in Erlangen

Analyse eines Mordfalls

Vorbemerkung

Auch wenn sich die Rechtsmedizin heute neuester wissenschaftlicher Erkenntnisse und modernster Methoden bedient, um die im Rahmen von Begutachtungen vor Gericht gestellten Fragen zu beantworten, zählt es doch zu den spannendsten und auch interessantesten Aufgaben, Einlassungen von Angeklagten zu Geschehensabläufen bei Gewaltverbrechen »lediglich« anhand von Verletzungsmustern zu beurteilen. Hierzu bedarf es entsprechender Kenntnisse zur Morphologie und Traumatologie, die im Laufe der rechtsmedizinischen Obduktionstätigkeit erworben werden.

Ein vor dem Schwurgericht verhandeltes Tötungsdelikt an einer jungen Frau durch deren Ehemann und dessen Freund soll exemplarisch demonstrieren, wie wichtig auch diese »nicht-apparativen« Methoden nach wie vor für die Tätigkeit des Rechtsmediziners sind.

Falldarstellung

Auszug aus der Anklageschrift

Der von der Staatsanwaltschaft zugrunde gelegte Sachverhalt wurde in der Anklageschrift folgendermaßen zusammen gefasst:

»… Am Montag, dem 18.05.1998, zwischen 21.15 Uhr und 21.30 Uhr, töteten die Angeschuldigten in einem Waldstück … in Tschechien aufgrund eines genau abgesprochenen Tatplanes die Hausfrau T. R. (Initialen geändert). Zunächst täuschten sie am Pkw … eine Panne – nämlich ein Kratzgeräusch hinten rechts – vor, um T. R. aus dem Kfz zu locken. Als diese auf Aufforderung des Angeschuldigten R. durch einen Griff in den Radkasten die Ursache für das Geräusch feststellen wollte und dabei in die Hocke ging, schlug ihr der Angeschuldigte S. unter Ausnutzung der Arg- und Wehrlosigkeit des Opfers mit einem Gummiknüppel auf den Kopf. Nachdem sich die Geschädigte aufrichtete, weglaufen wollte und ihren Ehemann um Hilfe bat, hielt sie dieser an den Oberarmen fest und forderte den Angeschuldigten S. auf, weiter zuzuschlagen. Daraufhin schlug dieser der Festgehaltenen mindestens noch viermal auf den Kopf und danach noch einmal mit einem Baseballschläger in das Gesicht. Infolge der Schlagwirkung ging T. R. zu Boden, woraufhin S. noch mindestens zweimal mit dem Baseballschläger auf ihren Kopf einschlug. Anschließend fügte er ihr eine Schnittwunde am Hals zu und stach ihr mit einem Springmesser mindestens zweimal in das Herz und 14 Mal in den Oberkörper. T. R. verstarb kurze Zeit später an den erlittenen Kopf- und Brustverletzungen.

Die Angeschuldigten führten die Tat aus, weil sich T. R. von ihrem Ehemann trennen wollte. Der Angeschuldigte S. sollte für seine Mitwirkung von R. 5 000 DM erhalten ... »

Auszüge aus dem (übersetzten) Tatortbefundbericht
Die Besichtigung des Ereignisortes durch tschechische Ermittlungsbeamte begann am 22.05.1998 um 18.45 Uhr in Anwesenheit eines tschechischen Gerichtsmediziners.

»... Der Besichtigungsort befindet sich in einem Waldstück ... In einer Entfernung von 5,70 m ... befindet sich unter den Bäumen eine Erdgrube unregelmäßiger Form und einer Tiefe von ca. 1,20 m. Die Grube ist mit Kommunalabfall (Kunststofftaschen mit Lebensmittelresten, Blechdosen u. ä.) und trockener Holzmasse ... gefüllt. Bei einer Ansicht der Erdgrube sind teilweise ein menschlicher Arm und ein Stück Rumpf zu sehen ...«

Nach Beseitigung des Kommunalabfalls und der Holzmasse wird ein toter weiblicher Körper entdeckt. Dieser Körper befindet sich in der Rückenlage, die obere Rumpfhälfte ist zur linken Seite gebogen, die unteren Extremitäten sind gestreckt. Der weibliche Körper ist in der unteren Hälfte mit einer Jeanshose bekleidet, die an der Vorderseite verschmutzt ist. Der rechte Fuß steckt in einem schwarzen Schuh, am linken Fuß fehlt der Schuh ... Der Oberkörper ist ohne Bekleidung, nur über den Brüsten befindet sich ein aufgeschlagener Büstenhalter ... und ein Unterhemd. Der Kopf liegt dicht unter dem Hang, die linke Seite ist blutbefleckt. Bei der linken Wange liegt quer gelagert der linke Schuh ... Nach Beseitigung von Nadelreisig vom Körper stellt der Sachverständige Totenstarre fest ...

Kopf: Das Gesicht ist stark deformiert, verflacht, mit mehrfachen Wunden, blutbefleckt, mit Nadelreisig verklebt. Im Stirnbereich

Auffindesituation der bereits teilweise freigelegten Leiche

befindet sich eine umfangreiche schräge Wunde, deren Grund ein blutbedeckter Knochen bildet. Die Wunde mit scharfen Winkeln klafft weit auseinander. Die Wunde befindet sich dicht über dem linken Augenoberlid. Über der linken Augenbraue befindet sich eine ähnliche Wunde, die in der gleichen Richtung lokalisiert ist ... Die mittlere Gesichtspartie ist an der Nasenstelle bruchstückartig zerbrochen, ebenfalls krepitiert auch das Knochenskelett der linken Wange ... Die Oberlippe ist breit aufgerissen, die Wunde geht bis in die Mundhöhle über, der obere linke Schneidezahn fehlt ... Die Orbita (Augenhöhle) ist zerschlagen ... Im Halsbereich gibt es mehrere umfangreiche Wunden, es dominiert eine ovale Wunde, deren Grund von Muskulatur gebildet wird, nach rechts setzt sich eine rundliche Wunde fort, die mit einer kleinen spaltförmigen Wunde endet ...

Auf der oberen Körperhälfte im Bereich der linken Brust und darunter sind mehrfache spaltförmige Stichwunden sichtbar, von denen her sich Querstreifen von eingetrocknetem Blut ziehen ...

Im Ellbogenbereich und unter dem Ellbogen des linken Armes sind mehrfache kleine Abschürfungen sichtbar ... Auf der Rückseite der oberen Körperhälfte ... streifenförmige Abschürfungen ...

Nach Wegstreichen der Haare sehen wir eine umfangreiche Rissquetschwunde auf dem Übergang der linken Schläfe zum Genickbereich …

Totenflecken sind auf der hinteren Körperseite lokalisiert, sie sind nicht auszupressen, nur angedeutet mit einer leicht rotvioletten Farbe …

Der Sachverständige stellt fest, dass eine innere Ausblutung die Todesursache war … «

Obduktionsbefunde

Die Obduktion der Leiche wurde am 25.05.1998 in einem gerichtsmedizinischen Institut in Tschechien durchgeführt. Auf Wunsch der zuständigen deutschen Staatsanwaltschaft war ein Mitarbeiter des Instituts für Rechtsmedizin Erlangen anwesend, der eigene handschriftliche Aufzeichnungen zu den Befunden fertigte und bestätigte, dass die Sektion entsprechend den für Deutschland in der Strafprozessordnung niedergelegten Vorschriften durchgeführt wurde.

Anlässlich der Obduktion wurden folgende wesentliche Feststellungen getroffen:

- fünf Rissquetschwunden in der behaarten Kopfhaut,
- drei tiefgreifende Rissquetschwunden im Gesicht mit Zertrümmerung der knöchernen Gesichtsstrukturen,
- scherbenartige Zerlegung des knöchernen Schädeldaches und Scharnierbruch der Schädelbasis,
- Hirngewebsquetschungen und -zertrümmerungen,
- Blutungen über und unter der harten Hirnhaut sowie zwischen den weichen Hirnhäuten,
- drei glattrandige Hautdurchtrennungen an der Halsvorderseite ohne Eröffnung größerer Halsgefäße,
- mindestens 16 Rumpfstiche mit zwei Stichverletzungen der linken Herzkammervorderwand, vier Lungenstichen, einem Magendurchstich und einem Leberstich,
- Nachweis von 300 ml Blut in der linken Brusthöhle und filmartige Blutauflagerungen im Bauchraum,
- teils umfangreiche Schürfdefekte insbesondere am Rücken, weniger ausgeprägt an den oberen Gliedmaßen.

Im tschechischen Sektionsprotokoll wurde als Todesursache nun nicht mehr ein Verbluten, sondern eine zentrale Lähmung bei schweren Hirngewebszertrümmerungen angegeben.

»Nach dem Charakter der einzelnen Verletzungen am Körper ... und insbesondere unter Berücksichtigung der Stufe der vitalen Reaktion ... nehmen wir an, dass T. R. zuerst wiederholt (mindestens achtmal) kräftig mit harten Gegenständen mit einem abgerundeten Vorsprung gegen den behaarten Kopfteil und gegen den Gesichtsteil des Kopfes geschlagen wurde ... Danach folgte ein Angriff mit einem Stich- oder Stichschneide-Instrument gegen den Hals und den Brustkorb, wobei die Reihenfolge des weiteren gewaltsamen Handelns nicht zuverlässig bestimmt werden kann.

Das Stich- oder Stichschneide-Instrument, wahrscheinlich ein Messer, wurde mindestens dreimal gegen die Vorderfläche ... und die anliegenden Seitenflächen des Halses mit nicht allzu großer Kraft geführt. Dadurch kam es zum Durchschneiden der Haut, der Unterhaut und der Oberflächenmuskulatur am Hals ...

Vielfache Stichwunden vorn links am Brustkorb ... (es handelte sich um mindestens 16 Stöße) wurden durch die wiederholte Einwirkung eines Stich- oder Stichschneide-Instruments zugefügt. Das Instrument wurde mit mittlerer bis großer Kraft geführt. Die Eingeweide (Lunge, Herz, Magen und Leber), verletzt durch Stichwunden, waren nicht deutlich eingeblutet. Dies spricht für die Tatsache, dass die Stiche erst zu dem Zeitpunkt versetzt wurden, als sie im Sterben lag.

Nirgendwo am Körper ... wurden typische Spuren der Abwehr ... gefunden ... Dies spricht für die Tatsache, dass sich T. R. nicht gegen die gewaltsame Handlung des Angreifers bzw. der Angreifer wehrte ...

Hinsichtlich der gegenseitigen Lage des Angreifers bzw. der Angreifer und der Angegriffenen zu der Zeit, als sie gegen den Kopf geschlagen bzw. gestochen und geschnitten wurde, urteilen wir, dass die Mehrzahl der Verletzungen ... zu der Zeit zugefügt wurde, als diese am Boden lag. Es kann nicht ausgeschlossen werden, dass einige der Kopfverletzungen, insbesondere Verletzungen am behaarten Kopfteil zu einer Zeit zugefügt wurden, als sie stand oder saß. flächige Abschürfungen ... auf dem Rücken sprechen ganz eindeutig dafür, dass sie zu einer Zeit, als sie im Sterben lag und ihr Kreislauf kollabierte, auf dem Rücken liegend geschleppt wurde ...«

Einlassungen der Täter vor dem Schwurgericht

Während der Ehemann der Getöteten im Rahmen der Hauptverhandlung umfangreiche Angaben auch zum Tatverlauf machte, ließ der Mitangeklagte über seinen Rechtsanwalt erklären, dass er sich auf seine Vernehmungen durch die Kriminalpolizei beziehe und sich ansonsten nicht äußern werde.

Die Bewertung der verschiedenen Einlassungen zum Tatablauf war aber insofern wichtig, da u. a. geklärt werden musste, welchem Angeklagten welcher Tatanteil zuzusprechen war. Wie so häufig divergierten auch in diesem Fall die Angaben zum Tatablauf erheblich und gerade der aussagebereite Ehemann schien zunächst »bevorteilt«, da seine in der Hauptverhandlung abgegebene Einlassung durch eine eventuelle Gegendarstellung des Mitangeklagten nicht erschüttert werden konnte. Schließlich war die vom Ehemann geschilderte Variante auch in der Anklageschrift zugrunde gelegt worden.

Angaben des Ehemannes

Zur Vorgeschichte der Tat berichtete dieser, dass er T. R. in zweiter Ehe im Jahre 1998 geheiratet habe. Im Laufe der Verhandlung kristallisierte sich hierbei heraus, dass R. im Glücksspiel gewonnen, sich anschließend sehr großzügig gezeigt und hierdurch die Aufmerksamkeit seiner späteren Frau auf sich gezogen hatte. Zwei Wochen nach Eheschließung habe diese allerdings schon wieder mit ihrem Ex-Freund »angebandelt«, woraufhin es zunehmend zu Spannungen gekommen sei. Der eigentliche Grund hierfür war aber nach den Ermittlungen wohl darin zu sehen, dass T. R. in der gemeinsamen Wohnung einen Sozialhilfeschein ihres Mannes bemerkt und sich somit der vermeintliche Reichtum des Angeheirateten schnell relativiert hatte. Zu gewaltsamen Auseinandersetzungen befragt räumte R. ein, dass es einmal seinerseits auch zu einem tätlichen Übergriff gekommen sei. Hierbei habe er seine Frau »aber nur am Kragen gepackt«. Nachdem sie erste Trennungswünsche geäußert habe, sei er zunehmend suizidal geworden und habe aus Kummer verstärkt dem Alkohol zugesprochen. Sein Freund S. habe ihm schließlich den Tipp gegeben: »Richt doch die Alte weg!« Erste Tatentwürfe, die Betreffende in einer Tiefgarage mit einem Gummiknüppel zu erschlagen, seien unter dem Aspekt verworfen worden, dass dies »die Leut' mitkriegen« würden.

Nachdem R. seine Frau erneut mit ihrem Ex-Freund beobachtet hatte, habe er S. aufgesucht und diesen gebeten, ihm bei der Tat zu helfen. Es sei dann gemeinsam der Entschluss gefasst worden, die Betreffende bei einer Fahrt nach Tschechien zunächst mit einem Gummiknüppel niederzuschlagen und dann mit Stichen zu töten. S. habe sich für 5 000 DM bereit erklärt, hierbei mitzuwirken. Zur Tatausführung habe man sich Ersatzkleidung besorgt, der Gummiknüppel sei in der Mittelkonsole des Wagens aufbewahrt worden, S. habe das Messer beschafft, einen Baseballschläger habe R. zum »Selbstschutz« ohnehin immer im Kofferraum seines Wagens mitgeführt.

Nachdem man Frau R. unter dem Vorwand, in Tschechien günstig Zigaretten zu erwerben, zur Mitfahrt motiviert habe, sei während der Fahrt ein abklärungsbedürftiges Geräusch im Bereich des rechten hinteren Radkastens ausgemacht worden. Nach Anhalten des Wagens habe man T. R. dazu aufgefordert, in den Radkasten zu langen, um eventuelle bewegliche Teile zu ertasten. Als sich die Betroffene hierzu gebückt habe, habe ihr S. mit dem inzwischen aus dem Wageninneren geholten Gummiknüppel kräftig auf den Kopf geschlagen. Frau R. sei daraufhin wider Erwarten nicht zusammengebrochen, sondern vielmehr aufgestanden, habe »Au« gesagt und sich an den blutenden Kopf gelangt. Daraufhin habe S. erneut zugeschlagen. T. R. habe nun weglaufen wollen, sei von ihrem Mann aber »aufgefordert« worden, »zu bleiben«. Frau R. habe diesen am Arm gepackt und zu ihm gesagt, dass sie mit ihm ohnehin noch habe reden wollen. Ihr Mann habe aber erwidert, dass sie sie eh anzeigen würde, habe sie nun selbst am Oberarm gehalten und S. aufgefordert, nochmals zuzuschlagen. Dies habe S. auch getan. Nachdem die Betreffende aber noch immer nicht zu Boden gegangen sei, habe S. aus dem Kofferraum den Baseballschläger geholt. Seine Frau habe zu diesem Zeitpunkt noch gestanden. S. habe zu ihm gesagt »Geh weg!«. Er habe daraufhin seine Frau losgelassen, die sich weggedreht habe. In diesem Moment habe sie S. mit einem Hieb mit dem Baseballschläger »genau im Gesicht erwischt«. Frau

R. sei zu Boden gegangen. S. habe sie vom Auto weggezogen, dann aber nochmals mit dem Baseballschläger auf den Kopf der Liegenden eingeschlagen. Er selbst habe dies nicht mit ansehen können, beim Wegziehen habe seine Frau noch geröchelt. Der Baseballschläger sei anschließend wieder im Kofferraum verstaut worden. S. habe dann den Kopf seiner Frau an den Haaren hoch- und ihr sein Messer durch den Hals gezogen. Dann habe man die Betroffene gemeinsam an den Füßen in eine Mulde geschleppt. Dort habe S. ihr noch mehrmals in die Brust gestochen. Man habe den Körper dann bedeckt, vorher aber noch den Puls gefühlt und die Ringe von den Fingern abgezogen. Dann habe man den Tatort verlassen, sich im Wald umgezogen, die Tatwerkzeuge bis auf das Messer, welches an einer Tankstelle gereinigt worden sei, samt Handschuhe entsorgt und die getragene Kleidung verbrannt.

Angaben des S. anlässlich der kriminalpolizeilichen Vernehmungen

Die Einlassung zum Geschehensablauf lässt sich folgendermaßen zusammenfassen:

Frau R. habe sich nach Anhalten des Wagens zum Radkasten gebückt. In diesem Moment habe er mit dem Gummiknüppel zugeschlagen, wobei er schräg hinter der Betreffenden gestanden habe. T. R. sei daraufhin leicht getaumelt und habe kurz geschrieen, er habe dann mit voller Wucht einen zweiten Schlag geführt. Frau R. habe dann am Schädel geblutet, sei aber auf ihren Mann zugegangen und habe zu diesem gesagt, dass sie mit ihm »heute Abend« noch habe reden wollen. R. habe aber erwidert »interessiert mich nicht« und seine Frau wieder in Richtung zu ihm (S.) geschoben. Er sei aber nicht mehr in der Lage gewesen, zuzuschlagen, woraufhin R. den Gummiknüppel selbst genommen und seiner Frau zwei Schläge auf den Kopf versetzt habe. T. R. sei dann umgefallen und ihr Mann habe sie an den Armen ca. 2-3 m in den Wald gezogen. Hierbei habe sie noch Lebenszeichen von sich gegeben. S. habe dann den Auftrag bekommen, den Baseballschläger aus dem Auto zu holen. Als er zurückgekommen sei, habe er gesehen, dass R. ein Messer in der Hand gehabt habe. Bei der Frau habe er Verletzungen am Hals und an der Brust erkennen können. Frau R. sei aber immer noch nicht tot gewesen. R. habe ihn aufgefordert, ihm zu helfen. Dazu sei er aber nicht mehr fähig gewesen. Daraufhin habe R. den Baseballschläger genommen und seiner auf dem Rücken liegende Frau zwei Schläge gegen den Schädel beigebracht. Dann habe man sie an den Beinen ins Unterholz gezogen und ihr den Schmuck abgenommen. Nach Meinung von S. habe die Betreffende zu diesem Zeitpunkt immer noch gelebt. Er habe dann den Baseballschläger zum Auto gebracht. Als er zurückgekommen sei, habe R. gesagt: »Jetzt is' sie fertig!«. An der nun Leblosen habe er jetzt noch sieben bis acht zusätzliche Stichverletzungen festgestellt.

Interpretation der Obduktionsbefunde

Aus Tschechien waren zwei Rechtsmediziner zur Hauptverhandlung geladen worden. Ein Assistent des Institutes wurde zur Auffindesituation und der Spurenlage am Tatort befragt, die Institutsdirektorin erläuterte die Schlüsse, die sie aus den von ihr erhobenen Sektionsbefunden zog.

Zusammengefasst berichtete sie von acht Schlägen gegen den Schädel und darauf folgender scharfer Gewalt gegen Hals und Brustkorb der Getöteten. Die Schläge seien mit »mittlerer bis großer Kraft« geführt worden, eine Reihenfolge sei nicht anzugeben. Die Sachverständige interpretierte die Verletzungen in der behaarten Kopfhaut dahingehend, dass diese zumindest teilweise durch die von den Angeklagten geschilderten Schläge mit dem Baseballschläger gesetzt worden sein könnten. Somit hätten sich die Schlussfolgerungen der tschechischen Rechtsmedizinerin prinzipiell der Einlassung des Ehemannes zuordnen lassen.

Wenn man sich allerdings die Sektionsbefunde genau ansah, musste man zur Kenntnis nehmen, dass die stumpfen Gewalteinwirkungen gegen den Schädel in zwei Gruppen unterteilt werden konnten. Zum einen befanden sich in der behaarten Kopfhaut fünf mehr oder weniger gleichartige Rissquetschwunden mit typischem Schürfsaum, deren Länge zwischen 2 cm und 6 cm variierte, zum anderen waren zwei von rechts oben nach links unten verlaufende und von der Stirn bis zur Mund- bzw. Kinnpartie reichende, langstreckige Verletzungen abgrenzbar. Das Schädeldach war scherbenartig zerlegt, an der Schädelbasis bestand ein so genannter Scharnierbruch mit relativer Beweglichkeit der vorderen und hinteren Schädelbasisanteile gegeneinander. Zudem waren die knöchernen Mittelgesichtsstrukturen zertrümmert, Ober- und Unterkiefer waren gebrochen, Zähne waren ausgeschlagen.

Wenn man diese Befunde mit den verschiedenen Varianten zum Tatablauf abglich, konnte man nur zu dem Schluss kommen, dass die schwersten knöchernen Verletzungen durch die sowohl von R. wie auch von S. berichteten zwei Schläge mit dem Baseballschläger stammen mussten. Der Gummiknüppel war schon vom Gewicht und der Beschaffenheit her nicht dazu geeignet insbesondere einen Scharnierbruch der Schädelbasis zu verursachen. Gerade dieser Scharnierbruch konnte aber nur dann erklärt werden, wenn der Schädel zum Zeitpunkt dieser Gewalteinwirkungen aufgelegen hatte. Nachdem die schweren Verletzungen des Gesichtsschädels auch noch mit den zwei parallel ausgerichteten, langstreckigen Befunden an den Gesichtsweichteilen korrespondierten, blieb nur die Feststellung, dass beide Gewalteinwirkungen durch den Baseballschläger zu einem Zeitpunkt beigebracht worden sein mussten, als sich die Betroffene in Rückenlage befand. Der Täter musste sich bei den Schlägen hierbei schräg rechts hinter dem Schädel der T. R. befunden haben.

Das Befundmuster am Schädel ließ sich somit nicht – wie zunächst angenommen – den Angaben des Ehemannes zum Tatablauf, sondern vielmehr der ursprünglichen Einlassung des S. anlässlich seiner Vernehmung durch die Kriminalpolizei zuordnen.

Aufgrund der Obduktionsbefunde ließ sich der Geschehensablauf folgendermaßen rekonstruieren:

Zunächst wurde mit dem Gummiknüppel insgesamt fünfmal auf den Schädel der T. R. eingeschlagen. Die ersten Schläge erfolgten hierbei nach den übereinstimmenden Angaben der Tatbeteiligten durch S. Entgegen der Einlassung des Ehemannes konnte aber keiner der zwei Schläge mit dem Baseballschläger von S. gegen die noch Stehende geführt worden sein, da der langstreckige und parallele Verlauf der schweren Verletzungen quer durch das Gesicht der Ge-

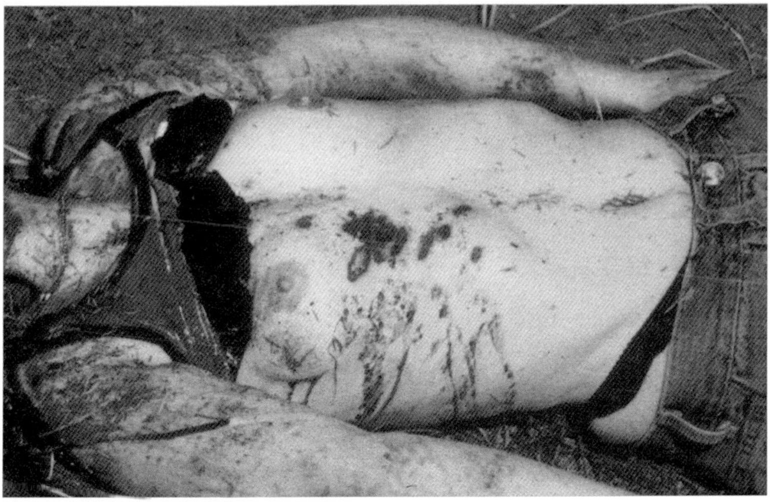

Mehrfache, eng gruppiert stehende Stichverletzungen an der linken Brustkorbseite

töteten nur auf eine liegende Position der zu diesem Zeitpunkt bereits handlungsunfähigen, weil bewusstlosen Frau schließen ließ.

Nachdem in der linken Brusthöhle einerseits 600 ml Blut aufgefunden wurden, andererseits aber auch nur schwach unterblutete Stichverletzungen z. B. an der Lunge vorhanden waren und nur ein blutiger Film im Bauchraum trotz einer Leberstichverletzung vorlag, ließen sich diese Feststellungen einer zweizeitigen Beibringung der Stiche zuordnen. Hierfür sprach auch die Tatsache, dass einige, aber nicht alle Verletzungen trotz vergleichbarer Lokalisation zu Textildurchtrennungen an der Kleidung geführt hatten. Die Annahme einer zweizeitigen Stichbeibringung korrespondierte aber wiederum mit der Einlassung des S., dass R. bereits vor den Schlägen mit dem Baseballschläger einen Teil der Rumpfstiche gesetzt hatte.

Wegen der Diskrepanzen zwischen den objektiv festgestellten Sektionsbefunden und den Angaben des Ehemannes zum Tatablauf folgte das Schwurgericht schließlich der Version des S. und verurteilte R. zu einer lebenslänglichen Haftstrafe mit besonderer Schwere der Schuld, S. hingegen »nur« zu »lebenslänglich«.

Rudolf Wegener

Institut für Rechtsmedizin Rostock

Prof. Dr. med. Rudolf Wegener wurde am 6.3.1943 in Teterow/Mecklenburg geboren. Er studierte Medizin in Rostock und erhielt die Approbation im Jahre 1968. Ab 1968 war er Assistent am Institut für Gerichtliche Medizin der Universität Rostock. Im Jahre 1970 erfolgte die Graduierung zum Diplommediziner. Wegener promovierte 1973 an der Universität Rostock und 1982 zum Dr. s. c. med. Seit 1973 ist er Facharzt für Gerichtliche Medizin und Oberarzt. Im Jahre 1982 erlangte er die Facultas docendi und wurde 1984 zum Dozenten ernannt. Nach längeren Auslandsaufenthalten in Wien und Kopenhagen trat Wegener 1987 die Professur mit Lehrstuhl am Institut für Gerichtliche Medizin der Universität Rostock an. 1992 erfolgte die Umhabilitation und C4-Professur. Rudolf Wegener ist Direktor des Institutes für Gerichtliche Medizin der Universität Rostock.

Der Tote im Wasser – Anatomie eines Tötungsverbrechens

Nun, ich glaube, die Geschichten, die das Schilf mit seinen so zarten, feinen Stimmen flüstert, dürften grausiger sein, als die düsteren Dramen, von denen die Wellen des Meeres wissen.

»Auf dem Wasser«, Guy des Maupassant 1876

Vorbemerkung

Eine Situation wie die nachfolgende fürchtet jeder Rechtsmediziner. Man ist nach langer Zeit wieder mit Freunden zusammen. Zwei bis drei Glas Brunello und ein doppelter Grappa nach dem Essen haben einen Gleichklang von körperlichem und geistigem Wohlbefinden hergestellt. Plötzlich stellt jemand – meistens eine der anwesenden Damen – jene elektrisierende Frage, die das angenehme Durcheinander von Gesprächsfetzen über Fußballergebnisse, Theaterpremieren oder Ehekrisen schlagartig beendet: »Ach bitte, gib doch einmal einen besonders spannenden Fall zum Besten.« Derartige Anfragen zu Mord und Totschlag in privater Sphäre sind ohnehin lästig. Überdies führen sie den Befragten in ein Dilemma. In welcher Hinsicht ist ein Tötungsverbrechen spannend? Auch nach längerem Bedenken fällt die Entscheidung schwer: Interessiert der Fall, bei dem eine besonders skurrile oder grausame Todesursache vorliegt? Soll es eine der legendären Untersuchungs- und Ermittlungspannen sein, bei denen nach ärztlicher Leichenschau mit dem Ergebnis »natürlicher Tod« vor Beginn der Obduktion beim Entkleiden des Leichnams ein Messer heraus fällt oder eine Leiche erst nach Monaten von dem Nachmieter in einem Schrank aufgefunden wird?

Sind außergewöhnliche, nicht nachvollziehbare Handlungsabläufe und Tatbegehungen spektakulär? (Ich erinnere mich dabei an die Kasuistik, bei der ein Streit um den Weihnachtsbaumschmuck zwischen Stiefvater und Stiefsohn in einer Tötungshandlung endete.)

Schildert man den »Aha-Effekt« eines Obduktionsergebnisses, der dem Gang der Ermittlungen – zugegebenermaßen eher im Sinne der Entschärfung eines Sachverhaltes – eine gänzlich neue Richtung geben konnte?

Ich habe mich letztendlich auf einen zunächst »alltäglichen« Fall aus den Anfängen meiner gerichtsärztlichen Tätigkeit eingelassen. Er hat sich wohl auch deshalb eingeprägt, weil er mir die Grenzen rechtsmedizinischer Diagnostik exemplarisch aufgezeigt hat.

Ein ganz gewöhnlicher Ertrinkungsfall

Der ausgedehnte Einzugsbereich des Rostocker Institutes erstreckt sich 1972 über das heutige Mecklenburg hinaus bis in die Prignitz. Die »Außentouren« des Sektionsteams dienten der Erledigung aller angeordneten gerichtlichen Sektionen und Verwaltungssektionen. Als wir am Nachmittag des 9.2.1972 in P. eintrafen, hatten wir bereits zwei Obduktionen durchgeführt. Das malerische Städtchen umschließt das Flüsschen Elde, das damals vereist war. Nur an Zonen stärkerer Strömung und in Schleusennähe war die Eisdecke aufgebrochen, sodass sich an diesem windstillen Wintertag die seit dem 18. und frühen 19. Jahrhundert nahezu unverändert gebliebene Uferszenerie im ruhigen Wasser widerspiegelte.

Am 8.2.1972 gegen 10:00 Uhr hatte der Bootsführer eines hier vor Anker liegenden Schleppers im offenen Wasser dunkle Kleidung wahrgenommen, die sich bei näherem Hinsehen und Hantieren mit einem Bootshaken als eine an der Oberfläche treibende männliche Leiche erwies. Der Körper trieb in der für Wasserleichen typischen Bauchlage; nur das Hinterhaupt und die im mittleren Rückenbereich gefaltete Kleidung ragten über der Wasseroberfläche hervor. Die Unordnung der Kleidung konnte durch ein Ziehen des Körpers mit dem Bootshaken im Wasser verursacht worden sein.

Bereits unmittelbar nach der Bergung wurden Identität und auch die Lebensvorgeschichte des Verstorbenen bekannt, was in diesem abgeschiedenen Städtchen nicht überraschen konnte. Es handelte sich um den 45-jährigen Invalidenrentner E. S., der als Heizer in einem volkseigenen landwirtschaftlichen Betrieb arbeitete. Ihm wurde ein chronischer Alkoholmissbrauch nachgesagt.

Im Wasser treibender Leichnam des S. mit verschobener Oberbekleidung

Die herbeigerufene Leichenschauärztin verzichtete bei der Leichenuntersuchung auf das Entkleiden des Verstorbenen. Dieses Versäumnis mag als geringfügig bewertet werden. Ihr war bekannt, dass aufgrund der damaligen gesetzlichen Regelungen zur ärztlichen Leichenschau ihrer Empfehlung zur Durchführung einer Sektion gefolgt werden würde. Letztendlich kam die Ärztin zu dem Ergebnis, dass sich S. in den frühen Morgenstunden gegen 5.00 Uhr ertränkt und ein übermäßiger Tablettenmissbrauch dieses suizidale Ertrinken wesentlich begünstigt habe. Sie entschied sich bei der eindeutigen Sachlage für die Autopsie durch ein Pathologisches Institut.

Der kriminalpolizeiliche Ermittlungsbericht vom 8.2.1972 zeigt uns, dass die ersten Ermittlungsergebnisse die Leichenschaudiagnose wesentlich beeinflusst haben:

»Am 8.2.1972 wurde gegen 10.30 Uhr der Fund einer unbekannten männlichen Leiche im Wehrkanal gemeldet. Der Wehrkanal befindet sich an der Schleusenbrücke in P. Bei der Tatortbesichtigung ergaben sich keine Hinweise auf ein Verschulden dritter Personen. Die Identifizierung ergab, dass es sich um E. S. handelt. S. lebt seit mehreren Monaten in zerrütteten Eheverhältnissen. S.

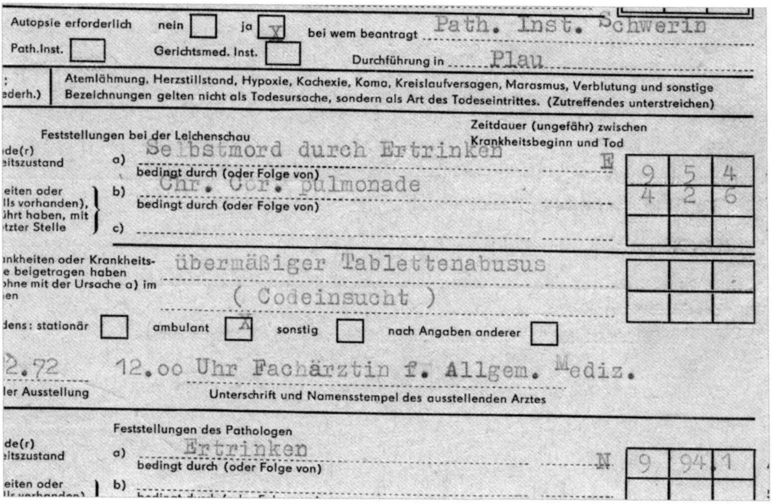

Autopsie erforderlich nein ☐ ja ☒ bei wem beantragt Path. Inst. Schwerin
Path.Inst. ☐ Gerichtsmed. Inst. ☐ Durchführung in Plau

:
ederh.) | Atemlähmung, Herzstillstand, Hypoxie, Kachexie, Koma, Kreislaufversagen, Marasmus, Verblutung und sonstige Bezeichnungen gelten nicht als Todesursache, sondern als Art des Todeseintrittes. (Zutreffendes unterstreichen)

Feststellungen bei der Leichenschau — Zeitdauer (ungefähr) zwischen Krankheitsbeginn und Tod

de(r) itszustand a) Selbstmord durch Ertrinken — E — 9 5 4
bedingt durch (oder Folge von)
eiten oder lls vorhanden), ihrt haben, mit tzter Stelle b) Chr. Cor. pulmonade — 4 2 6
bedingt durch (oder Folge von)
c)

nkheiten oder Krankheits- e beigetragen haben ohne mit der Ursache a) im ien — übermäßiger Tablettenabusus (Codeinsucht)

lens: stationär ☐ ambulant ☒ sonstig ☐ nach Angaben anderer ☐

2.72 12.00 Uhr Fachärztin f. Allgem. Mediz.
ler Ausstellung — Unterschrift und Namensstempel des ausstellenden Arztes

Feststellungen des Pathologen
de(r) itszustand a) Ertrinken — N — 9 94.1
bedingt durch (oder Folge von)
eiten oder b)

Totenscheindiagnose: Selbstmord durch Ertrinken

unternahm bereits vier Tage zuvor einen Selbstmordversuch, wobei er durch zwei Bürger wieder aus dem Kanal gezogen wurde. Am gestrigen Abend nahm er größere Mengen Alkohol zu sich. Heute früh verließ er gegen 5.00 das Haus, um zur Arbeit zu gehen. Vermutlich ist er kurz danach ins Wasser gesprungen. Die bisherigen Ermittlungen ergaben keinen Verdacht auf ein Verbrechen.«

Die Verwaltungssektion wurde durch den zuständigen Kreisarzt jedoch nicht in der Pathologie, sondern in unserem Institut angemeldet. Für diese Entscheidung könnte der auf dem Totenschein geäußerte Verdacht eines Tablettenmissbrauches ausschlaggebend gewesen sein, da dem Gerichtsmediziner die Option einer toxikologischen Analyse im eigenen Hause zur Verfügung steht.

Die Sektion

Die Leichenöffnung fand in einem kleinen Sektionsraum des regionalen Krankenhauses statt. Bereits vor dem Entkleiden des Leichnams konnte durch leichten Druck auf den Brustkorb ein Schaumaustritt aus Mund- und Nasenöffnung beobachtet werden. Dieser hervorquellende Schaum ist bei Frischverstorbenen ein hochgradiger Hinweis für einen »klassischen« Ertrinkungstod, der als eine Variante des Erstickens etwa innerhalb von drei bis fünf Minuten nach dem Untertauchen durch einen Sauerstoffmangel des Gehirns ausgelöst wird. Mithin stand die Diagnose fest, bevor überhaupt mit der Leichenöffnung begonnen wurde.

Nach Inaugenscheinnahme des Verstorbenen und Einsicht in den polizeilichen Bericht wurde die Sektion zügig durchgeführt. Die trockenen überblähten Lungenflügel bestätigten den Eingangsverdacht; kleinherdige Blutungen der Lungenüberzüge und ein wässrig-schaumiger Mageninhalt von 500 ml erbrachten zusätzliche Hinweise dafür, dass S. zu Lebzeiten in die Elde geraten war.

Vorbestehende Verwachsungen und Gewebsveränderungen der Lungen sowie einige krankhafte Veränderungen der Herzklappen bzw. eine dem Alter nicht entsprechende fortgeschrittene Einengung der Herzkranzgefäße standen in Übereinstimmung mit dem bekannt gewordenen schlechten Gesundheitszustand des S. Die Leber war nach Größe und Beschaffenheit, was bei der Vorgeschichte erwähnenswert scheint, allerdings nicht verändert. Nebenverletzungen, die für eine gröbere äußere Gewalteinwirkung sprechen könnten, fanden sich nicht.

Beim Verstauen der Sektionsausrüstung in den Kofferraum geschah das Unerwartete. Beamte der Morduntersuchungskommission und der zuständigen Staatsanwaltschaft kamen in großer Hast vorgefahren. Sie zeigten sich erleichtert darüber, uns noch angetroffen zu haben. Es müsse alles noch einmal ganz genau untersucht werden. In der Stadt gäbe es Gerüchte, dass beim Tod des S. möglicherweise »nachgeholfen« worden sei. Die Befragungen zum Fall wären noch im Gange.

Nachdem wir uns wieder umgekleidet hatten, wandten wir uns ein wenig beklommen noch einmal dem Leichnam zu. Hatten wir entscheidende Befunde übersehen? Die nunmehrige Protokollierung und Dokumentation der Befunde nach den strafprozessualen Regeln einer Gerichtlichen Sektion erbrachten jedoch keine zusätzlichen Erkenntnisse. Die Präparation aller rückwärtigen Körperabschnitte und die gezielte Nachuntersuchung jeder noch so diskreten Hautverfärbung blieb ohne Hinweise für eine stattgefundene

Gewalt durch fremde Hand. Die durchfeuchtete Kleidung war unbeschädigt. Selbst die Sockenhalter waren sorgsam angelegt und gaben den handgestrickten Strümpfen die regelrechte Position. Derartige Details mögen auf den ersten Blick ohne Bedeutung sein. Hier zeigen sie uns, dass S. sich auch das letzte Mal in seinem Leben selbst angekleidet hat. Oder würde ein Täter Sockenhalter an den Waden befestigen? Die Enttäuschung der Kriminalisten über das Sektionsergebnis, das außer der lapidaren Diagnose »Ertrinken« nichts erbracht hatte, war unübersehbar.

Vor diesem Hintergrund erwarteten wir die Resultate der Vergiftungsdiagnostik mit großer Ungeduld. Es wurden Alkoholkonzentrationen von 2,0 Promille im Blut und 2,6 Promille im Urin nachgewiesen. Folglich musste der Verstorbene über Stunden hinweg Alkohol in größeren Mengen getrunken haben. Überdies konnte der Wirkstoff des Schlafmittels Benedorm (Didropyridin) im Mehrfachen der therapeutischen Dosis nachgewiesen werden. Die Verteilung des Schlafmittels in Mageninhalt, Herzblut, Lebergewebe und Urin erbrachte den Hinweis, dass das Medikament bereits eine gewisse Zeit vor dem Tode durch den Mund aufgenommen worden war. Damit war eine Kombinationswirkung dieser Substanzen anzunehmen, die durchaus zur Bewusstlosigkeit führen kann. Hätte die Sektion nicht die Todesursache »Ertrinken« in der festgestellten Eindeutigkeit erbracht, wäre bei den nachgewiesenen Konzentrationen auch eine tödliche Vergiftung in Erwägung zu ziehen gewesen.

Zur Vorgeschichte der Tat

Wir wissen vom 1926 geborenen S. wenig. Er war nach Beendigung des 2. Weltkrieges in die französische Fremdenlegion gegangen und erst 1955 aus Indochina (Vietnam) zurückgekommen. Seit jener Zeit bestand ein Missbrauch von Alkohol und Schmerztabletten. Wenige Monate nach Rückkunft in seine Heimatstadt P. heiratete er. Aus der nicht geschiedenen Ehe ging ein Sohn hervor. Allerdings gab es in der Familie S. auch Belastungssituationen. Die Ehefrau gab an, dass ihr Mann wegen des permanenten Mangels an

Haushaltshaltgeld hin und wieder Diebstahlshandlungen begangen habe. Da sie ihn in der Küche bei dem Versuch eines sexuellen Übergriffes auf ihre 15-jährigen Tochter aus erster Ehe überrascht hatte, musste sie die Jugendliche aus dem Haushalt nehmen und von der Großmutter aufziehen lassen. Dessen ungeachtet war nach dem Bekunden von Frau S. das Verhältnis beider bis 1971 sehr gut.

Das Ehepaar S. lernte Herrn M. Anfang September 1971 bei einem Erntefest kennen. Der 29-jährige M. und die um 13 Jahre ältere Frau S. verbrachten den Abend überwiegend auf der Tanzfläche. Da M. auch dem Ehemann sympathisch war, lud man ihn nach der Feier in die Wohnung ein. Man verstand sich, sodass sich eine enge Bekanntschaft und ein allseitiges Vertrauensverhältnis entwickelten. Bald wurde in Erwägung gezogen, Herrn M. in die eheliche Wohnung aufzunehmen. Herr S. habe M. ermutigt, sich im Falle einer längeren Abwesenheit um Frau und Sohn zu kümmern und ihnen männlichen Schutz zu gewähren. Am 20.10.1971 wurde S., der wohl bereits seit Längerem eine Inhaftierung befürchten musste, wegen eines Schmuckdiebstahls festgenommen.

Im November zog M. in die Wohnung der Familie S. ein; beinahe folgerichtig waren Frau S. und der zugezogene Freund der Familie ein sexuelles Verhältnis eingegangen. Bereits im November schlug Frau S. ihrem inhaftierten Ehemann per Briefpost eine Trennung vor, wobei sie die Beziehung zu dem neuen Mieter verschwieg. Unter dem Weihnachtsbaum wurden im Beisein des 14-jährigen Sohnes für das Jahr 1972 Ehepläne geschmiedet.

Herr S. wurde jedoch am 27.12.1971 plötzlich und unerwartet aus der Untersuchungshaft entlassen. Da M. nach der Haftentlassung des S. in der Wohnung verblieb und seinen inzwischen eingenommenen Platz auch nicht räumen wollte, war das Sujet für eine klassische Dreiecksgeschichte gegeben: Deutlich jüngerer Liebhaber, entscheidungsschwache Frau, ins Abseits gestellter Ehemann. Konfliktbeförderer war der regelhafte überstarke Alkoholkonsum aller Beteiligten. Es kam zu gegenseitigem Belauern, In-flagranti-Situationen und Streitigkeiten um Ehe und Scheidung. S. spürte seine Unterlegenheit. Frau S. und M. begannen mit dem Gedanken zu spielen, E. S. durch »Ersäufen, Messer und Tabletten« umzubringen.

Am Nachmittag des 4.2.1972 hatte man etwa zehn Flaschen Bier und eine flasche Weinbrand ausgetrunken, sodass M. weiteren Alkohol beschaffen musste. Auf dem Weg nach Hause sah er S. gegen 17.30 Uhr bis zu den Schultern im offenen Wasser der Elde stehen. Der Vorgang wurde von mehreren Personen beobachtet. Widerstrebend ließ sich der alkoholisierte, lebensüberdrüssige S. von seinem Nebenbuhler und einer weiteren Hilfeperson bergen und nach Hause begleiten.

Die Tat

Dieser appellative Ertränkungsversuch weckte den Entschluss, S. durch einen vorgetäuschten Suizidversuch aus dem Wege zu räumen. Alle Voraussetzungen waren gegeben: Seine öffentlich gewordene Suizidhandlung, die Nähe der Wohnung zum Fluss, die nahezu tägliche hochgradige Alkoholisierung und die nun gewonnene Erkenntnis, dass der heimliche Wunsch leicht in die Tat umzusetzen ist. Bereits ein Schubs genügte, damit er reinfällt.

Eine günstige Gelegenheit bot sich bereits zwei Tage später. S. kam am 6.2.1972 nachmittags angetrunken nach Hause. Es war der Tag der Lohnauszahlung und der Tag vor dem Geburtstag von Frau S. Mitgebrachte Geschenke – ein Blumentopf, eine Tüte Bohnenkaffe, eine Tafel Schokolade, eine kleine Flasche Korn und vor allem eine große Flasche Weinbrandverschnitt – sollten das häusliche Klima verbessern. Nachdem Frau S. empfahl, auch noch zehn Flaschen Bier zu kaufen, »weil der Schnaps ohne Bier nicht schmeckt«, wurde diese Bitte von ihrem Ehemann unverzüglich erfüllt. Vielleicht strebte er ein letztes Mal die Versöhnung an. Herr M., der seiner Arbeit ferngeblieben war, und der 14-jährige Sohn hielten sich bereits in der Wohnung auf.

Das Fernsehprogramm des olympischen Eishockeyturniers in Sapporo und ein Abendessen bildeten den Rahmen des frühen Abends. Es wurde getrunken, gestritten und Mensch-ärgere-dich-nicht gespielt.

Gegen 22.00 Uhr stolperte S. in der Wohnung über eine Türschwelle und ließ dabei ein gefülltes Glas fallen. Der Alkohol zeigte erste deutliche Auswirkungen. Wohl gegen 23.30 Uhr war alles ausgetrunken. M. konnte nur noch eine Flasche des legendären Rotweins der Marke »Ungarsonne« beschaffen, die gegen 1.00 Uhr ausgetrunken war.

Unvermittelt fiel es S. ein, seine Medikamente von der Arbeitsstelle zu holen. Gefolgt von M. verließ er die Wohnung, um sein Moped in Gang zu setzen. Nachdem M. beim Anschieben des Mopeds geholfen hatte, gelang S. die Abfahrt bei einer Alkoholkonzentration von etwa zwei Promille. M. wartete auf der Straße auf die Rückkehr, um S. irgendwie abzufangen und ins Wasser zu verbringen. S. kam in voller Fahrt zurück, wich dem in Straßenmitte stehenden M. aus und winkte ihm zu. So traf man sich wieder in der Wohnung, wo noch eine kleine Flasche Weinbrand-Verschnitt in Hinterhand aufbewahrt war.

Herr M. bereitete nun für beide in der Küche einen Grog zu nach dem Motto »Weinbrand muss, Zucker kann und Wasser braucht nicht sein«. Dem Glas für S. fügte er etwa zehn Tabletten Benedorm zu, wobei das heiße Wasser das Auflösen des Medikamentes begünstigte. Wie M. in den Besitz der in Stanniolpapier eingewickelten Tabletten kam, blieb ungeklärt. Das apothekenpflichtige Schlafmittel Benedorm war im Haushalt der Familie S. jedoch problemlos verfügbar. In der einzigen Apotheke des Ortes war S. seit langem als Kunde bekannt, der wegen seiner Tablettensucht größere Mengen von Medikamenten, bevorzugt jedoch Benedorm, auf Rezept einlöste oder kaufte. Nachdem der Ehemann S. bald darauf in seinem Korbsessel eingeschlafen war, wurde er – offenbar bewusstlos – von M. aus dem ersten Stock nach unten verbracht. Frau S. beobachtete das Geschehen, um gegebenenfalls helfend einzugreifen. Der inzwischen erwachte 14-jährige Sohn H. war ebenfalls zugegen. Es war inzwischen 4.20 Uhr geworden. Der Zeitpunkt fügte sich gut in die Planung ein, weil S. sich um diese Zeit üblicherweise auf den Weg zur Arbeit macht. Der Transport über eine steile Treppe gestaltete sich allerdings schwierig. S. entglitt dem M. und kam am Hauseingang vor der bereits geöffneten Haustür bäuchlings zum Liegen.

Da Frau S. die Aufmerksamkeit der Nachbarschaft zu fürchten hatte, geriet der weitere Ereignisablauf zu einer schlechten Inszenierung,

Uferbefestigung, von der aus S. in die Elde geworfen wurde

Sie zerrte gemeinsam mit M. ihren Mann in eine aufrechte Position und sprach ihn mehrfach an: »E., du musst doch zur Arbeit; Wilhelm wartet schon auf Dich.« Inzwischen hatte M. das Moped von dem Sohn aus dem Stall holen und auf der zum Fluss führenden Straße abstellen lassen. Es sollte Normalität vermittelt werden, da S. das Moped an diesem Ort tagsüber häufiger parkte.

M. musste den auch durch den Transport nicht zu weckenden S. schultern. Er trug ihn eine kurze Distanz bergab bis zur Elde. Da der Fluss Eis führte, legte er eine zusätzliche Wegstrecke in Richtung Schleuse zurück. Dort fand er offenes Wasser und eine geeignete Uferbefestigung aus Beton. Nachdem der Körper von der Schulter geglitten war, hörte er ein Aufklatschen. Die kleine Flasche Weinbrand, die nach der Zubereitung von Grog noch nicht vollständig geleert war, warf er hinterher.

In der Folge beeilte er sich, nach Hause zu kommen. Nach kurzer Verständigung darüber, bei den nachfolgenden polizeilichen Befragungen die Selbstmordversion aufrecht zu erhalten, gingen beide miteinander schlafen. Frau S. war vor wenigen Stunden 43 Jahre alt geworden.

Aussicht der Zeugin K.; Nebenfenster: Aussicht des Sohnes

Die Ermittlungen

Die noch vorhandenen Originalakten zu dieser Strafsache umfassen erstaunliche Details zur Tathandlung und zum Nachtatverhalten. Offenbar waren die Lebensumstände und das wiederholte nächtliche Lärmen in der Wohnung der Familie S. Gegenstand der Verärgerung und der besonderen Aufmerksamkeit der Nachbarschaft geworden. Nach den vorliegenden Zeugenaussagen müssen die Ereignisse in der Nacht vom 7.2. zum 8.2.1972 fast wie ein Theaterstück wahrgenommen worden sein. Die Zeugin K. konnte aus der gegenüberliegenden Wohnung über die schmale Straße hinweg das Geschehen in dem erleuchteten Zimmer von 22.30 Uhr bis in die Morgenstunden gegen 4.00 Uhr verfolgen.

Anhand ihrer Aussagen wurden die Sitzpositionen der Beteiligten am Wohnzimmertisch rekonstruiert. Sie berichtete über die späte Ausfahrt des S. mit dem Moped und über einzelne Umstände der Alkoholaufnahme danach. Durch sie wurde beobachtet, dass M. mit Gläsern aus der Küche gekommen ist. S. habe zunächst mit gesenktem Kopf auf dem Stuhl gesessen; später habe er auf dem Fußboden gelegen und sei von dort in die Küche abtransportiert worden.

Frau S. sei aufgeregt in der Wohnung umher gelaufen. Sie hatte S. im Hausflur liegen sehen und beobachtet, dass der Sohn dem M. beim Tragen seines Vaters behilflich gewesen sei.

Nach 1.00 Uhr gesellte sich der Sohn zur Zeugin K., um vom Nebenfenster aus in die Wohnung S. einzusehen. Er will über die Wahrnehmungen seiner Mutter hinausgehend gesehen haben, wie die Schnapsgläser des S. in der Küche drei bis viermal nachgefüllt worden und wie er im Wohnzimmer in Richtung Ofenecke gestürzt sei. Um das Geschehen besser zu verfolgen, musste er den Fensterplatz wechseln. Während Frau S. mit verschränkten Armen an der Straßenecke das Wegtragen verfolgt hätte, wären M. und der Sohn von S. etwa 15 Minuten später aus der Richtung des Flusses Elde zurückgekommen. Beide Zeugen hätten über das Vorgefallene gesprochen. Es sei ihnen klar gewesen, dass an S. ein Verbrechen begangen worden sei: Wenn zwei Mann da sind, muss einer verschwinden.

Die Vorgänge in der Nacht vom 7.2. zum 8.2.1972 zwischen 19.00 und 4.45 Uhr sind anhand der Geräuschkulisse noch von einem weiteren Zeugenpaar verfolgt worden. Das Ehepaar K. lebte im Erdgeschoss des Hauses. So berichteten auch sie von der zunehmenden Alkoholisierung der Beteiligten, der Mopedausfahrt des S., dem Poltern und Scharren, als würde etwas Schweres über die Treppe transportiert. Sie vernahmen gegen 4.45 Uhr die Stimme der Frau S. im Hausflur: »E., du musst zur Arbeit, E., Wilhelm ist hier, der will dich doch mitnehmen zur Arbeit.« Die Szenerie vor dem Hause wurde – soweit die Blickwinkel und Lichtverhältnisse es zuließen – gleichsinnig beschrieben. Vor diesem Hintergrund wurde bereits am 9.2.1972 der Haftbefehl erlassen. Nur in der ersten Vernehmung hielten Täterin und Täter die Suizidversion zum Tode des S. aufrecht. Konfrontiert mit den Zeugenaussagen, gestand der dringend Tatverdächtige M. bereits am gleichen Tage die Tat.

Das Strafverfahren

Mit dem Eingeständnis der Tat gegenüber den Ermittlern fügten sich die Verdächtigten in das Unvermeidliche. Inzwischen hatten Frau S. und Herr M. ihre Geständnisse auch handschriftlich verfasst.

Dabei wurde akribisch und quasi gerichtsprotokollarisch die eigene Tatbeteiligung beschrieben und eingestanden.

In Vorbereitung der Hauptverhandlung waren aus dem Arbeitsumfeld der Beschuldigten Kollektivvertreter zu bestellen. Die hierzu durchgeführten Beratungen erfolgten in Abwesenheit von Frau S. und Herrn M. unter der Prämisse der bereits erwiesenen Schuld und hatten einen inquisitorischen Charakter. Im Protokoll der »Auswertung der Mordsache E. S.« vor zwölf Arbeitskollegen der Frau S. wurde die Handlungsweise auf das Schärfste verabscheut. Frau S. sei arbeitsmäßig gut gewesen; allerdings habe sie in Bezug auf Männerbekanntschaften alles genommen, hauptsächlich Jugendliche im Alter von 15-17 Jahren. Es kam auch zur Sprache, dass Frau S. irgendwann einen goldenen Ring entwendet und diese Tat auf ihren Mann geschoben habe. Der Getötete E. S. sei jedoch ein arbeitsamer Kollege gewesen, der für seine Familie alles getan habe.

Im Protokoll der Auswertung des Verhaltens von M. heißt es in der Sprachdiktion jener Zeit weniger konkret:

»Nach der Schilderung des Sachverhalts und der Bedeutung der Klärung derartiger Delikte und der Würdigung ihrer Verwerflichkeit im Rahmen unserer Gesellschaftsordnung kam es zu Stellungnahmen einiger Betriebsangehöriger, wobei grundsätzliche Ablehnung auf das Begehen derartiger Straftaten zum Ausdruck gebracht wurde.«

Weiterhin erforderte die Strafprozessordnung der DDR auch die Anhörung eines öffentlichen Anklägers. Die Bestellung dieses Anklägers erfolgte in unserem Fall durch die Ständige Kommission »Ordnung und Sicherheit« gemeinsam mit Mitgliedern des Rates der Stadt P. An dieser Aussprache nahmen neben dem für den Fall zuständigen Staatsanwalt acht Ratsmitglieder, vier Kommissionsmitglieder und vier Bürger aus dem Wohnbezirk des Tatortes teil. Die Beschuldigten wurden in der repräsentativen Öffentlichkeit, bevor überhaupt die Hauptverhandlung anberaumt war, bedenkenlos vorverurteilt:

»M. hat in überreichem Maße die staatlichen Organe mit seinem Verhalten beschäftigt. Er war bereits straffällig, beging Körperverletzung und es lief auch eine Verhandlung wegen asozialen Verhaltens. Seine Entwicklung ist anstößig, er hat gegen die öffentliche Ordnung und Sicherheit verstoßen, was in dem bedauerlichen Vorfall seine Krönung fand. M. wäre durchaus in der Lage gewesen, sich besser zu steuern. Er wurde aber letzten Endes zum Verbrecher höchsten Grades.

Frau S. ist von der Person her ein Mensch, der nicht viel von der Arbeit gehalten hat. Es haben sich in diesem Falle Menschen gepaart, wo einer den anderen nicht erziehen konnte. Der 14-jährige Sohn der Eheleute S. wurde ebenfalls noch hineingezogen und es wurde nicht beachtet, welche nachhaltigen Schäden das mit sich bringt.«

In der anschließenden Diskussion wurde Klage darüber geführt, dass die Auslegung der Gesetze oft zu mild sei, dass man mit Straffälligen wohl etwas zu loyal umginge, dass M. überhaupt nicht in die Wohnung der Familie S. hätte einziehen dürfen, dass die Meldeordnung Lücken habe und dass die Betriebsleiter ihren gesellschaftlichen Auftrag zur Eingliederung von Straftätern nicht voll erfüllen.

Die Akten machen die Defizite des Lehrgebäudes der »Sozialistischen Kriminologie« offenkundig. Die seit den Anfängen der Verbrechensforschung bekannte Tatsache, dass kriminelles Verhalten auch von gesellschaftlichen und ökonomischen Rahmenbedingungen abhängt, wurde in der DDR zum Dogma erhoben. In diesem Fall fand bei der Suche nach den Ursachen des delinquenten Verhaltens die Persönlichkeit der Beschuldigten nahezu keine Beachtung. Der kriminogene Faktor »Alkohol«, der sich wie ein Leitmotiv durch das Verfahren zieht, blieb unbeachtet. Eine Diskussion über das gesellschaftsrelevante Problem des Alkoholmissbrauchs war in dieser Beratung unerwünscht.

Zu den Aktivitäten der Verteidiger im Vorfeld der Hauptverhandlung fanden sich in den Akten keine Angaben. In einem Revisionsverfahren wurden Herr M. wegen Mordes zu einer lebenslänglichen Freiheitsstrafe und Frau S. wegen Beihilfe zum Mord zu 15 Jahren Haft verurteilt. Der forensisch-psychiatrische Gutachter hat beide Angeklagten untersucht. Er diagnostizierte bei Frau S. eine seit der Kindheit bestehende nicht behandelte Epilepsie und bei Herrn M. einen exzessiven Alkoholkonsum. Die Angeklagten waren nach Auffassung des Sachverständigen bei hohen Blutalkoholkonzentrationen zur Tatzeit uneingeschränkt schuldfähig. Sie sind 1982 bzw. 1987 aus der Haft entlassen worden.

Rechtsmedizinische Nachbemerkung

Die aus der versuchten Selbsttötung des S. heraus entwickelte Tathandlung hätte in einen »perfekten Mord« ausmünden können. Abgesehen davon – die Blasphemie sei hier gestattet –, dass bei der Tatausführung alles ausgesprochen »dumm gelaufen« ist, trifft die Hypothese vom perfekten Mord nur auf den ersten Blick zu. Im Fall S. lag eine zweifach verwobene Täter-Opfer-Beziehung vor. Das klassische, vielfach in der Belletristik verwandte Motiv des Gattenmordes lag auf der Hand; sodass auch bei »intelligenter« Tatausführung der Verdacht rasch auf das Täterpaar gerichtet worden wäre. Auch die Tatbegehung ist im Detail so bekannt. Der berühmte französische Schriftsteller Guy de Maupassant, der sich zeitlebens mit dem Tod im Wasser literarisch befasst und mehrfach einen Suizid durch Ertränken erwogen hat, lässt einen bewusstlosen Ehemann durch den jungen Liebhaber der Ehefrau aus einer Schubkarre in einen Fluss gleiten. Im Filmklassiker von Claude Chabrol »Die Unschuldigen mit den schmutzigen Händen« aus dem Jahre 1974 soll der reiche Ehemann durch einen Cocktail von Whiskey und Schlafmittel eingeschläfert und vom Geliebten der Ehefrau in das nahe Meer verbracht werden.

Wird der klinisch tätige Arzt bei der Totenschau mit einer Wasserleiche konfrontiert, ist er ohne Kenntnis der Vorgeschichte überfordert. Nicht anders geht es den Rechtsmedizinern, die das Unbehagen bei der Untersuchung von Todesfällen im Wasser verbindet. Erinnern wir uns an die Causes cèlébres Uwe Barschel (Badewanne, Hotel Beau Rivage in Genf) oder Abdulla Kantelberg (Schwimmbad, Sebnitz). Jeder könnte über ähnlich gelagerte Fallkonstellationen berichten.

Wie kann man feststellen, dass ein Leichnam, der im Frühjahr aufgedunsen auf der Oberfläche eines Flusses treibt, nach einer Rangelei im Dezember des Vorjahres ins Wasser gefallen ist?

Wie kann es geschehen, dass nach dem Kentern eines mit zwei Personen besetzten Angelkahns in der Ostsee unmittelbar vor der Brandungszone ein Leichnam an der deutschen und der andere an der dänischen Ostseeküste aufgefunden wird?

Warum geht eine jugendliche, erfahrene Schwimmerin, die an einem schönen Sommertag mit einer Gruppe bei spiegelnd glattem Wasser gebadet hat, plötzlich und unbemerkt unter?

Auf diese und viele andere Fragen bei Todesfällen im Wasser hat der Rechtsmediziner zahlreiche Antworten parat. Die richtige Antwort jedoch kann er nur bei Kenntnis aller Ergebnisse der Ermittlungen geben. Diese Lektion hat sich mir seit jenem Fall aus dem Jahre 1972 eingeprägt.

Hans-Peter Kinzl

Institut für gerichtliche Medizin Gera

unter Mitarbeit von Hans-Jürgen Schaap

Prof. Dr. med. Hans-Peter Kinzl wurde im Jahre 1946 geboren. Nach dem Studium der Medizin erhielt er 1970 die Approbation. Kinzl promovierte zum »Dr. med.« 1973 und absolvierte die Facharztprüfung 1974. Danach war er als Assistent an der FSU Jena bis 1978 tätig. In den Jahren 1979 bis 1991 hatte Kinzl die Position des Ärztlichen Direktors im Bezirkskrankenhaus Gera inne. Ab 1980 arbeitete er in der Abteilung (später Institut) für gerichtliche Medizin Gera und promovierte im gleichen Jahr zum »Dr. sc. med«. Ab 1984 bekleidete Kinzl eine Honorardozentur und ab 1987 eine Honorarprofessur der Akademie für Ärztliche Fortbildung. Im Jahre 1987 wurde er ebenfalls zum Vorsitzenden der Zentralen Fachkommission ernannt. 1991 wurde das Institut für gerichtliche Medizin Gera privatisiert und die Ausgründung der Forschung in eine GmbH mit dem Schwerpunkt »digitale Bildanalyse« fand statt.

Hans-Peter Kinzl veröffentlichte 60 Publikationen und hielt ebenso zahlreiche Vorträge.

Überraschung bei der Feuerbestattungs-Leichenschau

Der Fall, den wir hier vorstellen, ist weniger von wissenschaftlicher Einzigartigkeit geprägt, sondern vielmehr von seiner Bedeutung als Spiegelbild der Komplexität rechtsmedizinischer Grundversorgung im Territorium mit all den täglichen Problemen, den Überraschungen, der persönlichen Verantwortung und der oft dramatischen Wendung aus einem scheinbar routinemäßigen Alltagsfall heraus. Unser Geraer Institut gehört zu den wenigen Einrichtungen, bei denen die Leichennachschau vor Kremation durch den zuständigen Amtsarzt der Rechtsmedizin übertragen worden war. Diese ist gesetzlich als so genannte zweite Leichenschau vorgeschrieben. Sie ist eine Aufgabe, die nicht nur medizinisch-fachlichen, sondern insbesondere juristischen Anforderungen genügen muss. Und so steht im Mittelpunkt dieser zweiten Leichenschau vor Feuerbestattung die Frage, ob mit dem Verstorbenen sozusagen »alles in Ordnung« ist: Wie ist es mit der Identität anhand der Begleitpapiere, der Sterbeurkunde und des Totenscheines? Handelt es sich um einen natürlichen (also nach vorausgegangener Erkrankung) oder um einen nichtnatürlichen bzw. unklaren Todesfall? Welches ist die unmittelbare Todesursache, was die zum Tode führende Grundkrankheit, gibt es nichttodeswürdige Begleiterkrankungen? Ergeben sich eventuell Widersprüche zwischen den medizinischen Befunden auf dem Totenschein und den sichtbaren äußeren Befunden am Leichnam? Weist der Leichnam (der dazu entkleidet von allen Seiten zu beschauen ist) äußere Merkmale auf, die mehr sagen oder gar auf anderes hinweisen könnten im Vergleich zu den medizinischen Befunden auf dem Totenschein? Hat er erkennbare Hautunterblutungen, Wunden, gedeckte oder offene Knochenbrüche, abnorme Beweglichkeiten in den Gelenken, Spuren von chemischen oder thermischen Einwirkungen, Strommarken, Erstickungsblutungen in den Augenbindehäuten, Strangfurchen, geformte Abdrücke, abnorme Auflagerungen, Missbildungen, Zeichen körperlicher Auszehrung, Hautabschürfungen, Einstichstellen, Narben usw.? Dank der räumlichen Nähe zwischen unserem Institut und der Kriminalpolizei gibt es seit Jahren eine sehr enge und fruchtbringende Zusammenarbeit, die dank der Art und Weise ihrer Gestaltung und der Zahl und Bedeutung der anlässlich der Krematoriumsleichenschau in den zurückliegenden Jahren aufgedeckten Fälle durchaus und ohne Übertreibung als beispielgebend genannt werden darf. Einer dieser Fälle soll hier vorgestellt werden.

Man fuhr wie fast täglich zum Krematorium, um diese so genannte zweite Leichenschau durchzuführen. Es war ein normaler Tag, und von den insgesamt 14 zu bescheinigenden Feuerbestattungen waren die ersten neun Fälle widerspruchsfrei und in sich stimmig und so mit dem Freigabe-Stempel versehen worden. Der zehnte Totenschein an diesem Tag, er betraf eine verstorbene, gut 70-jährige weibliche Person, war ordentlich ausgefüllt und enthielt alle erforderlichen Angaben. Diese waren in sich schlüssig und boten keinen Anhalt für ergänzende Klärungen. Es war vermerkt, dass es sich um einen natürlichen Tod handelt. Als unmittelbare Todesursache war eine fortgeschrittene körperliche Auszehrung (Kachexie) bei einer vorausgegangenen schweren Krebserkrankung im Bauchbereich mit Bildung von Tochtergeschwülsten (Metastasen) in anderen Organen bescheinigt worden. Beim Wegnehmen des Blumenschmukks durch den Krematoriumsangestellten zeigte sich an der linken Handgelenkseite ein einfacher sauberer weißer Verband. Dieser erfasste das linke Handgelenk und etwa das untere Drittel des linken Unterarmes. Der Verband war mehrlagig gewickelt. Ein völlig normales Erscheinungsbild, das häufig anzutreffen ist. In vielen Fällen ist die letzte Lebensphase von medizinischer Behandlung begleitet. Und das bedeutet die Verabreichung von Spritzen und Infusionen, was zwangsläufig das Bedecken der Hautwunden mit Pflaster und Binden bedeutet. Es war normal, dass die Verstorbene durch die vorangegangene Krebserkrankung Infusionen und Injektionen bekommen haben musste. Ein Rechtsmediziner darf sich jedoch auf einen solchen inneren Zusammenhang alleine, auch wenn er zwingend logisch ist, nicht verlassen. Das hieß, der Verband musste zur näheren Inspektion abgenommen werden. Nach dem Abwickeln des Verbandes, der sauber, trocken und unblutig war, kam an der linken Handgelenk-Innenseite und von da nach oben zu am Unterarm völlig überraschend eine Vielzahl von unterschiedlichen Schnittverletzungen zum Vorschein. Die erforderliche weitere Entkleidung des Leichnams wurde nunmehr mit besonderer Sorgfalt vorgenommen. Die Oberbekleidung (Bluse und Kostüm) war völlig rein ohne jegliche Auffälligkeiten. Das weiße Hemd darunter wies eine zarte rötliche Verfärbung auf, fast wie verwaschen erscheinend. An der linken Oberbauchseite lagen auf der Haut zwei saubere Mullabdeckungen. Diese selbst waren völlig unblutig. Was nach Wegnehmen der nicht anklebenden beiden Mullabdeckungen zum Vorschein kam, löste mehr als nur Erstaunen aus: Es waren einige Hautschnittverletzungen, ca. 2 cm lang, mit verklebten Wundspalten bei weißlich und vertrocknet und leicht verwölbt sich darstellenden Wundrändern. Ein solcher Leichenschaubefund lässt natürlich alle Alarmglocken läuten und ist die Grundlage für konkretes Handeln entsprechend geltendem Leichenschaugesetz und Feuerbestattungsgesetz sowie in Übereinstimmung mit der Strafprozessordnung. Das gilt um so mehr, als auf dem Totenschein keinerlei Vermerk über irgendwelche äußeren Verletzungen enthalten war. An dieser Stelle war jetzt nur noch eine Entscheidung zu treffen, nämlich die Leichenschau abzubrechen (um keine eventuell vorhandenen kriminalistisch verwertbaren Spuren zu verwischen) und die Leiche »anzuhalten«, also zur Feuerbestattung nicht freizugeben. Ab diesem Zeitpunkt ist der Leichnam in dem Zustand, wie er bei der abgebrochenen die Leichenschau war, unverändert zu belassen. Der zuständige Fachbereich der Kriminalpolizei wurde umgehend eingeschaltet. Die Beamten der Kriminalpolizei nahmen eine erste Sichtung und bildliche Dokumentation der »wundersamen« äußeren Befunde an Handgelenk und Bauch der Verstorbenen vor. Gleichzeitig war der Leichnam der Frau durch die zuständige Staatsanwaltschaft für eine Obduktion beschlagnahmt und diese noch für den gleichen Tag angeordnet worden. Die dramatische Wendung diesem ominösen Fall hatte den Zeitplan für den Rest des Tages völlig durcheinander gebracht. Erforderlich war, den Leichnam der Frau durch das beauftragte Bestattungsunternehmen vom Krematorium in den Obduktionssaal zu überführen. Die Obduktion fand dann, durchgeführt von zwei Ärzten, unter Teilnahme des zuständigen Staatsanwaltes und mehrerer Beamter der Kriminalpolizei einschließlich Kriminaltechnik für die Spurensicherung, statt. Zu einer Obduktion gehört nicht nur die eigentliche Leichenöffnung, sondern sie ist ein komplexer Vorgang und beginnt bereits mit der »pingeligen« äußeren Besichtigung und zuvor mit einer sehr genauen Untersuchung der Kleidung auf verschiedene Spuren wie Haare, Fasern, Lack- und Glassplitter, Pflanzenreste, Erdanhaftungen, Blut, Schleim, Abrieb, Abdrücke, mechanische oder thermische Einwirkungen oder sonstige Besonderheiten. Wie erstaunt waren die zur Obduktion Erschienenen und die Obduzenten selbst, dass zwar der Leichnam da war, jedoch völlig entkleidet. Der Leichnam hätte genau in dem Zustand in den Obduktionssaal verbracht werden müssen, wie er im Krematorium nach teilweiser Entkleidung bei der Leichennachschau verlassen worden war. Was war passiert? Genau das, was eigentlich verboten ist: Ein Mitarbeiter des Bestattungswesens, der mit der Überführung in den Obduktionssaal beauftragt war, hatte eigenmächtig entschieden, dass »die Kleidung ja nicht mehr gebraucht« würde. Die fehlenden Kleidungsstücke waren dann kurzfristig »nachgeliefert« worden und sind unmittelbar durch die Beamten der Kriminaltechnik »nach allen Regeln der Kunst« auf so genannte fremde Spuren untersucht worden. Die Obduktion an sich bot Erwartetes und völlig Überraschendes. Wie erwartet, bestätigte sich das vom Bauchraum ausgehende Krebsleiden als eine schon längere Zeit vorbestehende Erkrankung, die in der Zwischenzeit durch Absiedelung von Tochtergeschwülsten bereits weitere Organe befallen hatte. Dadurch waren insbesondere die Atmungs- und die Kreislauffunktion erheblich in Mitleidenschaft gezogen. So erhellte sich dann im Nachhinein, dass die Verstorbene in den letzten Wochen und bis unmittelbar vor dem Tod erheblich unter Atemnot, allgemeiner körperlicher Schwäche und starken Schmerzen gelitten hatte. Bekannt wurde dann auch noch, dass sie erst wenige Tage vor dem Todeseintritt aus dem Krankenhaus nach mehrtägiger Behandlung entlassen worden war. Es gab trotz zurückliegender Krebsbehandlung mit mehreren Zyklen von Chemotherapie keine Rettung mehr. Die Unvereinbarkeit der durch das Krebsleiden zerstörten Organfunktionen mit dem Leben war unumkehrbar geworden. Es konnte nur noch um eine erträgliche Gestaltung und würdevolle

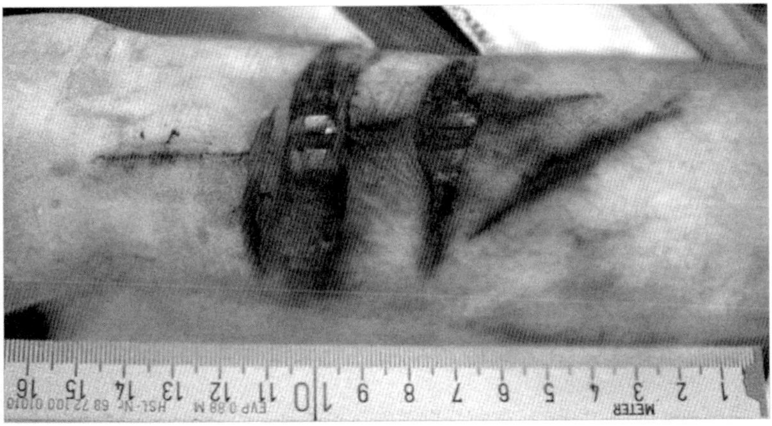

Oberflächliche Schnittwunden an linkem Handgelenk und Unterarm

Art des Lebens für den verbliebenen relativ kurzen Lebenszeitabschnitt gehen. Das Überraschende zeigte sich erst mit der schrittweisen und detaillierten Untersuchung der bei der Krematoriums-Leichennachschau festgestellten äußeren Wunden. Die Verletzungen an linker Handgelenk- und Unterarminnenseite verliefen im wahrsten Sinne des Wortes kreuz und quer. Allen diesen Verletzungen gemeinsam waren folgende zwei Merkmale: Zum einen waren sie eindeutige Schnittverletzungen, denn sie hatten feine absolut glattrandige Wundränder und scharfe spitze Wundwinkel beiderseits ohne Gewebsbrücken. Das heißt, diese Hautschnittwunden waren »ordentlich« gesetzt, und zwar mit einem sehr scharfen schneidenden Werkzeug (Sehr scharfes Messer? Rasierklinge? Rasiermesser?). Das andere Merkmal dieser Schnittverletzungen: Sie waren ausnahmslos alle nur ganz oberflächlich und ohne Schorf aus Blut oder austretender Gewebsflüssigkeit. Das bedeutet, sie spalteten nur die Haut und nicht das darunter liegende Gewebe. Keine der in diesem Bereich verlaufenden Muskelsehnen war auch nur angeritzt, keine der Bindegewebshüllen der Muskelbündel in diesem Bereich war gespalten, keine einzige Vene oder Arterie war eröffnet. Die eigentliche Überraschung bot der Fortgang der Obduktion mit Eröffnung der Brusthöhlen und der Bauchhöhle. Denn rein äußerlich war erst einmal nichts absehbar. Die Hautwunden an

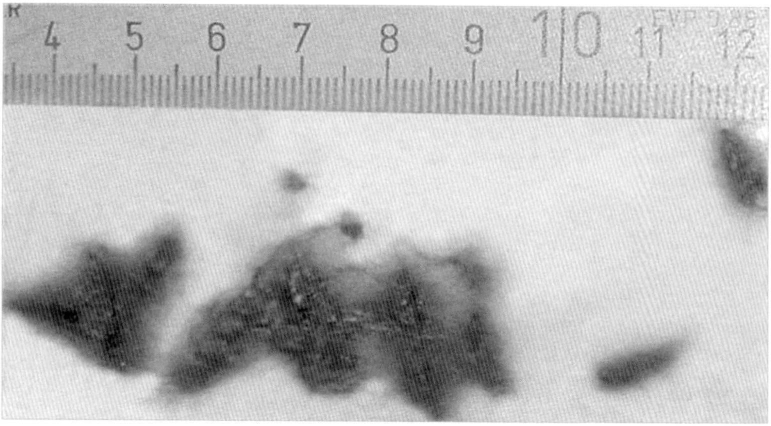

Stichwunden an linker Oberbauchseite: verklebte Wundspalten mit leicht nach außen gewölbten Wundrändern

der linken Oberbauchseite waren verklebt mit weißlichen leicht außengewölbten Wundrändern, gerade so, als ob die Wunden schon nicht mehr ganz frisch sind und anfangen, durch die Bildung von so genanntem Granulationsgewebe sich zu schließen und zu verwachsen. Aber so einfach war das nicht. Wasser ließ die Bauchwunden aufweichen, und so konnten sie jetzt näher untersucht werden. Es waren in Wirklichkeit zehn Wunden äußerlich sichtbar, von denen sechs die Bauchwand in ganzer Tiefe durchtrennten und bis in den freien Bauchraum eindrangen. Aus Brust- und Bauchraum mussten anderthalb Liter freies Blut abgeschöpft werden. Auf einmal war aus einem dokumentierten natürlichen Tod (Totenschein) ein eindeutiger nichtnatürlicher Tod mit einer definierten Todesursache (inneres Verbluten) geworden. Diese überraschende Wende und ihr Erstaunen darüber konnten nicht nur die beiden Obduzenten und der Sektionsassistent, sondern auch der anwesende Staatsanwalt und die Beamten der Kriminalpolizei kaum verbergen. Denn so etwas kommt selten vor und kann schon ein ziemlich dickes Ei genannt werden. Es zeigte sich dann noch, dass sogar der Magen eine Stichverletzung aufwies und dass darüber hinaus ein einzelner Stich durch das linke Zwerchfell bis in die linke Brusthöhle durchstieß und dort eine tiefe Verletzung an der Lunge setzte. Damit war die Sensation perfekt. Die Bauchverletzungen waren zehn eindeutige Stichverletzungen durch ein scharfrandiges schneidendes Werkzeug. Sie führten zum inneren Verbluten.

Zu jeder Obduktion gehört, durch so genannte nachfolgende Untersuchungen die Diagnosen zu bestätigen oder zu erweitern. Dazu zählen feingewebliche mikroskopische Untersuchungen an einbehaltenen Gewebestückchen von Organen sowie eine breit angelegte toxikologisch-chemische Analyse von Blut und Urin auf mögliche Vergiftungen und den Nachweis von Medikamentenwirkstoffen.

Mit der Durchführung der Obduktion und der damit verbundenen Befunderhebung und Befunddokumentation ist die Arbeit des Obduzenten noch nicht beendet. Jetzt wird er zum Gutachter und muss die Ergebnisse zusammenführen, damit er in seinem Gutachten zu einer schlüssigen und erschütterungsfreien eindeutigen Aussage über die Todesursache, die Todeszeit und die Todesumstände in ihrem Kausalzusammenhang zwischen Ereignis und Tod kommt. Dieser Teil der Arbeit ist oft weit aufwendiger als es scheint. Dazu bedarf es einer sehr engen und ganz unmittelbaren Zusammenarbeit mit der Kriminalpolizei bereits in den Anfangsstadien der rechtsmedizinischen Befunderhebung und Befundbewertung. Von der Eindeutigkeit des Obduktionsgutachtens hängen die weiteren Ermittlungen der Kriminalpolizei ab. In dem hier geschilderten ominösen Fall ergaben sich nach der Obduktion mehr Fragen als Antworten.

Alleine die Auseinandersetzung mit den Schnittverletzungen an der Innenseite von Handgelenk und Unterarm links warf einen ganzen Fragenkomplex auf: Wie also sind diese Verletzungen entstanden? Hat sich die krebskranke schmerzgeplagte Leidensperson diese selbst beigebracht oder überhaupt auf Grund der körperlichen Verfassung beibringen können? Eigentlich sehen diese Schnittverletzungen aus wie Probierschnitte vor einem Selbsttötungsversuch mit beabsichtigtem Pulsaderschnitt. Eine erste Einlassung der hinterbliebenen Angehörigen war, dass die Frau um ein Messer gebeten haben soll, um sich durch Pulsaderschnitt selbst zu töten. Aber wie kann sie daran verbluten, wenn kein einziges Blutgefäß (außer den Blutkapillaren in der Haut bei deren Durchtrennung) eröffnet ist? Die Lösung für das »Verbluten« war das tödliche innere Verbluten durch mehrfache Stiche in den Bauchraum mit Durchtrennung des Zwerchfells und Verletzung der Lunge. Aber sofort tauchte eine Vielzahl neuer Fragen auf. Konnte sich die krebskranke Person derartig viele schwere und tiefdringende tödliche Verletzungen selbst zufügen? War sie seelisch und körperlich überhaupt dazu in der Lage, konnte sie die Kraft aufbringen, mehrfach durch Bauchwand, Bauchraum, Zwerchfell bis in die Brusthöhle zu stechen? Natürlich sind schon Einzelfälle bekannt, wo sich jemand aus Selbsttötungsabsicht mit eigener Hand innere Organe aufgeschlitzt hat. Aber wie war es konkret in diesem Fall? Hier haben wir es mit einer sehr schweren vorbestehenden Erkrankung zu tun. Welche Wertigkeit hat diese Vorerkrankung für den Todeseintritt? Da sie als natürliche Todesursache ausscheidet, bleibt die Frage, welche Rolle sie bei der Auslösung der unmittelbaren Todesumstände gespielt hat. Und hier ist es die Aufgabe des Rechtsmediziners, umfassend und komplex alle Lebensumstände unmittelbar vor dem Todeseintritt zu eruieren und im Gesamtzusammenhang zu bewerten. Deshalb mussten auf Anregung der Rechtsmedizin über die Staatsanwaltschaft und Gerichtsbeschluss die Behandlungs- und Pflegedokumentationen des Krankenhauses, des Hausarztes, der Notarzt-Einsatzzentrale und des Pflegedienstes zur Auswertung herangezogen werden. Erst drei Tage vor Todeseintritt war die krebskranke Frau aus dem Krankenhaus entlassen worden. Der stationäre Aufenthalt war erforderlich, weil insbesondere Kreislauf- und Atmungsfunktionen auf Grund der Schwere des organischen Leidens stabilisiert werden mussten. Laut Krankenakte ist im Detail nicht nachvollziehbar, in welcher geistigen und körperlichen Verfassung sich die Patientin bei Entlassung und Verlegung nach Hause befunden hat. Auch die Dokumentation des Hausarztes und die des Notarztes geben zu dieser wichtigen Frage keine Auskunft. Selbst die Pflegedokumentation des häuslichen Pflegedienstes ist mangelhaft. Erst eine mündliche Schilderung der Umstände und Bedingungen der pflegerischen Betreuung der krebskranken Frau durch eine der Schwestern der Hauskrankenpflege erhellte den Umstand, dass sie kurz vor dem Tode physisch bereits soweit geschwächt war, dass sie gerade noch in der Lage war, den Löffel zum Mund zu führen oder die Fernbedienung des Fernsehgerätes zu betätigen. Trotz geistiger Präsenz wurde der Körper immer schwächer und wollte nicht mehr so richtig gehorchen. Die körperlichen Kräfte ließen so weit nach, dass jede Bewegung Schweiß auslöste und von Atemnot begleitet war. Die zwischenzeitlich erfolgte toxikologisch-chemische Analyse von Blut und Urin erbrachte keinen Hinweis auf eine Vergiftung. Lediglich die laut Verordnungsblatt dokumentierten Arzneimittel konnten in mehr oder weniger ausgeprägten Wirkspiegelbereichen nachgewiesen werden. Jedoch hatte sich auch herausgestellt, dass einer der medikamentösen Wirkstoffe einen Konzentrationsbereich im Blut aufwies, der davon spricht, dass die Frau sehr stark gedämpft war und deshalb in ihrer physischen und psychischen Leistungsfähigkeit zusätzlich zur Erkrankung hochgradig eingeschränkt gewesen sein muss. So bleibt letztendlich nur eine Schlussfolgerung: Selbsttötung kann es nicht gewesen sein, denn eine solche ist auf Grund der konkreten körperlichen Verfassung unmittelbar in den letzten Stunden vor dem Todeseintritt ausgeschlossen. Also können die tödlichen Bauchstichverletzungen, die zum inneren Verbluten der krebskranken Frau geführt hatten, nur durch fremde Hand beigebracht worden sein. Aber damit ist die Frage noch nicht beantwortet, wie die oberflächlichen Schnittverletzungen an Handgelenk und Unterarm entstanden sind und wozu sie überhaupt da sind. An dieser Stelle verlagert sich der Schwerpunkt für die Aufklärung dieses Falles auf die weitere Ermittlungsarbeit der Kriminalpolizei.

Da es sich keinesfalls um eine Selbstbeibringung der tödlichen Stichverletzungen handelt, steht der Vorwurf einer Tötung durch eine andere Person im Raum. Dabei sind die Umstände und das Motiv Gegenstand der polizeilichen Ermittlungen: War es Mord, zum Beispiel wegen einer Erbschaft? War es Tötung auf Verlangen der krebskranken Frau? War die Tötung die Verzweiflungstat eines nahen Angehörigen? Oder war es eine andere Person? Es stand fest, dass es zwei kritische Momente in der Umgebung der Verstorbenen gab. Da war einmal der etwa 80-jährige Ehemann, der mit der Situation der häuslichen Pflege und Sterbebegleitung möglicherweise völlig überfordert war, der auf Grund eigener körperlicher Gebrechen nicht mehr in der Lage war, die Kranke allein zu versorgen, und dann nach über 50-jähriger Ehe seine Frau so leiden sehen musste. Aber auch die psychische Belastung durch ein bei Krebskranken oft zu beobachtendes Phänomen kann auftreten, nämlich die Unleidlichkeit der Patienten. Zum anderen war da der Bereitschaftsarzt, der an das Sterbebett der krebskranken Frau gerufen wurde und für den es reine Routine war: Eine lange vorbestehende Krebserkrankung, mehrere Chemotherapien, Entlassung aus dem Krankenhaus wenige Tage vor Todeseintritt, Merkmale des chronischen Leidens und der körperlichen Auszehrung. Dazu ein Verband am linken Handgelenk und Mullabdeckung an der Bauchseite. Das sind keine ungewöhnlichen Bilder für einen chronisch Schwerkranken, erhält er doch wiederholt Infusionen und Injektionen, und das an unterschiedlichen Körperregionen. Als der Arzt bei der Leichenschau am Sterbebett die Schnittverletzungen bemerkte, fragte er zwar danach, nahm aber die vom Ehemann gegebene Erklärung, es handele sich um einen früheren Selbsttötungsversuch, ohne weitere Untersuchung zur Kenntnis. Es passte auf den ersten Blick durchaus: Kein Blut war zu sehen und die Bauchverletzungen schienen nur oberflächlich und auch nicht mehr frisch – wie mit Granulationsgewebe versehen. Der bürokratische Aufwand bei einem nichtnatürlichen Todesfall ist im Vergleich zu diesem für ihn so eindeutigen Fall wesentlich größer. So blieb der Bereitschaftsarzt bei seiner auf dem Totenschein dokumentierten Version eines krebsbedingten natürlichen Todes. Dabei hat der Arzt in dieser Situation wider die Gesetze gehandelt. Es war eine eigenmächtige Entscheidung des Arztes und für ihn der bequemste Weg in einem vermeintlichen Routinefall.

Die nachfolgenden kriminalpolizeilichen Ermittlungen konnten recht schnell ein Tötungsverbrechen aus materiellen Motiven ausschließen. Auch schied die Möglichkeit einer Beteiligung bisher unbekannter dritter Personen aus. Für die Kriminalpolizei war das mögliche Tatmotiv inzwischen auf eine Tötung auf Verlangen bzw. die Verzweiflungstat eines überforderten Angehörigen eingeengt. Im Zuge der weiteren Detailarbeit kristallisierte sich immer mehr die Tötung durch den Ehemann auf Verlangen seiner hilflos leidenden Frau als die primäre Version heraus. Es war das totale Versagen von Krankenhaus, Notarzt, Hausarzt und Pflegedienst, die allesamt nicht in der Lage waren, die Schmerzen der Frau erträglich zu machen. So wurde mittelbar begünstigt, dass sich der überforderte Ehemann diesen Ausweg suchte. Die rechtsmedizinischen Feststellungen über die Entstehung der tödlichen Bauchstichverletzungen stehen nicht im Widerspruch zum Ergebnis der Ermittlungen. Die Schnittverletzungen am linken Handgelenk und Unterarm waren vom Ehemann gesetzt worden, um eine Selbsttötung vorzutäuschen.

Im Nachhinein stellen sich hier grundsätzliche Fragen: Hat dieses Tötungsverbrechen wirklich sein müssen? Wäre es unter anderen Voraussetzungen und Umständen auch dazu gekommen? Dieser Fall berührt ganz unmittelbar die Fragen der Qualität der medizinischen Versorgung unter den gegenwärtigen Reformzwängen in den Bereichen der stationären Patientenversorgung, der hausärztlichen Versorgung, der Hauskrankenpflege und des ärztlichen Not- und Bereitschaftsdienstes, aber auch die Betreuungsleistungen der Familienangehörigen im Umfeld der Pflegebedürftigen.

Schmerztherapie in der Klinik – Wer garantiert die Würde der Schwer- und Schwerstkranken, der dem Tode Geweihten und der Sterbenden für ein würdevolles Leben in ihrem verbliebenen Lebensabschnitt, insbesondere auch durch eine tatsächliche Schmerzausschaltung?

Ärztliche ambulante Nachsorge und pflegerische häusliche Betreuung – Welche Möglichkeiten hat eigentlich ein niedergelassener Arzt und Hausarzt in Bezug auf Schmerzfreiheit, Sterbebegleitung und Beratung der nächsten Angehörigen? Wie kann sich der häusliche Krankenpflegedienst, der nur nach finanzgebundenen Taktzeiten arbeiten kann, auch echter inhaltlicher (Schmerzen, Depressionen, familiäre Spannungen) Fragen annehmen?

Überforderung der Angehörigen – Wie kann man Angehörigen den Umgang mit Schwerstkranken und Sterbenden im Familienverbund und im häuslichen Milieu nahe bringen, damit sie nicht durch Überforderung in derartige Extremsituationen geraten?

Mängel in der ärztlichen Leichenschau bei Feststellung der Todesursache – Wie schult man niedergelassene Ärzte, die als Hausarzt oder Bereitschaftsarzt von Angehörigen gerufen werden, den Tod feststellen, die Todesursache ermitteln und den Totenschein ausstellen müssen, damit sie in der Lage sind, auch unklare oder nichtnatürliche Todesfälle zu erkennen oder zumindest aus von Zweifeln getragener Gewissenhaftigkeit gründlicher untersuchen und die Ergebnisse den Ermittlungsorganen anzeigen?

Der hier beschriebene Fall, der eine betagte und pflegebedürftige Person betrifft, gibt in deutlicher Weise einen Ausblick auf das, was sich gegenwärtig gesellschaftlich vollzieht bzw. uns künftig erwartet. Der Zustand, dass die Gesellschaft immer älter wird, ist zur Zeit nur durch einen zufälligen Blick in die Rentenkasse zu bemerken. Leider lässt sich momentan noch keine durchgängige Thematisierung dieser Entwicklung erkennen. Die Problemstellung erfasst nicht nur den finanziellen Aspekt, sondern vor allem auch den sozialen: Wie geht man mit immer mehr Menschen um, die nicht nur nicht mehr im Arbeitsprozess stehen, sondern die in ihrer Lebensbewältigung auf die Hilfe anderer Menschen angewiesen sind? Davon ist inzwischen auch das Gemeinwesen insgesamt betroffen. Es tut sich ein Spannungsfeld auf, das von der Möglichkeit, mit der Versorgung dieses Personenkreises Geld zu verdienen, bis zu dem Punkt reicht, dass die Umstände der mit der häuslichen Pflege Befassten diese Personen in ihrer eigenen Lebensqualität erheblich einschränken. Ein weiterer nicht zu unterschätzender Aspekt: Pflegebedürftige beziehen Rente, haben möglicherweise Ersparnisse oder die Ersparnisse drohen durch den notwendigen Pflegeaufwand so abzuschmelzen, dass der Erbe von der Erbschaft nichts mehr haben wird. Es muss sich aus diesen Umständen zwangsläufig das Gedankenspiel ableiten, dass pflegebedürftige Ältere aus mancherlei Gründen künftig zunehmend in die Situation geraten können, Opfer einer bewussten Tötung oder wenigstens einer am Ende eines möglicherweise langen Leidens auch zum Tode führenden Vernachlässigung zu werden. Auch Fälle möglicher »Sterbehilfe« dürften viel mehr in das Gespräch kommen. Auf diese Entwicklung müssen wir uns heute schon einstellen, die Justizbehörden, die Kriminalpolizei, die Rechtsmedizin. Was wäre gewesen, wenn es im beschriebenen Fall statt zu einer Feuerbestattung zu einer Erdbestattung gekommen wäre? Die Getötete hätte dann ihr Schicksal als ihr Geheimnis mit ins Grab genommen. Es hätte keine Erkenntnis darüber gegeben, welches Leid ihr zu Lebzeiten widerfahren ist. Es wäre ihr Geheimnis geblieben, welche Unzulänglichkeiten nach wie vor in der stationären Krankenbetreuung bestehen, wie sich dies in der hausärztlichen Betreuung fortsetzt, wie der Pflegedienst im häuslichen Bereich nur das Notwendigste verrichten kann, wie der herbeigerufene Leichenschauarzt die deutlichen Verletzungen am Körper der Toten einfach nicht sehen will bzw. übersieht, wie Angehörige – ohne jegliche Instruierung und Begleitung – völlig auf sich alleine gestellt mit der Pflege eines schmerzgeplagten krebskranken leidenden und dem Tode geweihten nächsten Angehörigen rundweg überfordert sind.

Die Rechtsmedizin ist unverzichtbar für ein modernes Staatswesen, die Gesellschaft und das Gemeinwohl der Bürger. Das sollte erst recht gelten in Zeiten der zunehmenden Globalisierung, der fallenden Grenzen, des ungehinderten Transfers von Waren und Dienstleistungen sowie des unbeschränkten Reiseverkehrs, aber besonders auch in den Zeiten zunehmender Verletzung von Sitten und Aufhebung gesellschaftlicher Normen, des Verlustes an Traditionen, bewahrenswerten jahrhundertealten kulturellen, religiösen, sprachlichen und regionalen Errungenschaften, und auch in Zeiten dramatischer Überalterung der Gesellschaft durch die demographische Entwicklung. Ohne gesetzliche Regelungen und gesellschaftliche Normen sowie Traditionen, bürgerliche Sitten und das Streben nach Idealen wird es auch künftig nicht gehen. Die Würde des Menschen ist unantastbar, so steht es im Artikel 1 des Grundgesetzes der Bundesrepublik Deutschland. Diese Würde wirkt auch über den Tod des Individuums fort. Also müssen vor Todeseintritt gemachte Fehler und Unregelmäßigkeiten aufgedeckt werden, um die Rechte des Betreffenden zu sichern. Die Leichennachschau ist zugegebenermaßen ein sehr später Eingriff. Unterbleibt sie aber, so ist eine Möglichkeit der Verbrechensaufklärung verschenkt. Die Zuverlässigkeit schlüssigen Handelns von Ärzten und Behörden ab Todeseintritt ist unteilbare Voraussetzung gesellschaftlicher Verantwortung. Unser beschriebener Fall zeigt beispielhaft, dass die Betroffene selbst nicht mehr in der Lage war, ihre Rechte wahrzunehmen. Also muss sie sich darauf verlassen können, dass dies funktioniert und gesellschaftliche Normen und staatliche Regularien die Wahrung ihrer Interessen garantieren.

Eberhard Lignitz

Institut für Rechtsmedizin Greifswald

Prof. Dr. med. Eberhard Lignitz wurde am 8.6.1940 in Leipzig geboren. Nach dem Schulbesuch in Eilenburg/Sachsen-Anhalt studierte er Medizin an der Martin-Luther-Universität in Halle und der Humboldt-Universität Berlin von 1958 bis 1964. Seine Pflichtassistenz absolvierte Lignitz in den Fächern Chirurgie und Innere Medizin im Krankenhaus Eberswalde (jetzt Werner-Forßmann-Krankenhaus) und poliklinisch im Betriebsgesundheitswesen Eberswalde. Die Facharztausbildung für pathologische Anatomie, inklusive halbjähriger Hospitation am Institut für gerichtliche Medizin der Charité und vierteljährlicher Ausbildung in Mikrobiologie, fand im Pathologischen Institut des Krankenhauses im Friedrichshain Berlin statt. Lignitz promovierte 1967 und war ab 1971 am Institut für gerichtliche Medizin der Charité tätig, wo ebenfalls Facharztqualifikation und Habilitation erfolgten. Im Jahre 1990 wurde er zum Hochschuldozenten ernannt und vertrat die Professur an der Universität Essen. Ab 1991 war er C3-Professor für Rechtsmedizin und Direktor am Institut für Rechtsmedizin an der Universität Essen. Seit 1993 vertritt Eberhard Lignitz eine C4-Professur für Rechtsmedizin und das Amt des Direktors des Institutes für Rechtsmedizin an der Ernst-Moritz-Arndt-Universität in Greifswald.

Zwischen Ost und West – die Transitleiche

Die Ablage von Mordopfern jenseits von Landesgrenzen ist seit Jahrzehnten bekannt und bis in die Gegenwart immer wieder vorgekommen. Sie dient vor allem einer erschwerten Aufklärung von Tötungsverbrechen. Die defensive Leichenzerstückelung verfolgt dieses Ziel mit anderen Mitteln ebenso. Sie ist eine typische, der eigentlichen Tat nachgestellte Handlung von Tätern, denen jedes Mittel recht ist, ihre Täterschaft zu verschleiern. Wenn der Gewaltdurchbruch einmal erfolgt ist und zur Tötung geführt hat, dann gibt es praktisch keine vernünftigen Bremsen mehr. Es scheint so zu sein, dass der Täter sogar einen gewissen Vorsprung vor den Bemühungen der Polizei hat, eine Tat aufzuklären, weil er keine Rücksichtnahme mehr kennt. Und wenn der Täter nur einigermaßen begabt ist, reagiert er sogar »angemessen« auf die besonderen Umstände seines Falles, auf die Besonderheiten, die sein Opfer kennzeichnen und auf die es zu reagieren gilt. An der Handschrift einer Zerstückelung kann man durchaus ablesen, welches Ziel angestrebt wird. Das Unkenntlichmachen des Opfers durch Zerstörung charakterisierender körperlicher Merkmale, etwa der Gesichtszüge oder der Finger, soll die Identifizierung des Opfers erschweren. Die Herauslösung von Geschlechtsorganen aus weiblichen Leichen soll vor allem den Spermanachweis nach Sexualdelikten erschweren, der im DNA-Zeitalter praktisch unvermeidlich zum Täter führt. Die Abtrennung von Geschlechtsmerkmalen von der Leiche kann auch sadistische Motive haben. Die bloße Zergliederung eines Körpers in viele Teile erleichtert den Abtransport des Opfers aus seiner Umgebung oder vom Tatort. Gelegentlich werden die Verdeckungsmethoden kombiniert wie in diesem Falle.

Am späten Nachmittag eines Sonnabends im November 1984 klingelte das Telefon beim diensthabenden Arzt des Gerichtsmedizinischen Institutes und es wurde ein Leichenfund gemeldet. Es gehört zur Tätigkeit in gerichtsmedizinischen Einrichtungen, dass ein Bereitschaftsdienst für Fälle besonderer Dringlichkeit vorgehalten wird. Das ist ein Teil des Berufsbildes eines Gerichtsarztes. Alle, die diesen Dienst benutzen, lieben ihn sehr, denn er ist meist kostenlos zu haben. Polizeiarzt ist der Gerichtsmediziner nicht, was seiner Selbständigkeit und Unabhängigkeit dient. Er müsste eigentlich wenigstens gebeten werden, am Tat- oder Fundort zu erscheinen, was meist wegen des Gewöhnungseffektes an seine permanente Bereitschaft gerne vergessen wird, ebenso wie der Dank nach vielen Stunden Arbeit. Auch die Universität hat verständlicherweise kein Interesse daran, eine Dienstbereitschaft für andere Dienststellen zu finanzieren. Da sich Verbrecher und kriminelle Taten nicht an Dienstzeiten halten, ist die Freizeit des Gerichtsarztes sein Beitrag zur Verbrechensaufklärung. Wer das eine will, muss das andere mögen, wer als Gerichtsmediziner arbeiten möchte, darf nicht in die Freizeit verliebt sein.

Die besondere Spannung eines gerichtsmedizinischen Falles, einer komplizierten Tötung, bezieht der Gerichtsmediziner weniger aus der Untersuchung, die viel konzentrierte Arbeit erfordert und Fleißaufgabe ist. Natürlich möchte er auch, dass der Fall geklärt, das Opfer erkannt und der Täter überführt wird. Die eigentliche Spannung erzeugt seine Vorhersage über die vermutliche Tatzeit, die Person des Opfers, die Begehung der Tat, die mögliche Motivation, die Person des Täters, über das Mordwerkzeug, ob sie sich wohl alle an der später ermittelten Realität messen lassen. Es sind die bekannten Fragen der Kriminologie nach dem Wer? Wann? Wie? Wo? Warum? Womit?, die ihn bewegen. Es erzeugt Zufriedenheit, wenn die Prognosen bestätigt werden. Es enttäuscht, wenn es einmal nicht so ist. Und es verärgert, wenn die Anregungen des Gerichtsarztes in der nachfolgenden Ermittlungsarbeit unbeachtet oder, was auch vorkommen kann, unverstanden bleiben.

Die Aufforderung zum Fundort zu kommen, erging nun in diesem Falle überraschenderweise aber nicht. Das war ungewöhnlich, denn das persönliche Erscheinen am Tat- oder Fundort ist üblich und die eigene Inaugenscheinnahme einer Leiche hat durchaus Vorteile, bietet doch der erste eigene Eindruck wesentlich bessere Voraussetzungen für die Einschätzung einer möglichen Tathandlung, als es der oft unbeholfene Bericht eines normalen Polizisten kann, noch dazu wenn er nur schriftlich und in manchmal sehr eigenwilliger

Orthographie geschrieben vorliegt. Im Zeitalter des Profiling, also der virtuellen Vorhersage über die Persönlichkeit und Eigenheiten des Täters, ist der persönliche Eindruck die beste Grundlage für Prognosen.

Der Diensthabende erfuhr, dass der Leichenfund schon lange zurück lag und viele Stunden seit der Fundmeldung vergangen waren. Das war erst recht ungewöhnlich. Entweder war der Fall »sonnenklar« oder er barg andere Besonderheiten in sich, dass auf den Gerichtsarzt am Fund- oder Tatort verzichtet werden konnte. Die Umstände verlangten inzwischen aber eine sofortige Untersuchung. Also Sportschau ade, sie wurde ersetzt durch Spannung anderer Art. In den frühen Abendstunden begann dann die Arbeit, die über zwölf Stunden dauern sollte. Bis zur Aufklärung des Falles vergingen allerdings viele Monate. Das Team der Gerichtsmedizin versammelte sich, aus vielen Stadtteilen Berlins kommend, allmählich im Sektionssaal: zwei Ärzte, ein Gehilfe und eine Sekretärin. Alsbald wimmelte es von hohen und höchsten Ermittlungsführern, Kriminaltechnikern, Fotografen. Und auch die Leiche wurde gebracht, aber nicht im Sarg, sondern in mehreren Säcken verpackt und bereits für spurenkundliche Untersuchungen vorbildlich gesichert.

Gegen 9.00 Uhr vormittags waren an einem Parkplatz der in Richtung Marienborn führenden Autobahn ein großes Paket und mehrere blaue Plastikmüllsäcke mit Inhalt gefunden worden. Allein die Müllsäcke identifizierten die Fundsache als »Westimport«. Die Besatzung eines Streifenfahrzeuges der Volkspolizei hatte die im Gras des Randstreifens abgeworfenen Gegenstände entdeckt. Es war ziemlich schnell klar, dass sie sich um 6.30 Uhr bei der letzten Kontrollfahrt noch nicht da befunden hatten. Autobahnen in Richtung West wurden nämlich intensiver »bestreift« als andere Straßen. Einer der Säcke hatte sich geöffnet und es wurden Leichenteile sichtbar.

Die Autobahn führte von Berlin nach Westen und war eine so genannte Transitstrecke. Trotz der politischen Kälte der 70er und 80er Jahre zwischen den Regierenden in West- und Ostdeutschland bedurfte die Verkehrsanbindung von Berlin-West an die Bundesrepublik einer staatlichen Regelung. Am 19.9.1971 wurde als eine Folge des Viermächteabkommens vom 3.9.1971 auf der Ebene von

Staatssekretären ein Abkommen geschlossen, das den Personen- und Güterverkehr regelte, schneller und einfacher machte. Das Abkommen hatte einige unbeabsichtigte Nebenaspekte, denn es ergaben sich neue Möglichkeiten des illegalen Verlassens der DDR, die auf der einen Seite als Fluchthilfe und auf der anderen als verbrecherischer Menschenhandel bezeichnet wurden. Bis zum 13.8.1961 hatten ca. drei Millionen Menschen die DDR verlassen. Danach waren es bis 1986/87 etwa 30 000 Menschern, die meisten davon allerdings gingen 1961/62, als die Grenzen noch nicht perfekt gesichert waren. Inzwischen waren nicht nur die Grenzen bestens bewacht, sondern auch die Transitstrecken. Zahlreiche Fluchtversuche wurden vorzeitig entdeckt, später, nach Unterwanderung der Fluchthilfeorganisationen, die auf der anderen Seite Menschenhändlerbanden hießen, wurden sie auch vorzeitig bekannt, was zu zahlreichen Festnahmen und Prozessen mit hohen Haftstrafen führte und sich zu einer neuen Deviseneinnahmequelle für das ärmere Deutschland entwickelte: den Freikauf von Häftlingen. Etwa 150 Schleusungen waren zwischen 1976 und 1981 gelungen, ca. 250 aber verhindert worden. Der Anklagepunkt lautete immer: Versuchte Republikflucht. Unter der Hand tuschelte man folgendes Wortspiel: statt versuchter Republikflucht – verfluchte Republiksucht. Der »delikate« Leichenfundort an der Transitstrecke hatte zur Folge, dass keine örtliche Mordkommission, sondern die außerordentlich erfahrene und qualifizierte der Staatssicherheit vor Ort war und die Untersuchung übernahm.

Zunächst einmal wurde das Paket mit einem Metalldetektor abgesucht, man weiß ja nie … und heute in der Zeit des Terrorismus ist das aller Orten üblich. Diesbezüglich bestand keine Gefahr und die eigentliche Arbeit konnte beginnen. Der große und schwere Karton mit den Abmessungen 67 x 41 x 35 cm wies bereits eine Besonderheit auf. Beide Seiten waren mit einem 4 cm breiten Klebebandstreifen von grau-brauner Farbe verschlossen. Die eine Seite mehr oder weniger regellos, die andere aber wirkte wie schachbrettartig geflochten, d. h. die Klebestreifen, die im Übrigen recht faltenarm über und unter einander abwechseln geführt und am freien Ende mit einer umlaufenden Klebestreifentour umfasst waren, konnten beim besten Willen nicht nur von zwei geschickten Händen angebracht worden sein, sondern es ließ sich auf die Mitwirkung mehrerer, wenigsten zweier Personen schließen. In dem Karton befand sich in zahlreiche Plastiksäcke eingehüllt der Rumpf einer männlichen Leiche. Es war unschwer zu erraten, dass sich in den anderen Paketen der Rest der Leiche befinden würde, aber die Spannung war groß, ob es wohl bei einer Leiche bleiben und ob sie vollständig sein würde. So etwas hatte es schon gegeben, dass z. B. der Kopf der Leiche fehlte, um die Wiedererkennung zu verzögern. Wie bei Tötungsdelikten üblich, wurden alle Sicherungsmaßnahmen möglicher Spuren durchgeführt. Auch das ist ein Arbeitsprozess, der viel Zeit in Anspruch nimmt, auch bei bestens geschulten Ermittlungsexperten. Die Körpertemperatur wurde gemessen und betrug 12,8° C, war also der Umgebungstemperatur angeglichen und für die Todeszeitbestimmung kaum mehr hilfreich. Bereits beim ersten Augenschein war festzustellen, dass die Gliedmaßen teils »anatomiegerecht« aus den Gelenken herausgelöst waren, teils »laienhaft« unter Zerstörung von Gelenkflächen abgetrennt wurden. Auch der Halswirbel an der Trennstelle des Kopfes vom Rumpf war zerstört und offensichtlich durchgehackt worden.

Es hat immer wieder Überlegungen gegeben, ob man wohl aus der Art der Zerstückelung einer menschlichen Leiche ableiten könne, dass der Täter Kenntnisse der Anatomie gehabt hat und möglicherweise einem medizinischen Beruf zugeordnet werden kann, etwa Arzt, Medizinstudent, Krankenpfleger sei, oder einen anderen Berufen wie Jäger, Fleischer usw. haben könnte. Die Erfahrungen damit waren so unterschiedlich wie das Leben. Teilweise bestätigte sich der Verdacht, teilweise nicht und zwar in beiden Richtungen. Es hat Zerstückelungen gegeben, in denen Täter mit anatomischen Kenntnissen »laienhaft« zerstückelt haben und andere ohne entsprechende Vorkenntnisse haben es ohne Knochen- und Gelenkbeschädigungen geschafft. Also kann man die Befunde nicht in die eine oder andere Richtung überinterpretieren.

In den drei anderen Paketen, immer wieder eingehüllt in eine große Zahl von Plastikmüllsäcken, über welche der oder die Täter in großer Menge verfügt haben mussten, befanden sich Kopf und Arme sowie je ein Bein, dazu in einem der Pakete die Kleidungsstücke eines Mannes aus deutscher Herstellung: Socken, Hose und Hemd, ein langärmeliges Oberhemd mit Streifenmuster und Manschettenknöpfen von C&A. Die Hose (Länge 120,5 cm, Bundweite 94 cm) mit Ledergürtel, Firmenbezeichnung ebenfalls C&A, war mit zahlreichen gröberen Blutgerinnseln bedeckt. In der aufgesetzten Brusttasche des Hemdes befanden sich blutig verklebte Münzen der bundesdeutschen Währung (»Westmark«); außerdem ein ebenfalls blutverklebter gefalteter Zettel mit deutschen (lateinischen) Schriftzügen, teilweise in Druckbuchstaben geschrieben, außerdem waren Schriftzeichen einer fremden Sprache erkennbar, deren Herkunft nicht sogleich festzustellen war. Einige der Knöpfe der Verschlussleiste des Hemdes waren ausgerissen und fehlten.

Das linke Bein war im Kniegelenk gebeugt, aber leicht zu strecken, die Totenstarre bestand also nicht mehr. Im rechten Bein dagegen waren Reste von Totenstarre vorhanden. Die Totenflecke waren von normaler Farbe, aber nur in mäßiger Intensität ausgeprägt. Die Arme waren muskelkräftig. Der Kopf schließlich befand sich in einem hellen Einkaufsbeutel mit Henkeln. Die Haare waren dunkelbraun-schwarz, an den Schläfen grau meliert und an den Stirnecken zurückgezogen, und sie waren blutig. Dunkle Bartstoppeln von fast 3 mm Länge, heute als »Dreitagebart« modisch getragen, bedeckten Teile des Gesichtes. Die Gesichtszüge des Toten empfanden die keineswegs weltläufigen Untersucher als die eines südlichen Menschentyps. Dabei waren die Lippen fleischig, die Nase lang und gerade, die Hinterkopfwölbung fiel nur flach aus. An der linken Schläfenseite befanden sich mehrere Verletzungen. Das ganze äußere Erscheinungsbild sprach dafür, dass der Tote aus einem Gebiet dieser Welt stammte, das auf der Achse Türkei, Iran, Afghanistan liegt, was auch ein beigezogener Anthropologe bestätigte.

Zunächst einmal konnte man als Zwischenresultat feststellen, dass die Leichenteile alle einem muskulösen Mann von athletischem Körperbautyp mit einer Größe von ca. 183 cm und einem Gewicht von ca. 81 kg zugeordnet werden konnten und dass alle Leichenteile frisch waren. Das erleichtert die Arbeit wesentlich. Aber schon bemerkte man auch die Besonderheiten: Die Zähne waren stark abgeschliffen, im Wesentlichen gesund, kaum behandelt und bräunlich belegt. Häufiger Tee- oder auch Kaffeegenuss kam in

Betracht, nicht jedoch Nikotin, denn die Fingerkuppen waren nicht verfärbt. Die Schneidezähne waren in einem engen Bogen angeordnet, das Zahnfleisch war auffällig zurückgezogen, es bestand eine Parodontose genannte Zahnfleischerkrankung. Auf Grund der körperlichen Beschaffenheit und des Gebissbefundes wurde das Lebensalter des Toten auf 25 bis 35 Jahre geschätzt. Insgesamt eigneten sich die Befunde des Gebisses bei Vorlage von Behandlungsunterlagen hervorragend für eine Identifizierung. Die Füße waren unterschiedlich lang und differierten um 0,5 cm. Am Glied fanden sich zwei gröbere Hautporen, die sich als künstlich angelegte Hautschlaufen darstellten, deren Zweck zunächst nicht deutlich wurde. Die Vorhaut war beschnitten. Es waren keinerlei Impfnarben vorhanden, auch keine Injektionsstellen. Auch fanden sich an den Fingern verschiedentlich kleine Hautnarben, die offensichtlich von alten Schnittverletzungen herrührten. Die Zehen überlagerten einander teilweise dachziegelartig. Auch an den Füßen waren Narben vorhanden. Aber die Frage war, ob das alles bei der Erkennung der unbekannten männlichen Person helfen konnte.

Gerichtsärztliche Erfahrungen bei der Identifizierung großer Mengen unbekannter Leichen von Massenkatastrophen haben gezeigt, dass erfahrene Zahnärzte mit berufspraktischen Erfahrungen Großartiges leisten, wenn es um die Erkennung der Identität einer Person geht. Das Zahnhartmaterial ist außerordentlich stabil gegenüber Umwelteinflüssen, sodass selbst bei verbrannten Leichen Zahnbefunde erkannt werden können. Natürlich bedarf es gut geführter Behandlungsunterlagen, die aber in einem Fall wie diesem natürlich kaum zu erwarten waren. Trotzdem erfolgte die Befundsicherung an der Leiche so, dass die eigentliche Wiedererkennung jederzeit auch zu einem späteren Zeitpunkt durch Befundvergleich möglich war.

Die Sektion ergab weitgehend gesunde innere Organe bis auf die Lungen, die verwachsen waren und deutlich chronisch überbläht, die kleinen Luftröhrenäste waren chronisch entzündet und im linken Lungenoberlappen bestand eine chronische Lungenentzündung, deren Ursache eine Pilzinfektion sein konnte. Auch die spätere mikroskopische Untersuchung der inneren Organe deckte keinen signifikanten Befund auf.

Also gab es keinen Grund für eine natürliche krankheitsverursachte Todesursache. Es ist auch schon vorgekommen, dass Leichen zertrennt und beiseite geschafft worden sind, nur um die Beerdigungskosten zu sparen. Ein solcher Fall lag hier aber nicht vor.

Am abgetrennten Kopf fanden sich abseits der Trennstelle verschiedene Wunden. Die erste Gruppe waren drei Platzwunden, die zwar die Kopfhaut bis zum Knochen durchdrangen, diesen aber nicht beschädigten. Es handelte sich um stumpfkantige Gewalteinwirkungen, die durchaus geeignet war, wenigstens Benommenheit zu erzeugen. Daneben bestanden in der Region der linken Schläfe zwei tiefe Kopfverletzung, d. h. die Haut war völlig durchtrennt und äußerlich entstand bei der einen Wunde infolge zweier bogenförmig gestalteter und gegeneinander verschobener Hautwunden der Eindruck, als sei mit einem Werkzug mit runden Querschnitt eingeschlagen worden, vielleicht mit dem Querschnitt eines Eisenrohres. Auch der andere Hautdefekt hatte einen bogenförmig Verlauf mit einer V-förmigen Aufgabelung am unteren Ende. Der große Knochendefekt des linken Schläfenknochens darunter war allerdings durch zwei Einschläge eines Werkzeuges mit einer nahezu quadratischen Bahn erzeugt worden, ja regelrecht ausgestanzt und zertrümmert. Die beiden Schädellochbrüche hatten die Form einer quer liegende Acht. Und das darunter liegende Gehirn zeigte eine große Wund- und Zerstörungszone, in deren Tiefe sich Blut und feinste Knochensplitter darstellten. Das war eine Wunde, die auch sofort zum Tode geführt hatte. Realistische Abwehrmöglichkeiten des Angriffes, der demzufolge überraschend erfolgt sein musste, hatten nicht bestanden. Deshalb fanden sich auch keinerlei Abwehrverletzungen, die für einen Kampf sprechen konnten.

Die ganze Aufmerksamkeit galt nun der Zerstückelung. Sie war tatsächlich so durchgeführt worden, dass man an zwei handelnde Personen mit unterschiedlichen Kenntnissen der menschlichen Anatomie denken konnte oder auch daran, dass eine Person schnell gelernt hatte, wie es am leichtesten geht und wie Knochenzertrümmerungen zu vermeiden sind. Während beide Arme ohne »Knorpelschäden« aus den Gelenken gelöst waren und auch ein Bein, war der andere Hüftkopf glatt und in mehreren Stufen, d. h. durch mehrere Hiebe, durchtrennt und auch die Halswirbelsäule war an der Trennstelle des dritten Halswirbels regelrecht zertrümmert worden. Charakteristische Spuren, die auf ein bestimmtes bei der Zerstückelung verwendetes Werkzeug schließen ließen, fanden sich aber nicht. Die Zerstückelung war nach den Befunden wenigstens mit zwei verschiedenen Werkzeugen durchgeführt worden, einem Messer und einem Hiebinstrument. Die Abtrennung von drei Gliedmaßen war mit einem Messer erfolgt. Es musste, wie die verschiedenen Hautzipfel zeigten, immer wieder neu angesetzt und nachgeschnitten worden sein. Alle Trennstellen korrespondierten miteinander und alle untersuchten erblichen Blutgruppenmerkmale der einzelnen Leichenteile zeigten eine völlige Übereinstimmung, sodass die Gliedmaßen zu einem Körper gehörten. Während die Weichgewebe der Trennstellen kaum von Blutungen durchsetzt waren, waren die Wunden des Kopfes deutlich unterblutet, also zu Lebzeiten entstanden. Die Zerteilung der Leiche war bald nach dem Tode vorgenommen worden, sodass die Leiche noch ausbluten konnte. Auf jeden Fall sollten am Ort des Geschehens Blutspritzer Wände und Boden verschmutzt haben.

Umfangreiche Röntgenuntersuchungen zeigten einen alten, verheilten Bruch einer Rippe. Es gab eindeutige Befunde, die für eine degenerative Erkrankung der Wirbelsäule sprachen, die im jüngeren Lebensalter auftritt. Und beiderseits bestand in Andeutungen eine Hammerzehe. Die Befunde sprachen nicht gegen die bereits getroffene Feststellung zum vermutlichen Lebensalter.

Mit besonderer Aufmerksamkeit im Hinblick auf eine Identifizierung wurden auch Füße und Hände unter erbbiologischen Gesichtspunkten untersucht. An den überdurchschnittlich großen Händen überragten die Fingerkuppen der zweiten Finger die der dritten Finger, an den Füßen zeigte sich eine gleiche Länge von Großzehe und zweiter Zehe, danach bestand eine regelhafte »Treppung« der Zehen drei bis fünf. Insgesamt standen zahlreichen Merkmalsübereinstimmungen wenige Unterschiede gegenüber, sodass auch hier zweifelsfrei feststand, dass Hände und Füße jeweils zusammen gehörten.

Weitere Zusatzuntersuchungen, deren Ergebnisse an den Folgetagen eingingen, bewiesen, dass kein Einfluss durch Alkohol, Medikamente oder Drogen bestand.

Die mögliche Liegezeit der Leiche (Todeszeit) wurde nach den beschriebenen Leichenbefunden auf einen halben bis zwei Tage eingeschätzt.

Die Kriminalisten bekamen eine ganze Menge verwertbarer Informationen für die weitere Arbeit mitgeteilt: Maximal 35-jähriges männliches Opfer, ein Ausländer mit einer Herkunft aus dem vorderen Orient bzw. der arabisch/persisch/afghanischen Region, mittels stumpfer Gewalt und überraschendem Angriff getötet, deshalb ohne Abwehrverletzungen, vermutliche Tatzeit ca. zwei Tage vor der Auffindung/Untersuchung, mit chronisch Erkrankung der Luftwege und einer Lunge, Tee- oder Kaffeetrinker, wohl Nichtraucher, Zerstückelung eventuell von zwei Personen, Leichenverpackung sicher durch wenigstens zwei Personen, erwartetes Spurenaufkommen am Tatort. Aber würden alle Vorhersagen und Rükkschlüsse ihre Bestätigung finden? Noch schlimmer, würde durch sie eine falsche Spur gelegt? Das macht die Spannung für den Gerichtsmediziner aus und hier liegt seine Verantwortung. Gerichtsmedizinische Expertise ist etwas, was in Jahren reift und mit Programmen wie »Jugend forscht« nicht zu erreichen ist. Und gerichtsärztliche Arbeit ist immer auch das Ausschöpfen von Wissen und Erfahrung anderer Spezialgebiete der Medizin. Hier waren die Fachexperten aus folgenden medizinischen Fächern beteiligt: Anthropologie, Erbbiologie, Blutgruppenkunde, Röntgenologie, Zahnheilkunde, Pathologie, forensische Toxikologie.

Nach Abschluss aller Untersuchungen lag ein Protokoll von einem Umfang vor, der einer medizinischen Doktorarbeit durchaus entsprach, aber damit war weder die Leiche eindeutig identifiziert noch der Täter gefunden. Schnell war klar, dass es im Lande keinen Vermisstenfall gab, der zu diesem Leichenfund in Beziehung zu setzen gewesen wäre. In Ländern mit dicht geschlossenen Grenzen ohne ungeordnete Ein- oder Durchreisen ist das auch nicht anders zu erwarten. Die Sicherheit der Bürger des Landes reduziert sich auf ihre Reisebehinderung. Nach allen bisherigen Umständen handelte es sich um einen »Leichenimport« aus einem anderen Staatsgebiet, am ehesten aus West-Berlin, der so genannten selbstständigen politischen Einheit. Und noch etwas wurde schnell klar. Genau auf diesem Parkplatz war einige Jahre zuvor eine kopflose weibliche Leiche abgelegt worden. In der Presse war seinerzeit der Begriff der

»Transitleiche« geprägt worden. Auch dieser Fall wurde letztendlich in Zusammenarbeit der Ermittlungsbehörden in Ost und West geklärt. Deshalb wurde die Frage diskutiert, ob Nachahmungstäter am Werke waren. In der Streckenführung des Transitweges war es der erste Parklatz nach der Grenze. Wenn man bedenkt, dass der oder die Fahrer des Autos in panischer Angst mit einer Leiche im Gepäck in den Osten fuhren, dann ist die Ablage bei der ersten Gelegenheit eigentlich verständlich.

Mit der kriminalistischen Lösung des rezenten Falles waren die Ärzte des Institutes nicht befasst. Zwar hatten sie noch diese oder jene Nachfrage zum Fall zu beantworten, die Feinheiten der Ermittlungslinie blieben ihnen jedoch verborgen bzw. wurden ihnen vorenthalten, bis heute übrigens. Eines Tages aber war der Fall geklärt. In einer umfangreichen Akte, gefertigt von der Generalstaatsanwaltschaft der DDR, wurde die Staatsanwaltschaft beim Berliner Kammergericht in Berlin-West unterrichtet und zwar drei Monate nach der Auffindung der Leichenteile. Der Name des unbekannten Leichnams wurde mitgeteilt, beinahe so, als wären die Personalpapiere bei der Leiche gewesen. Wie man aber zu diesen Erkenntnissen gekommen war, wurde nicht beschrieben. Am Ende des Bandes mit dem Beweismaterial war, wie zufällig und beinahe aus dem Zusammenhang gerissen, die Kopie eines Transitvisums für einen afghanischen Staatsbürger, der als Immigrant in Westberlin Wohnsitz genommen hatte, eingelegt – und das war der Täter. Diplomaten verstehen diese »nonverbale« Nachrichtenübermittlung. Der Mann und die an seiner Seite lebende Frau, eine gebürtige Polin, die mit einem anderen Afghanen, dem späteren Opfer, verheiratet war, wurden als Tatverdächtige verhaftet und waren vollständig überrascht, sodass es nicht lange dauerte, bis die Tat in den groben Zügen gestanden war. Ihr Ehemann war das Opfer, er war 34 Jahre alt geworden und zwei Tage zuvor in den Nachtstunden mit einem tomahawkähnlichen Beil erschlagen, anschließend damit sowie mit einem Messer stundenlang vom Täter zerstückelt worden. Beide Personen hatten die Leichenteile verpackt. Mit einem Mietauto wurden sie befördert und bei der Durchfahrt der DDR »abgelegt«.

Die beteiligten Personen lebten in einer komplizierten Dreierbeziehung zusammen, das Opfer dominierte die anderen, behandelte seine Frau herabwürdigend und nutzte den Landsmann für seine fraglichen, finanziell ungesicherten Geschäfte aus. Allmählich hatte die Frau Zuneigung und Sympathie für den anderen Mann entwickelt und eine sexuelle Beziehungen aufgenommen. Der Ehemann störte, er musste weg. Mit gewissem Nachdruck, einem gut inszenierten Suizidversuch, beschleunigte sie die noch unscharf geplante Aktion ihres neuen Freundes unter dem Motto »Er oder ich!«. So spitzte sich die Situation allmählich zu und am Tatabend hatte der Täter auf das arglose und völlig überraschte Opfer derart eingeschlagen, dass Abwehrmöglichkeiten nicht bestanden und der Angriff unmittelbar zum Tode führte.

Gerichtsmedizinisch war das eigentlich ein Alltagsfall trotz der Seltenheit von defensiven Leichenzerstückelungen. Spannend war nur, in welchem Umfang sich die Prognosen und Schlussfolgerungen bewahrheiteten. Die Vorhersagen waren eingetroffen und die Spannung löste sich nicht ohne innere Befriedigung. Auch das spätere Gerichtsverfahren hat die Richtigkeit aller wesentlichen Schlussfolgerungen ergeben.

Und wie wurde die Sache ermittelt? Der »Spionagegeneral« Markus (Mischa) Wolf, Chef der Hauptverwaltung Abwehr im Ministerium für Staatssicherheit der DDR schreibt in anderem Zusammenhang ganz lapidar: »Westberliner ... konnten die durch die DDR führenden Transitstrecken benutzen. ... Abwehr und Polizei überwachten die Durchfahrt von Fahrzeugen mit westlicher Nummer auf den entsprechenden Autobahnen genau und kontrollierten die Durchfahrzeiten ...« Seit Inkrafttreten des Transitabkommens wurden Vorkommnisse auf den Autobahnen mit großem Personalaufwand registriert. Jegliche Treffs, Kontaktaufnahmen, Verkehrsunfälle mit Beteiligung von Bürgern anderer Staaten und Warenübergaben galt es zu erfassen. Vor allem kam es aber auf die Verhinderung von Fluchtversuchen an. Es gab fahrende Beobachtungsstützpunkte und inoffizielle Mitarbeiter wie Kellner, Tankwarte, Kraftfahrer im grenzüberschreitenden Verkehr und andere Feinheiten der Überwachung. So wurde auch penibel registriert, wann ein Fahrzeug in die DDR einfuhr und zu welchem Zeitpunkt wieder aus. Es gab »Regeldurchfahrzeiten« und Über- bzw. Unterschreitungen. Bei Zeitüberschreitungen, die mit langsamer Fahrt oder Verkehrsbehinderung nicht mehr zu erklären waren, bestand der Verdacht des Verlassens des Transitweges oder der »unberechtigten Kontaktaufnahme« mit Bürgern des Landes, z. B. zum Austausch kleiner Geschenke oder gar Übergabe einer Zeitung. Nach ihnen wurde gesucht oder sie wurden wenigstens peinlich befragt. Anderseits berechtigte eine wesentliche Unterschreitung der Zeit den Verdacht der Raserei oder er sprach unter Umständen für ein schlechtes Gewissen. Im Falle des Leichenfundes sind offensichtlich alle registrierten Pkw-Durchfahrzeiten nachträglich kontrolliert worden. Auffällig war dabei ein Mietwagen mit dem Fahrer, dessen Name auf dem Transitvisum stand. Wie vom Teufel gehetzt muss er durch die DDR gefahren sein und – was noch auffälliger und eigentlich dumm war – sofort zurück. Die weiteren Ermittlungen sind offensichtlich in der Hand des MfS in Westberlin verdeckt geführt und erfolgreich bis zum Namen des Mordopfers abgeschlossen worden. Jedenfalls hatten die Behörden von Berlin-West bis zum Eingang des Schreibens der Generalstaatsanwaltschaft DDR keine Kenntnis von dem Fall und die Polizei konnte sofort die richtigen Personen verhaften. Und das Opfer wurde – ganz herkömmlich – anhand eines Fingerabdruckes in der Personenkartei identifiziert, der zum Zwecke einer erkennungsdienstlichen Behandlung des afghanischen Mannes bei seiner Ankunft in Berlin-West abgenommen worden war, wie seit 1877 üblich. Alle so sorgfältig als Identifizierungsmerkmale herausgearbeiteten Besonderheiten wurden nicht benötigt und manches Detail blieb in der Gerichtsverhandlung unerwähnt. Die »Witwe« hat nur zugegeben, an der Verpackung der Leichenteile beteiligt gewesen zu sein.

Eine unerwartete Situation ergab sich schließlich doch noch: Einer der Gerichtsärzte wurde als Sachverständiger vor das Kriminalgericht Moabit geladen, von Ost nach West, frist- und formgerecht, d. h. mit einem Rechtshilfeersuchen. Und was keiner erwartet hatte: Die Teilnahme an der Verhandlung wurde genehmigt. Offenbar sah man die Sache im Osten entspannt, denn es war kein Deutscher betroffen, keiner aus dem Osten und keiner aus dem Westen, und politische Verwicklungen waren deshalb auch nicht zu erwarten. Es war der erste und offensichtlich einzige Auftritt eines Sachverständigen aus der Charité-Gerichtsmedizin wenigstens in der Zeit nach dem Mauerbau vor einem Gericht im anderen Teil Berlins, wie ältere Mitarbeiter des Institutes sich erinnern konnten. Nach kurzer S-Bahn-Fahrt war das Gericht erreicht, selbst der Fußweg vom Institut zum Gericht hätte nur 25 Minuten betragen. Der Prozess hatte lediglich ein mittleres Interesse der Presse ausgelöst, ging es doch um einen politischen Asylanten, von denen es so viele gab und dessen Abwesenheit ja auch nie jemandem aufgefallen war. Natürlich waren die Leichenteile schon vor Monaten nach West-Berlin überführt und dort erneut gerichtsärztlich untersucht worden, bei inzwischen wesentlich schlechteren objektiven Voraussetzungen wegen der Leichenzersetzung, aber praktisch mit einem identischen Ergebnis – ein schönes Beispiel für die objektive Arbeit deutscher Gerichtsärzte, die getrennt voneinander, aber nach einheitlichen objektiven Grundsätzen arbeiteten. Es mutete zwar komisch an, dass zwei Gerichtsärzte, einer aus dem Westen und einer aus dem Osten Berlins, identische Gutachten erstatteten, aber niemand verlor ein Wort darüber. Zu guter Letzt gab es eine Sachverständigengebühr. Der Kassenbeamte des Gerichtes war völlig humorlos und hatte das verschmitzte Lächeln nicht bemerkt, als er nach der Zeit für die Anreise fragte und ihm bedeutet wurde, dass eine Anreise von Ost-Berlin über Prag und Frankfurt am Main nach West-Berlin viele Stunden gedauert hätte und zurück noch mal. Beflissen wollte er eine Auszahlung für ca. 20 Stunden ausfertigen. Er hätte das für »normal« gehalten. Aber andererseits war er dann auch wieder nicht erstaunt, dass es mit der S-Bahn doch nur eine Stunde gedauert hatte. Ihm war die deutsche Trennung schon in Fleisch und Blut übergegangen. Und wieder zurückgekehrt an den Arbeitsort und Ausgangspunkt der »Weltreise« von kurzer Dauer, aber über eine der am besten bewachten Grenzen dieser Welt, galten die Fragen des zuständigen Staatsanwaltes nach dem Gerichtstermin nur der Tatsache, ob er »politisch einwandfrei« und nicht etwa diskriminierend abgelaufen wäre, doch nicht den vereinnahmten Gebühren. Alle Begleitumstände hatten den Fall, die Transitleiche mit Tatort West und Fundort Ost, interessanter gemacht, als er eigentlich war.

Dieter Patzelt

Institut für Rechtsmedizin Würzburg

unter Mitarbeit von Martin Bauer[1]

Prof. Dr. med. Dieter Patzelt wurde im Jahre 1941 geboren. Er studierte Humanmedizin von 1964 bis 1970 und absolvierte die Facharztausbildung für Rechtsmedizin in Berlin bei Otto Prokop. Die Promotion erfolgte 1970, die Habilitation 1984. Ab 1989 war Patzelt Ordentlicher Professor für gerichtliche Medizin in Greifswald. Seit 1993 ist er Ordentlicher Professor für Rechtsmedizin und Vorstand des Institutes für Rechtsmedizin in Würzburg.

Wissenschaftliche Schwerpunkte Dieter Patzelts sind die Aufklärung der Heterogenität des menschlichen Blutes anhand protein- und DNA-analytischer Untersuchungen, die Veränderungen der vegetativen Reagibilität unter Alkohol sowie die Grenzbereiche des menschlichen Lebens unter ethisch-rechtlichem Aspekt.

Mordbrand – ein ungewöhnlicher Weg zum Täter

Als das Telefon am Abend des 12.3.1999 bei der Wache der Berufsfeuerwehr in A. klingelte, sah alles nach einem Routineeinsatz aus. Wohnungsbrand in der E.-Straße, so lautete die Meldung, möglicherweise Personen betroffen. Nur wenige Minuten später trafen fast gleichzeitig Feuerwehr, Polizei und Krankenwagen am Einsatzort ein. Schwarzer Qualm schlug aus den Fenstern der Wohnung im ersten Stock und versperrte den Blick auf den klaren Sternenhimmel, zahlreiche Schaulustige hatten sich bereits auf der Strasse versammelt. Nachdem die Polizei den Bereich abgesperrt und die Menschen zurückgedrängt hatte, begannen die Feuerwehrmänner mit schwerem Atemschutzgerät in das verqualmte Treppenhaus des Gebäudes vorzudringen. Die Tür war offenbar nur angelehnt, sodass die vorsichtshalber mitgeführten Geräte zum Aufbrechen nicht eingesetzt werden mussten. Rasch gelang es, den Brandherd zu lokalisieren, die Flammen einzudämmen und schließlich zu löschen, sodass die Fenster geöffnet werden konnten. Der einsetzende Durchzug vertrieb den Qualm schnell aus der kleinen Ein-Zimmer-Wohnung. Da aus Sicherheitsgründen die Raumbeleuchtung nicht eingeschaltet werden durfte, mussten zuerst Standscheinwerfer aus den Feuerwehrfahrzeugen herangeschafft und über lange Kabel mit Strom versorgt werden.

Mittlerweile hatten Polizeibeamte begonnen, Umstehende und Nachbarn nach dem oder der Wohnungsinhaber/in zu befragen. Das Schild an der Klingel der Wohnungstür zeigte den Namen Katharina B. Eine jüngere Frau sei es, hörten sie, nein, man habe sie heute noch nicht gesehen. Eher scheu und zurückhaltend sei sie, sehr anständig, hieß es weiter. In der Zwischenzeit waren die Scheinwerfer installiert und die letzten Rauchschwaden durch das geöffnete Fenster in den nachtklaren Himmel abgezogen. Als die kleine Wohnung von hellem Licht erfüllt war, bot sich den Feuerwehrleuten und Polizeibeamten ein furchtbares Bild: Ein weitgehend verbrannter menschlicher Leichnam war deutlich inmitten von Asche, Schutt und Löschschaum zu erkennen. Aber für die routinierten Frauen und Männer von der Brandermittlung war dies noch kein Grund zur Aufregung; wie oft hatten sie schon die sterblichen Überreste von Brandopfern bergen und untersuchen müssen. Meist war Alkohol im Spiel, manchmal auch Vergesslichkeit oder Leichtsinn. Der Zecher, der volltrunken aus der Kneipe heimkehrt, sich noch eine Zigarette anzündet und dann einschläft, oder die verwirrte ältere Frau, die die Kerze zu nahe an den Vorhang stellt, sie alle sind leichte Opfer der Flammen. Auch technische Geräte können einen Brand auslösen und ohne Brandmelder zur tödlichen Falle für Schlafende werden. Problematisch wird es meistens nur, wenn nicht geklärt werden kann, wer der oder die Verstorbene ist – das bedeutet viel unspektakuläre Kleinarbeit. Dass an diesem Abend alles anders sein würde, daran dachte beim Anblick des durch den Brand entstellten Körpers niemand.

Der vor der Wohnung wartende Notarzt brauchte nicht mehr einzugreifen. Nach einem kurzen Blick auf die Leiche stellte er den Tod fest und machte sich auf den Weg zu einem neuen Einsatz, um dann vielleicht noch Lebenden helfen zu können. Das Bestattungsunternehmen war gerade informiert worden, als einer der Polizisten plötzlich bewegungslos stehen blieb und Luft in die Nase einsog. Seine Kollegen schauten belustigt, aber er machte eine unwirsche Handbewegung und bewegte nur den Kopf in verschiedene Richtungen. »Benzin«, stellte er dann lapidar fest, »es riecht nach Benzin.« Jetzt wurden alle aufmerksam, jegliches Lachen verschwand von den Gesichtern. Benzin, das war allen sofort klar, hatte nichts in einer solchen Wohnung zu suchen, es ist ein Brandbeschleuniger und konnte nur bedeuten, dass der Brand vorsätzlich gelegt worden war. Alle konzentrierten sich auf ihren Geruchssinn, und einer nachdem anderen begann zustimmend zu nicken – kein Zweifel, vor allem im Bereich der Eingangstür war deutlicher Benzingeruch wahrnehmbar. Damit war aus dem Wohnungsbrand ein Tatort geworden, und da der oder die Tote ja möglicherweise in Zusammenhang mit diesem Verbrechen ums Leben gekommen war, wurde neben anderen Maßnahmen der diensthabende Arzt der zuständigen Rechtsmedizin informiert. Bis zu seinem Eintreffen wurde lediglich mit einer fotografischen und spurentechnischen Dokumentation begonnen.

Da der Spezialist für forensische Medizin aus der entfernten Universitätsstadt anreisen musste, verging bis zu seiner Ankunft einige Zeit. Nachdem er sich einen Überblick über die örtlichen Verhältnisse verschafft hatte, begann er vorsichtig die Leiche zu untersuchen. Als er diese vorsichtig anhob, wurde deutlich erkennbar, dass der Rücken und der Teppichboden, auf dem die Leiche gelegen hatte, weitgehend unversehrt und ohne Brandeinwirkungen geblieben waren. Dies konnte nur bedeuten, dass die Person bereits vor Brandausbruch dort gelegen hatte, und da sich niemand freiwillig auf den Boden legt, wenn es in der Wohnung brennt, musste nunmehr davon ausgegangen werden, dass hier nicht nur Brandstiftung vorlag, sondern möglicherweise auch ein Tötungsdelikt.

Immerhin konnte der Rechtsmediziner trotz der Brandveränderungen das Geschlecht der Toten feststellen: Es handelte sich ohne Zweifel um eine Frau. Äußere Verletzungen wie z. B. Schuss- oder Stichwunden waren nicht zu sehen. Eine Bestimmung der Körperkerntemperatur im After wurde routinemäßig durchgeführt, versprach aber wegen der Hitzeeinwirkung, die auch zu einer Eröffnung der Körperhöhlen geführt hatte, keinen wirklichen Erkenntnisgewinn. Andere Untersuchungen zur Eingrenzung der Todeszeit waren aufgrund der Brandveränderungen nicht möglich, sodass der Rechtsmediziner schließlich grünes Licht für den Abtransport des Leichnams in das Institut für Rechtsmedizin gab.

Mittlerweile war der Abend fortgeschritten und es mussten Vorkehrungen und Pläne für die weitere Ermittlungsarbeit getroffen werden. Ein Brandexperte aus dem Landeskriminalamt war bereits verständigt worden, aufgrund der großen Entfernung konnte er aber erst am nächsten Morgen mit seiner Arbeit beginnen. Da auch die Obduktion des Leichnams einige Vorbereitungen erforderte, wurde sie ebenfalls für den nächsten Tag festgesetzt. Polizeibeamte begannen aber umgehend mit der Befragung von Nachbarn und mit Nachforschungen über die Wohnungsinhaberin, da wohl davon auszugehen war, dass es sich bei der Toten um diese handelte. Allerdings sind auch für die Polizei die Ermittlungsmöglichkeiten zur Nachtzeit eingeschränkt und so richteten sich alle Hoffnungen, es möge sich doch um einen Unfall gehandelt haben, auf den folgenden Tag.

Eine gerichtliche Obduktion erfordert nach der deutschen Strafprozessordnung immer zwei Ärzte; außerdem muss ein Präparator für die Verrichtung der Hilfeleistungen hinzugezogen werden. Aber auch an Wochenenden ist ein entsprechendes Team immer abrufbereit und so waren die Ärzte bereits startklar, als die ermittelnden Kriminalbeamten und der zuständige Oberstaatsanwalt im Sektionssaal eintrafen. Über Nacht hatte sich nichts wesentlich Neues ergeben, außer dass die Wohnungsinhaberin am Freitag noch regulär gearbeitet und ihre Arbeitsstätte ca. zwei Stunden vor Brandausbruch verlassen hatte. Danach war sie offenbar nicht mehr gesehen worden. Sie war 33 Jahre alt, 1993 aus der ehemaligen Sowjetunion nach Deutschland gekommen, unverheiratet und kinderlos und hier polizeilich noch nicht aufgefallen.

Durch die Brandeinwirkung hatte sich die Haut im Bereich der rechten Brust teilweise abgelöst, und es war zur Eröffnung der Brust- und Bauchhöhle gekommen. Nachdem auch unter den optimalen Lichtverhältnissen des Sektionssaales keine äußerlichen Zeichen der Gewalteinwirkung festgestellt werden konnten, alle verfügbaren Spuren gesichert und alle notwendigen fotografischen Aufnahmen angefertigt waren, begannen die Ärzte mit der eigentlichen Leichenöffnung. Das Gehirn wies keine Verletzungen oder krankhaften Veränderungen auf. Bei der in diesem Fall besonders sorgfältigen Präparation des Halses bemerkten die Ärzte jedoch, dass die hinteren Anteile des Zungenbeins gebrochen und die umgebenden Schleimhäute deutlich unterblutet waren. Eine solche Verletzung ließ sich nur durch eine Gewalteinwirkung gegen den Hals erklären, wie sie z. B. beim Würgen auftritt. Damit gewann die Annahme eines Gewaltverbrechens immer mehr Konturen. Die bei solchen Fällen praktisch immer vorhandenen kleinsten Einblutungen in der Gesichtshaut und den Augenbindehäuten waren natürlich aufgrund der Brandeinwirkungen nicht mehr erkennbar, dennoch bestand für die Ärzte wenig Zweifel, dass Katharina B., sofern es sich um sie handelte, einen gewaltsamen Tod erlitten hatte. Um die Vermutung, dass das Opfer bereits zu Brandausbruch tot war, bestätigen zu können, wurde eine Bestimmung von Kohlenmonoxid im Blut durchgeführt. Kohlenmonoxid entsteht bei fast jedem Brand und wird zwangsläufig eingeatmet, sofern noch eine Atemtätigkeit besteht. Da es Sauerstoff aus seiner Bindung an den roten Blutfarbstoff verdrängt, kann es bei genügend hoher Konzentration zum Tod durch inneres Ersticken führen. Bereits unmittelbar nach Beginn der Leichenöffnung war eine Blutprobe entnommen und dem eigens einbestellten Toxikologen übergeben worden. Noch während die Organe sorgfältig aus dem Körper entnommen wurden, traf das Ergebnis der Untersuchung ein: kein Kohlenmonoxid im Blut. Damit stand fest, dass der Tod bereits vor Brandausbruch eingetreten war. Wenig später kam die Information vom Tatort, dass eindeutig Benzin als Brandbeschleuniger identifiziert worden war. Letzte Hoffnungen auf ein normales Wochenende hatten sich für die diensthabenden Kriminalbeamten damit zerschlagen, denn ab sofort war klar, was sie zu finden hatten: den oder die Täter.

Die inneren Organe des Leichnams waren erstaunlich gut erhalten und zeigten keine krankhaften Veränderungen – einzig die Gebärmutter wirkte etwas vergrößert und aufgelockert. Bei diesem Befund wurden die Obduzenten stutzig, denn es gab angesichts des Alters der Toten eigentlich nur eine Erklärung dafür: eine Schwangerschaft. Sollte der unbekannte Täter nicht nur die Frau, sondern auch deren ungeborenes Kind getötet haben? Angesichts der Größe der Gebärmutter musste es sich zwar, wenn überhaupt, um eine Schwangerschaft im Anfangsstadium handeln, aber dennoch gäbe das dem Fall eine neue Wendung.

Mit großer Spannung verfolgten alle Anwesenden die Eröffnung der Gebärmutterhöhle. Was sie sahen, löste allerdings eher Verwunderung und fragende Blicke aus. Ein Fetus war es nicht, was sich darstellte, auch Hinweise auf einen Mutterkuchen oder eine Nabelschnur waren nicht zu erkennen. Eigentlich handelte es sich nur um eine kleine Vorwölbung der Gebärmutterschleimhaut mit einer auf der Schnittfläche erkennbaren Einblutung. Also offenbar keine Schwangerschaft – irgendwie waren wohl alle erleichtert und wandten sich wieder der eigentlichen Fallbearbeitung zu. Da die wesentlichen Befunde klar waren und auch die Obduzenten ihre Meinung, die Frau sei erwürgt oder erdrosselt worden und schon vor Brandausbruch tot gewesen, bereits zu Protokoll gegeben hatten, verließen die Ermittler den Sektionssaal, um sich nun vor Ort intensiv um die Aufklärung des Falles zu bemühen.

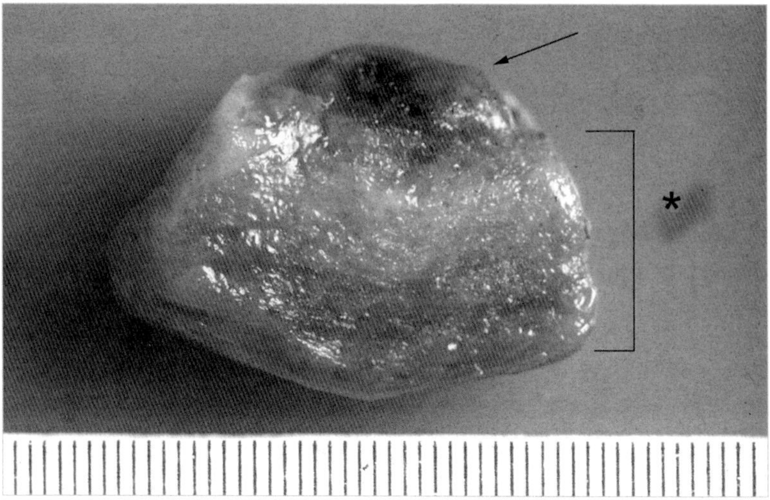

*Präparat aus der Gebärmutterwand. Die mit Pfeil markierte Stelle zeigt die Stelle, an der die Mutterkuchenreste lokalisiert waren; * = normale Gebärmutterwand*

Der Rest war Routine, Organproben wurden für mikroskopische Untersuchungen entnommen, alle Organe wieder in den Körper der Toten zurückgelegt und dieser so gut wie es die Brandveränderungen zuließen, wieder verschlossen. Die Sache mit der Gebärmutter ließ den Obduzenten jedoch keine Ruhe. Irgendetwas musste da passiert sein, eine solche Veränderung ließ sich nicht einfach mit der Regelblutung oder vielleicht einem Tumor erklären. Vorsichtshalber entnahmen sie daher das entsprechende Gewebe aus der Gebärmutter und legten einen Teil in Formalin ein, um es haltbar zu machen und mikroskopisch untersuchen zu können, ein weiterer Teil wurde eingefroren, um Untersuchungen, die auf frisches und unverändertes Gewebe angewiesen sind, zu ermöglichen. Als schließlich wieder Ruhe im Institut einkehrte, war es Nachmittag geworden. Während für die Kriminalbeamten ein arbeitsreiches Wochenende bevorstand, war die rechtsmedizinische Arbeit fürs Erste getan, da die weiteren Untersuchungen erst für den kommenden Montag vorgesehen waren.

Ein ungeschriebenes Gesetz in der Rechtsmedizin lautet, dass die meisten Kriminalfälle am Wochenende stattfinden oder entdeckt werden, sodass Wochenendarbeit nichts Ungewöhnliches ist und man in diesem Beruf die Fähigkeit haben muss, trotzdem in der verbleibenden Zeit Entspannung zu finden – aber dieser Fall war irgendwie anders und die beteiligten Ärzte fieberten den Untersuchungen der kommenden Woche entgegen.

Um eine mikroskopische Begutachtung zu ermöglichen, muss dem Gewebe zunächst Wasser entzogen und es dann in Wachs bzw. Paraffin eingebettet werden. Da dies in der Regel einen Tag und eine Nacht in Anspruch nimmt, wurde gleich am Montagmorgen mit den entsprechenden Bearbeitungsschritten begonnen. Die meisten Aufgaben werden automatisch von einer spezialisierten Maschine erledigt, sodass es zunächst wieder abzuwarten und sich anderen Dingen zuzuwenden hieß – auch das ist eine wesentliche Eigenschaft der Kriminalistik, denn anders als in manchen Fernsehserien benötigen Spezialuntersuchungen in der Realität meist einen gewissen Zeitraum, um verlässliche Ergebnisse zu liefern. Nachdem am Dienstag von dem in Paraffin eingebetteten Gewebe mit einem Spezialmesser Schnitte in einer Dicke von wenigen Tausendstel Millimeter präpariert und eingefärbt worden waren, konnte endlich der Blick durch das Mikroskop erfolgen. Was es da zu sehen gab, war zumindest für die erfahrenen Rechtsmediziner atemberaubend: Neben Blutungen und Entzündungszellen zeigten sich deutlich einige kleine rundliche, zottenartige Strukturen, die an dieser Stelle nur eines sein konnten: Anteile eines Mutterkuchens (Plazenta). Aber wo war der Rest? Keinerlei Anzeichen für fetales Gewebe waren zu erkennen, obwohl mehrere Gewebsschnitte Zelle für Zelle durchsucht worden waren. Was war hier geschehen?

Die moderne Medizin ist ein weitläufiges, sich ständig erneuerndes und erweiterndes Gebiet, auf dem der Einzelne unmöglich den vollen Überblick über alle Teilaspekte besitzen kann. Deshalb scheuen sich auch anerkannte Fachleute in Fällen, die ihr eigenes Wissensgebiet überschreiten, nicht, die Hilfe anderer Spezialisten in Anspruch zu nehmen – nur so können Patienten von der ganzen Bandbreite der heutigen Medizin profitieren. Das gilt auch für die Rechtsmedizin, die in lebhaftem Austausch mit anderen Fachdisziplinen steht und sowohl um Rat fragt als auch häufig um Hilfe gebeten wird. Deshalb war es in diesem Fall selbstverständlich, sich den fach-

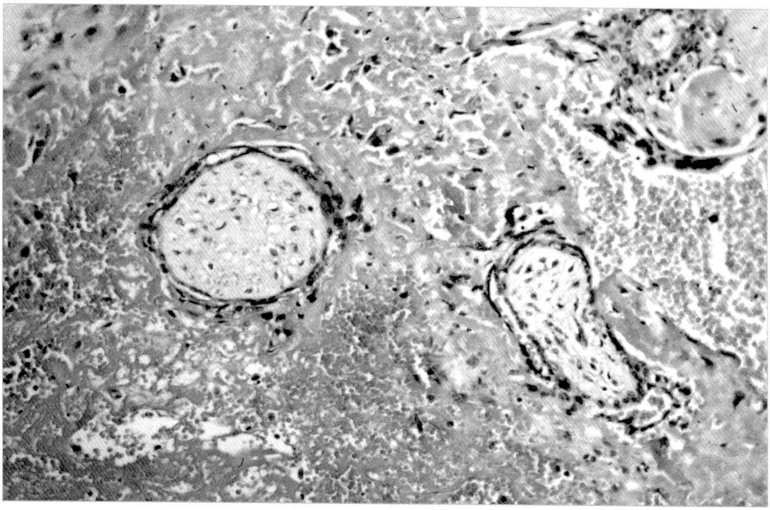

Mikrofotografie von zwei Plazentazotten in der sich in Rückentwicklung befindlichen Gebärmutterschleimhaut

lichen Beistand eines Pathologen zu holen, der mit der mikroskopischen Begutachtung von Schwangerschaften Erfahrung hat. Durch die Einbindung in das Universitätsklinikum sind sowohl die Dienst- als auch die physischen Wege kurz, und deshalb wurden noch am selben Nachmittag die mikroskopischen Präparate dem Auge des Fachspezialisten präsentiert. Dessen Diagnose war kurz und eindeutig: Wie angenommen handele es sich um Plazentaanteile, keinerlei Reste eines Embryos, dafür entzündliche Reaktionen und Einblutung, insgesamt ein Bild, wie man es einige Zeit nach Abbruch einer Schwangerschaft sieht. Wie lange dies zurücklag, konnte er nicht genauer eingrenzen, aber die Struktur der Zotten schien für ein Schwangerschaftsalter von zehn bis zwölf Wochen zum Zeitpunkt der Beendigung sprechen.

Von dieser spannenden Neuigkeit wurde sofort die zuständige Polizei in Kenntnis gesetzt. Dort gab man sich interessiert, aber man maß dem Befund ganz offenbar nur eine marginale Bedeutung bei, denn zwischenzeitlich waren erste Hinweise auf einen möglichen Täter eingegangen. Zahlreiche Gegenstände waren aus der Wohnung des Opfers, das mittlerweile aufgrund des Zahnstatus eindeutig als die Wohnungsinhaberin Katharina B. identifiziert werden konnte, verschwunden; Das konnte anhand von Fotos der Wohnung, die den Brand überstanden hatten, geklärt werden. Zudem war ein nur teilweise verbranntes Büchlein mit Telefonnummern gefunden worden, das gerade überprüft wurde. Schließlich hatte ein noch Unbekannter mit der EC-Karte des Opfers Geld abgehoben und war dabei gefilmt worden – somit gab es eine Fülle von ermittlungstechnischen Ansatzpunkten und es verwunderte nicht, dass die Polizei zuversichtlich war, diesen Fall bald aufklären zu können. Tatsächlich gelang es, die Inhaber der Telefonanschlüsse zu identifizieren und anhand von auf Meldestellen hinterlegten Passfotos Bilder zu den Personendaten zu erhalten. Beim Vergleich der Filmaufnahmen mit diesen Bildern konnte eine Übereinstimmung gefunden werden: Der Tatverdächtige war ermittelt.

Einen Teil der rechtsmedizinischen Arbeit, der meist nichts mit Kriminalfällen zu tun hat, stellt die Abstammungsbegutachtung dar. In der Regel geht es um die Bestimmung der Vaterschaft eines Mannes zu einem Kind und um nicht unerhebliche Unterhaltsansprüche, aber natürlich auch um das gesetzlich verbriefte Recht des Kindes auf das Wissen um die Identität seiner biologischen Erzeuger. Die modernen Methoden, die sich auf genetische und vererbbare Unterschiede in dem Aufbau der Erbsubstanz, der DNS, stützen, können solche Fragen mit einem Minimum an Probeneinsatz, aber einem Maximum an Sicherheit beantworten. Durch den Einsatz der Polymerasekettenreaktion (engl. PCR), die in der Lage ist, ausgewählte DNA-Stücke so oft zu vervielfältigen, dass sie sich indirekt sichtbar machen lassen, genügt ein Tropfen Blut oder sogar nur etwas Speichel, um zu richtigen Ergebnissen zu kommen. Auch eine vorgeburtliche Testung ist möglich, wird aber aus ethischen Gründen nicht praktiziert, da kindliches Gewebe entnommen werden müsste und damit eine, wenn auch nur geringgradige, Gefährdung der Schwangerschaft verbunden ist. Man muss diese Hintergründe kennen, um zu verstehen, dass der überraschende Befund in der Gebärmutter dieses Opfers eines Gewaltverbrechens den Rechtsmedizinern keine Ruhe ließ, obwohl er für die Ermittlungen offenbar von untergeordneter Bedeutung zu sein schien. Es müsse doch möglich sein, so überlegte man hin und her, das genetische

Profil des Mannes, der an dieser Schwangerschaft beteiligt war, zu identifizieren. Die Plazentaanteile, das war klar, stammten aus einer frühen Teilung der Frucht und trugen daher kindliche DNA. Da man das DNA-Profil der Mutter leicht anhand des entnommenen Leichenblutes feststellen konnte, mussten die nicht von der Mutter stammenden kindlichen DNA-Strukturen dem biologischen Vater zuzuordnen sein. Auch das Material war nicht das Problem – es kommt häufiger vor, dass sogar ein Verstorbener als Vater in Anspruch genommen wird. Wenn man in solchen Fällen eine Exhumierung vermeiden will und der Verstorbene sich irgendwann einer Operation unterzogen hat, bei der eine in Paraffin eingebettete Gewebeprobe mikroskopisch untersucht worden war, dann kann man auf diese zurückgreifen, da pathologische Institute gehalten sind, solche Proben über viele Jahre aufzubewahren. Die vorhersehbare Schwierigkeit in dem hier geschilderten Fall bestand vielmehr darin, dass nur sehr wenige kindliche Zellen vorhanden waren und diese sich zudem in unmittelbarer Nachbarschaft einer großen Überzahl mütterlicher Zellen befanden. Trotzdem wurden entsprechende Bereiche von den Wachsblöcken mit einer Lupe entnommen und einer DNA-Isolierung sowie der anschließenden PCR unterzogen. Das Ergebnis, das nach einigen Tagen feststand, war so enttäuschend wie erwartet: Ausschließlich mütterliche DNA stellte sich dar, die kindlichen Zellen waren in so starker Unterzahl, dass alle Versuche, auf diesem Wege Informationen über die kindliche DNA zu erhalten, scheiterten. Auch dies ist eine nicht seltene Erfahrung der rechtsmedizinischen Praxis: Manches, was wünschenswert und auch machbar erscheint, scheitert in der Ausführung, weil eben auch die moderne Naturwissenschaft Grenzen unterworfen ist.

Man hatte diese Untersuchungen schon fast abgeschrieben, als die Polizei anrief: Man habe den Tatverdächtigen festnehmen können, er leugne aber, die Verstorbene zu kennen und sie je gesehen zu haben. Wie seine Handynummer in ihr Telefonbuch komme, wisse er nicht, vielleicht habe sie eine Kontaktanzeige von ihm beantworten wollen. Die EC-Karte habe er irgendwo hinter einem Mülleimer gefunden.

Außerdem hatte die Polizei den Gynäkologen ausfindig gemacht, der den Schwangerschaftsabbruch durchgeführt hatte, dies sei fünf Wochen vor ihrem Tode geschehen, sie habe aber den Vater nicht genannt. Ob man eine Vaterschaftsbestimmung durchführen könne? Vielleicht habe der Tatverdächtige mit der Schwangerschaft zu tun, und dann hätte man ihn schon fast überführt ...

Als ob es die Rechtsmediziner geahnt hätten! Aber wahrheitsgemäß mussten sie mitteilen, dass dies wahrscheinlich nicht möglich sei, obwohl diese Aussage schwer fiel, denn da waren die kindlichen Zellen mit der DNA, die den Vater verraten konnte, aber man kam nicht an sie heran.

Es folgten Tage intensiver Literaturrecherchen, Nachfragen und gedanklicher Schwerarbeit, bis sich jemand an eine Technik erinnerte, mit der man kleinste Gewebestücke aus der Umgebung lösen und isolieren konnte. Dies wurde zum Beispiel in der Tumorforschung eingesetzt, um Tumorzellen aus dem umgebenden gesunden Gewebe herauslösen und gezielt genetisch untersuchen zu können. Dank der PCR müsste es theoretisch auch möglich sein, aus nur ganz wenigen Zellen ein genetisches Profil zu erstellen. Erfahrungen mit einer solchen Vorgehensweise in Kriminalfällen gab es allerdings keine. Aber gerade das spornte die Rechtsmediziner an, es trotzdem zu versuchen. Und wieder bewährte sich die enge Anbindung an das Universitätsklinikum mit all den Forschungseinrichtungen und technischen Möglichkeiten: Ein entsprechendes Gerät war im Pathologischen Institut vorhanden und der dortige Mitarbeiter war von dem Vorschlag einer solchen Pionierarbeit geradezu begeistert. Ohne Zeitverzug wurden die aufwändigen Vorarbeiten ohne Erfolgsgarantie begonnen.

Das Prinzip der Methode ist einfach: Mittels eines superfeinen Laserstrahls wird unter dem Mikroskop der interessierende Gewebeabschnitt von der Umgebung getrennt und mit einer haarfeinen Metallspitze unter Verwendung einer computerunterstützten Steuerung in ein separates Reaktionsgefäß übertragen. Dann hatte man nur die interessierenden Zellen für die DNA-Analyse zur Verfügung. Die technische Durchführung ist kompliziert. Von der besonderen Vorgehensweise bei der Herstellung der mikroskopischen Präparate bis zur Bedienung des Gerätes war es unerlässlich, auf die Erfahrungen des Pathologen zurückgreifen zu können, denn das

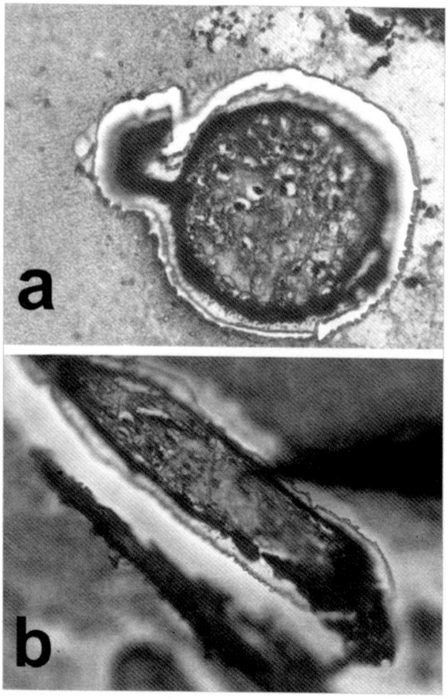

Fotografische Dokumentation der lasergesteuerten Mikrodissektion;
a: Die Zotte ist von dem umgebenden Gewebe abgetrennt;
b: Die Zotte wird mit einer ultrafeinen Metallspitze erfasst und angehoben

zur Verfügung stehende Material war begrenzt und Fehlversuche konnte man sich nicht leisten.

Die Miniaturisierung vieler Vorgänge ist eine der wesentlichen Leistungen der modernen Forschung – nur so werden Vorgänge und Materialien zugänglich, die sich einer bloß manuellen Bearbeitung entziehen. Das notwendige Rüstzeug liefert eine hochspezialisierte und technologisch weit fortgeschrittene Industrie, aber die Umsetzung in medizinische Anwendungen wird vor allem in den Universitätskliniken und in den angeschlossenen Forschungseinrichtungen geleistet. Die lasergesteuerte Mikrodissektion, so der offizielle Fachname, gehört sicherlich zu diesen Anwendungen. Dank der sorgfältigen Vorbereitungen gelang die Durchführung der Untersuchungen auf Anhieb. Es war ein faszinierender Anblick, als wie von Geisterhand die so winzigen Zotten aus der Umgebung gelöst, von einer nur im Mikroskop sichtbaren Spitze durch bloße Berührung erfasst und in ein Spezialgefäß überführt wurden. Nun hatte man bekommen, was man wollte: kindliche Zellen ohne hier störende mütterliche Anteile. Mit nur wenigen Zwischenschritten und ohne das Gefäß zu wechseln, wurden die Zellmembranen zerstört und die DNA freigesetzt. Jetzt kam der spannende Augenblick: Würde es gelingen, auch die gewünschten DNA-Strukturen sichtbar zu machen? Und würden diese ein vernünftiges Ergebnis bringen? Es war klar, dass diese geringe Menge an Gewebe nur für wenige PCR-Reaktionen ausreichen würde. Man benötigt aber, um eine auch statistisch verwertbare Aussage über eine Vaterschaft zu erhalten, mehrere unabhängige Reaktionen, mindestens fünf oder sechs, im Idealfall deutlich mehr. Was war also zu tun? Wiederum konnte auf eine durch intensive Forschung ermöglichte Weiterentwicklung zurückgegriffen werden: die Analyse mehrerer unabhängiger DNA-Abschnitte in einer PCR-Reaktion, eine so genannte Multiplex-PCR. Das, wozu zuvor zehn getrennte Reaktionen erforderlich waren, konnte nun in einer erledigt werden – ein enorme Material- und Arbeitseinsparung. Es stand außer Frage, dass in dem hier vorliegenden Fall ein Versuch mit einem solchen Ansatz gestartet werden musste. Und das Ergebnis übertraf alle Erwartungen: klar und deutlich stellte sich aus den isolierten kindlichen Zellen ein DNA-Profil dar, das einer einzigen Person zuzuordnen war. Ein Vergleich mit der mütterlichen DNA zeigte sofort, dass es sich zweifelsfrei um DNA des Fetus handelte, denn da alle DNA-Abschnitte aufgrund des doppelten Chromosomensatzes in zweifacher Ausführung vorliegen, musste genau die Hälfte von der Mutter stammen und sie tat es! Damit war gelungen, was niemand für möglich gehalten hatte: kindliche DNA aus der Gebärmutter einer Frau fünf Wochen nach Unterbrechung der Schwangerschaft zu erhalten und daraus den Vater zu bestimmen. Diese Frage gehörte nun zu den leichteren Aufgaben, denn man musste nur alle nicht von der Mutter stammenden DNA-Profile zusammentragen und mit der DNA von in Frage kommenden Vätern vergleichen.

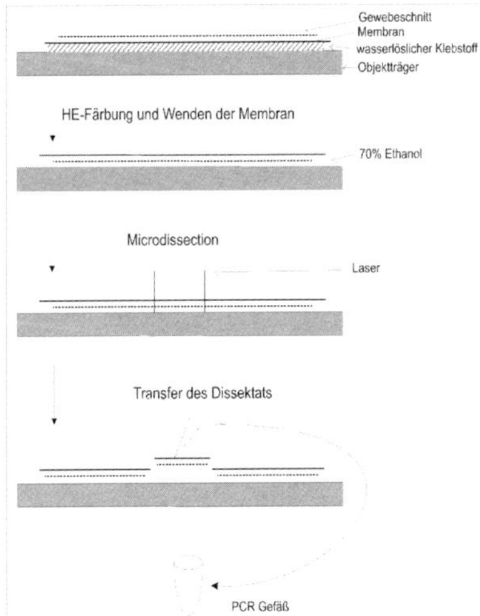

Schema der lasergesteuerten Mikrodissektion; HE = Hämatoxylin-Eosin

In der Zwischenzeit war das DNA-Profil des Tatverdächtigen bekannt, denn die Polizei war gesetzlich ermächtigt, bei einem so schwerwiegenden Tatvorwurf eine entsprechende Untersuchung unabhängig von der Zustimmung des Betroffenen vorzunehmen. Es mussten also nur noch die entsprechenden Befunde gegenübergestellt werden und sofort war ersichtlich, dass keine Zweifel möglich waren. Der Tatverdächtige war mit einer Wahrscheinlichkeit von weit über 99% der Erzeuger des nur wenige Wochen alt gewordenen Fetus, von dem bis auf winzigste Anteile des Mutterkuchens in der Gebärmutter keine Überreste mehr zurückgeblieben waren ...

Dieses Mal teilten die ermittelnden Kriminalbeamten den Enthusiasmus der Rechtsmediziner über dieses Ergebnis, denn die Einlassung des Verdächtigen, er habe die Frau nicht gekannt und nie gesehen, war damit widerlegt – er musste sie zumindest einmal getroffen haben.

Konfrontiert mit diesem Resultat änderte er seine Aussage, bestritt aber nach wie vor, mit dem Tod der Frau etwas zu tun zu haben. Die Polizei glaubte jedoch, nun genügend Beweismaterial gesammelt zu haben. Danach hatte sich Folgendes abgespielt: Katharina B. hatte offenbar Bekanntschaftsanzeigen aufgegeben und so den späteren Täter kennen gelernt. Bereits beim ersten Treffen war es zum Geschlechtsverkehr mit dem bekannten Resultat gekommen, danach hatten sich die beiden bis zur Tat nicht mehr wieder gesehen. Möglicherweise hatte Katharina B. den Kontakt abgebrochen, weil der spätere Täter verheiratet war oder sich auffällig verhalten hatte. Etwa drei Monate später beschloss Sergej Z., Katharina B. wieder aufzusuchen, vielleicht in der Hoffnung auf einen erneuten sexuellen Kontakt. Als ihm dies verweigert wurde, kam es zur gewaltsamen Auseinandersetzung und zur Tat. Ob eine Vergewaltigung stattgefunden hatte, konnte nicht mehr geklärt werden. Anschließend legte Sergej Z. Feuer, nachdem er mehrere Gegenstände aus dem Besitz von Katharina B. an sich genommen hatte. Einige dieser Dinge wurden später bei ihm aufgefunden und bildeten wichtige Beweismittel. Nachdem ihm noch ein weiterer, zwei Jahre zuvor verübter Mord in ähnlicher Vorgehensweise in einer anderen Stadt nachgewiesen wurde, kam es schließlich zum Prozess vor einer Schwurgerichtskammer. Nach einigen Verhandlungstagen und unter dem Eindruck der erdrückenden Beweislast legte Sergej Z. für alle Beteiligten überraschend ein weitgehendes Geständnis ab, das die polizeilichen Ermittlungen im Wesentlichen bestätigte, und wurde zu lebenslanger Haft verurteilt.

[1] Dr. med. Martin Bauer (1961) studierte Humanmedizin von 1983 bis 1990. Nach Tätigkeiten in Neuropathologie und Psychiatrie absolvierte er die rechtsmedizinische Facharztausbildung in Würzburg bei Dieter Patzelt. Das Habilitationsverfahren steht kurz vor dem Abschluss.

Literaturnachweis:

Martin Bauer/Andreas Thalheimer/Dieter Patzelt: Paternity testing after pregnancy termination using laser microdissection of chorionic villi. International Journal of Legal Medicine 2002, 116: S. 39-42.

Erich Müller und Jan Dreßler

Institut für Rechtsmedizin Dresden

Em. o. Prof. Dr. med. Erich Müller wurde im Jahre 1936 geboren. Er studierte Humanmedizin in Greifswald und Rostock. Ab 1963 war er als Facharzt für Gerichtliche Medizin in Leipzig tätig, ab 1971 als Oberarzt am Institut für Gerichtliche Medizin in Halle. Im Jahre 1978 folgte die Promotion B und eine Dozentur für das Fach Gerichtliche Medizin. 1985 wurde Müller zum Ordentlichen Professor für Gerichtliche Medizin an die Medizinische Akademie Dresden gerufen. 1994 erfolgte die Neuberufung zum Universitätsprofessor für Rechtsmedizin an der TU Dresden. Erich Müller leitete bis zu seiner Emiritierung im Jahre 2001 als Direktor das Institut für Rechtsmedizin der Medizinischen Fakultät Carl Gustav Carus der TU Dresden.

Prof. Dr. med. Jan Dreßler wurde 1961 geboren. Er studierte von 1981 bis 1986 Medizin Berlin und Dresden. In den Jahren 1987 bis 1991 war Dreßler als Assistenzarzt am Institut für Gerichtliche Medizin der Medizinischen Akademie Dresden tätig, bis 1999 als wissenschaftlicher Angestellter. 1991 erfolgte die Anerkennung als Facharzt für Rechtsmedizin. Dressler habilitierte 1999, erhielt 2000 die Lehrbefugnis für das Fachgebiet Rechtsmedizin und wurde zum Privatdozenten und Oberarzt ernannt. Im Jahre 2003 wurde Jan Dreßler zum Professor für Rechtsmedizin an die Technische Universität Dresden berufen und leitet dort das Institut für Rechtsmedizin der Medizinischen Fakultät Carl Gustav Carus.

Der vorgetäuschte Verkehrsunfall[1]

Als ich die Legende vom Trabibrand Prof. Schneider erzählte, fiel er mir ins Wort »kenne ich« und fügte hinzu »Zahnarzt Müller, Kaiserslautern«. Natürlich hatte er nicht Recht, was den aktuellen Fall angeht, obwohl die Geschichte sich vor vielen Jahren schon einmal in ähnlicher Form zugetragen hatte. Wenn man einige Jahre in der Gerichtsmedizin zugebracht hat, wird man immer Fällen begegnen, die sich wie ein Ei dem anderen ähneln, obwohl keine Verbindungen zwischen ihnen existieren. Die Logistik eines Verbrechens lässt, wenn Motiv und Delikt im Einklang stehen, nur enge individuelle Grenzen in der Ausführung zu.

Beide Verbrechen, das eine 1954 (Pfalz) das andere 1990 in unserem Gebiet, hatten einen gemeinsamen Nenner: Die Beseitigung einer »lästigen Person« mit Hilfe eines Autos. Es musste ein Verkehrsunfall initiiert werden, der für die anderen tödlich war und für den Täter keine große Gefahr darstellte. Also wieder ein Anflug auf ein neues perfektes Verbrechen.

Wenden wir uns kurzgefasst dem ersten Ereignis zu, datiert auf den 18.2.1954. An diesem Tage starb die Ehefrau des Zahnarztes Dr. Müller an den Folgen eines Autobrandes. Das Ehepaar war mit einem Pkw »Borgward« unterwegs, um sich nach einem Dienstmädchen umzusehen. Vorher hatte Dr. Müller eine größere Menge Katalytbenzin eingekauft, da er gehört hatte, dass dieses demnächst teurer werden würde. Einige der Kanister deponierte er im Wageninnern. Auf einer einsamen Landstraße musste er plötzlich halten, da er eine Radkappe verloren hatte. In seiner späteren polizeilichen Vernehmung war es ein Igel, den er einfangen wollte. Er hörte plötzlich einen Schrei und als er zum Wagen sah, bemerkte er eine Stichflamme. Der Versuch seine Frau zu retten misslang, da er dabei ohnmächtig geworden war. Als er zu sich kam, lag er neben dem Wagen. Die Vernehmung beendete er mit der Erklärung: »Ich nehme an, dass meine Frau ihren Ring im Auto suchen wollte und dabei ein Streichholz anzündete. Durch dieses Anzünden muss das Katalytbenzin Feuer gefangen haben.« Er fügte noch hinzu, dass einer der Kanister mit einem Korken verschlossen war und möglicherweise sei dieser abgegangen und bisschen Katalyt während der Fahrt ausgeschwappt. Bei Eintreffen des ersten Zeugen gebärdete er sich recht theatralisch und schrie: »Meine Frau ist tot, sie ist verbrannt, gebt mir ein Messer, ich will mich töten!« Gleichzeitig forderte er den Zeugen auf, den Wagen etwas vorzuschieben, was dieser sehr merkwürdig fand. Später stellte sich heraus, dass die rechte Wagentür durch einen Straßenbaum blockiert war und sich dadurch nicht öffnen ließ. Das Motiv ließ nicht lange auf sich warten. Bereits am nächsten Tag nach dem »Unfall« bat er seinen Freund, ein Mädchen anzurufen mit der Weisung »sie möge alle seine Briefe verbrennen«. Es war die Korrespondenz mit seiner ehemaligen Sprechstundenhilfe Tilly. In der Hauptverhandlung verwickelte er sich in zahlreiche Widersprüche, die ihn als schuldig erschienen ließen. Dr. Müller wurde wegen Vergehens der gefährlichen Körperverletzung und der fahrlässigen Tötung zu einer Gesamtfreiheitsstrafe von sechs Jahren verurteilt.

Fast 40 Jahre später saßen wieder Ermittler und Gutachter vor einem Fall, der trotz des enormen Fortschrittes naturwissenschaftlicher Erkenntnisse von Gutachtern und Ermittlern alles abverlangte und so manchmal die Grenzen unseres Wissens offenbarte. Was hatte sich ereignet? Im September 1990 klingelte am späten Nachmittag das Telefon. Der Staatsanwalt Heller aus Cottbus war dran und ordnete eine Obduktion an. Sie sollte aber gleich stattfinden. Ich kann mich erinnern, dass dieser Tag mit Aufgaben ausgefüllt war. Neben dem Vorlesungsbetrieb kamen noch Gerichtstermine und Obduktionen im östlichen Teil Sachsens dazu. Immerhin führten wir damals 1 350 Obduktionen jährlich durch. Da außer Dr. Dreßler und mir niemand gegenwärtig war, bat ich unsere Sekretärin: »Frau Pache, sagen Sie dem Staatsanwalt, wir kämen Morgen.« Aber Staatsanwalt Heller war bekannt als Drängler und Fighter. Mit anderen Worten, er konnte uns telefonisch umstimmen, sodass wir gleich losfuhren. Als wir ankamen, war Staatsanwalt Heller bereits vor Ort und etwas ungeduldig, denn wir hatten uns tüchtig verspätet. Es war unmöglich, am späten Nachmittag in der Rushhour verbindliche Termine einzuhalten. Wir bekamen zwei verkohlte menschliche Leichen zur Obduktion und wie immer eine Liste von Fragen des Staatsanwaltes. Vor allem wollte er wissen, ob die Verbrennungen zu Lebzeiten oder nach dem Tode eingetreten waren. Daneben galt es die Todesursache, das Geschlecht und noch andere mittodesursächliche Faktoren wie Gifteinwirkungen oder Zeichen des Würgens oder Drosselns zu klären. Es ist nicht ganz einfach, bei einer verkohlten Leiche alle wichtigen Details und Spuren zu erkennen. Wenn auch die Mehrzahl der Todesfälle durch Verbrennen Unfälle sind, muss man bei Verkohlungen sehr akribisch untersuchen, da das Feuer dazu genutzt wird, todesursächliche Spuren anderer Gewalteinwirkungen zu verwischen und die Identifizierung der Personen zu erschweren. Hier hatten wir den Vorteil, dass bestimmte Daten wie Geschlecht, Alter, Körpergröße, Kleidung und Schmuck bereits vorgegeben waren und unsere Aufgabe darin bestand, diese zu bejahen oder zu verneinen. Bereits zum Zeitpunkt der Obduktion konnten wir die Vermutungen des Staatsanwaltes bestätigen, dass es sich bei den beiden Brandleichen um die Geschwister Schöne handelte. Die zahlreichen Knochenbrüche waren avital, d. h. sie waren nach dem Tode entstanden. Durch die enorme Hitze kam es zur Schrumpfung der Muskulatur und diese war so stark, dass Knochenbrüche entstanden. Auch die Schädeldecke zeigte mehrfache Brüche. Da das Gehirn sehr wasserreich ist, wird durch die Hitzeeinwirkung infolge des Dampfdruckes der Schädel gesprengt. Die Ergebnisse der Obduktion waren eindeutig und das vorläufige Gutachten schnell erledigt. Es war für uns der Routinefall eines Autobrandes, bei dem drei Menschen – inzwischen war auch die Kindesmutter an den Folgen des Unfalles verstorben – auf tragische Weise ums Leben kamen. Die Dringlichkeit der Obduktionen war uns nach wie vor bis zu diesem Zeitpunkt nicht klar. Wir wussten nicht, dass die zwei Tage nach dem Unfall verstorbene Mutter dieser Kinder ihren Ehemann des Mordes beschuldigt hatte. Wir ahnten nicht, dass uns dieser »Fall« noch lange beschäftigen sollte. Dabei begann alles so einfach: Laut Verkehrsunfallanzeige ereignete sich an der Ortsverbindungsstrasse zwischen Selkow und Bienau ein Verkehrsunfall. Ein aus Richtung Selkow kommender Pkw war nach rechts von der Fahrbahn abgekommen und gegen einen Baum geprallt. Das Fahrzeug geriet in Brand und brannte aus. Auf der Rückbank des Fahrzeuges fanden sich zwei verkohlte Leichen. Die Beifahrerin wurde mit schwersten Verletzungen ins Krankenhaus gebracht. Aber im Unfallbericht wurden auch zwei Kanister erwähnt, die später noch eine große Rolle spielen sollten. Auch der Kraftfahrer Schöne erlitt Verbrennungen und wurde stationär behandelt. Also ein ganz nüchterner Sachbericht eines Verkehrsunfalls. Obwohl diese Strecke wenig befahren wurde, meldeten sich Zeugen, die kurze Zeit nach Ausbruch des Brandes zugegen waren. Vielleicht wäre dieser Fall auch zu den Akten »abgelegt« worden, wenn nicht die Kindesmutter mit der stereotypen Behauptung »Er versuchte uns alle zu ermorden!« ihren Mann beschuldigt hätte.

Was war Schöne für ein Mensch? Vor Gericht war er äußerlich ruhig, bestritt aber nachhaltig seine Schuld an dem Unfall. Als er zu den persönlichen Verhältnissen befragt wurde, gab er an altersgerecht eingeschult worden zu sein. Seine schulischen Leistungen waren katastrophal. Schwierigkeiten bereitete ihm das Lesen und Schreiben, sodass er dreimal sitzen blieb und mit Abschluss der vierten Klasse die Schule verließ. Wie sich später herausstellte, bestand bei ihm eine Lese-Rechtschreib-Schwäche, die aber in der Schule nicht erkannt wurde. Er erlernte den Beruf eines Dachdeckers. Mit 20 Jahren heiratete er. Er war handwerklich sehr geschickt, sodass er sich selbst ein Haus baute. Die Ehe wurde aber bald geschieden und das Schmerzlichste für ihn dabei war, dass die geschiedene Ehefrau das alleinige Eigentumsrecht am gemeinsamen Haus erhielt.

Das hatte er immer als große Ungerechtigkeit empfunden und konnte es nicht vergessen. Er lernte eine attraktive Krankenschwester kennen, die er bald heiratete. Die Beziehung war anfänglich glücklich. Nach Angaben von Zeugen litt sie aber durch das unterschiedliche Bildungsniveau. Frau Schöne wollte eigentlich einen Ehemann, der eine höhere Bildung als sie hatte. Sie war eine sehr gute Schülerin und hatte mit Abschluss der 10. Klasse den Beruf einer Krankenschwester erlernt. »Dann belasteten die ersten Probleme die noch so junge Ehe«, so eine Freundin von Frau Schöne, die als Zeugin aussagte. Ihr Ehemann war sehr eifersüchtig, sodass der ganze Freundeskreis dadurch zerbrach. Dazu kam sein »mehr

Schein als Sein«. Der relativ neue Trabant war für ihn nicht mehr gut genug und er kaufte sich einen großen BMW. Das Geld wurde von allen Seiten geliehen, selbst die Sparbücher der Kinder wurden dabei berücksichtigt. Jedenfalls begann die Ehe zu bröckeln, zumal er außerhalb arbeitete und nur zum Wochenende nach Hause kam. Bald schlidderte sie in eine neue Beziehung. Sie hatte aber den Mut, ihren Ehemann von der Absicht einer Scheidung zu erzählen. Er war darüber erschrocken und beleidigt. Seine Reaktion war: »Nie im Leben lasse ich mich noch mal scheiden!« Er sah sich schon als Benachteiligter am gemeinsamen Vermögen. Bei der ersten Ehescheidung verlor er sein Haus und jetzt stand möglicherweise das große Auto samt Garage zur Debatte. Er reagierte mit verbalen Beschimpfungen bis zu körperlicher Gewalt gegenüber seiner Ehefrau.

Plötzlich begann sich Schöne zu wandeln. Aus einem Pascha, dem alle zu Diensten sein mussten, wurde ein sorgsamer Ehegatte, der auf die Wünsche seiner Ehefrau einging.

Vielleicht war es der Artikel in einer Tageszeitung über einen Crash-Test mit einem Trabant, der ihn auf die Mords-Idee brachte. So soll bei einem schrägen rechtsseitigen Aufprall die Überlebenschance für den rechts vorn sitzenden Insassen sehr gering sein. Das Fahrzeug würde sehr schnell Feuer fangen, da bekanntlich der Tank unter der Motorhaube vorn rechts untergebracht ist und die Kunststoffkarosserie »wie Zunder brennen würde«.

Eines Tages überraschte er seine Familie mit dem Vorschlag, mit ihm nach Polen auf den Markt zu fahren. Zum Verständnis muss ergänzt werden, dass an den Übergangsstellen auf polnischer Seite sich mehr oder weniger große Märkte mit einem reichen Warensortiment fanden. Da diese bedeutend billiger waren als in Deutschland, war der Zulauf recht groß. Es sollte ein toller Familienausflug werden. Das schwierigste Problem war, der Familie die Fahrt mit dem Trabant einigermaßen plausibel beizubringen. Immerhin wollten sie doch mit dem Statussymbol der Familie, mit dem BMW, die Tour erledigen. Seine Argumente, den BMW zu schonen, um ihn nicht einem zu großen Risikos des Diebstahles auszusetzen, hatten letztendlich den Ausschlag gegeben, mit dem Trabant zu fahren. Ein viertüriger Wagen war für seinen Plan ungeeignet, so fuhren sie also mit dem zweitürigen Trabant auf den »Polenmarkt«. Auf dem Rückweg, der schon in der Dämmerung stattfand, musste er noch bei seiner Mutter vorbei, um eine Antenne zu montieren. Dort stellte er zu seiner »Notreserve« von 5 l Kraftstoff zusätzlich einen gefüllten 20-l-Kanister in den Kofferraum. Außerdem befanden sich im Wageninneren Flaschen mit Lösungsmitteln, die Protest der weiblichen Insassen auslösten, da sie eine zu große Geruchsbelästigung darstellten. Aber er setzte sich wieder durch. Mehrere Male musste er anhalten, da angeblich das Rücklicht nicht funktionierte. Wahrscheinlich nutzte er diese Zeit auch, um den Benzinkanister zu öffnen und flach auf den Boden der Kofferraums zu legen. Schöne fuhr auf einer einsamen Straße schließlich mit dem Auto in einen Graben und kollidierte rechts mit einem Buschwerk, sodass die Beifahrertür nicht aufgehen konnte.

Es gab für den weiteren Verlauf zwei verschiedene Sachverhalte. Wenden wir uns erst seiner Version zu. Schöne berichtete: »Es gab mit meiner Frau Streit, sie war in letzter Zeit sehr nervös.« Er musste mehrmals anhalten, um das Rücklicht des Autoanhängers zu reparieren. Da lag ein »Wackelkontakt« vor. Den Kofferraum hatte er nur geöffnet, um sich einen Apfel zu holen. Danach begann es sehr stark nach Benzin zu riechen. Sie bat ihn, dass er anhalte möge. Das ignorierte er, da sie sich im Kurvenbereich der Straße befanden. In der Vernehmung sagte Schöne aus: »Kurz vor der Unfallstelle sollte ich anhalten. Da das in einer Kurve war, griff sie mir in das Lenkrad und hat das Auto nach rechts gerissen, sodass es im Straßengraben zum Stehen kam.« Der Motor ging aus und der Trabant ging sofort in Flammen auf. Er bemerkte auf Vorhalt »wir saßen in den Flammen« und die Fahrertür konnte nur von außen geöffnet werden. Er ließ die Scheibe herunter und verließ das Auto durch das Fenster. Dann ging er um das Auto herum und versuchte seine Frau zu retten. Die Beifahrertür konnte er nicht gleich öffnen, da sie durch Äste des Strauches verstellt war. Die Rettung seiner Frau aus dem Auto gestaltete sich sehr mühevoll, da sie sich noch im Rollgurt befand und sich heftig wehrte. »Meine Kinder konnte ich nicht mehr retten. Ich habe sie nicht mehr gesehen«, war seine Antwort auf die Frage des Beamten, warum er die Kinder nicht herausgeholt habe. Er gab auch zu, dass seine Frau ihn mit den Worten anschrie »du

Mörder«. Das war in seinen Augen nichts besonderes, da seine Frau ihn für alle Missgeschicke verantwortlich machte. »Ich habe mich an derartige Dinge gewöhnt.« So schloss er sein Aussage ab.

Sie dagegen beharrte auf der Mordversion. Damit nicht ihre Reaktionen in dieser angespannten Situation als überzogen oder unglaubhaft angesehen wurden, wiederholte sie logische Zusammenhänge vom verbrachten Tag und gab auch den ersten Zeugen ihre Personalien an. Als sie die Ärztin, die mit dem Rettungswagen zur Unfallstelle kam, erkannte, rief sie ihr zu: »Bringen Sie mich nach Cottbus, ich bin dort Schwester in der Rettungsstelle, bringen Sie mich zu Dr. Stumpf.« Unterwegs im Rettungswagen wiederholte sie nochmals den gesamten Ablauf des »Unfalls«. Sie beschuldigte ihren Mann, er habe sie und ihre Kinder mit Spiritus übergossen »und dann das Auto angebrannt«. Sie war falsch angegurtet und konnte sich nicht befreien. Außerdem ging die Tür nicht auf. »Sie bat mich, dass ich mir alles merken sollte, falls sie bewusstlos würde«, so die Ärztin. »Sie war örtlich und zeitlich voll orientiert«, sagte die Ärztin in der Hauptverhandlung. Selbst bei der Medikation im Krankenwagen hatte sie sachlich richtig mitgewirkt.

Im Krankenhaus angekommen, reagierte sie völlig normal. Der Pfleger betonte, dass Frau Schöne voll ansprechbar war. Sie gab ihm Weisungen, welche Trage er zu nehmen hatte und wo diese stand. Es gab keinen Anhalt dafür, dass sie desorientiert war. Das konnte auch der Arzt dieser Rettungsstelle bestätigen. Als sie ihre grau aussehende Haut sah, sagte sie: »Ich werde wohl nicht durchkommen. Aber melden Sie das weiter.«

Wenn Aussage gegen Aussage steht, dann kann sich das Gericht der Realität nur über Zeugen und Sachverständige nähern. Zeugen, die den Unfall von Anfang an gesehen hatten, gab es keine. So wurde die Beweislast ganz den Gutachtern, die verschiedenen medizinischen und technischen Fachgebieten angehörten, übertragen. Insgesamt wurden elf Gutachter zu verschieden Themen befragt und es begann die Zeit des Staatsanwaltes Heller. Wir haben nicht mitgezählt, aber er war viele Male in Dresden. Es gab viele Gespräche und Diskussionen zum Thema »Autobrand«, wobei Hypothesen über den Tathergang aufgestellt und verworfen wurden, denn trotz mehrfacher

Vernehmungen des Beschuldigten ergaben sich keine neuen Gesichtspunkte. Er blieb bei seiner Unfallversion, dass das Fahrzeug beim Aufprall sofort in Flammen aufging. Diese Version stand im Gegensatz zur Aussage der Geschädigten. Da sie bereits verstorben war, musste akribisch über Zeugen ihre einstige Aussage zusammengetragenen und von einem psychologischen Gutachter überprüft werden. Es war ja nicht ganz ausgeschlossen, dass die verunfallte Frau Schöne infolge der schweren Verbrennungen von ca. 80 % der Körperoberfläche und dem Verlust ihrer beiden Kinder das tatsächliche Geschehen subjektiv fehl deutete. Ihr gesamter Körper befand sich in einer Art Alarmzustand. Die Gefahr, dass durch Stress und Rachegefühle ihre Aussagen nicht immer der Realität entsprachen, musste eingehend untersucht werden. In der Aussagenpsychologie unterscheidet man zwischen Glaubwürdigkeit und Glaubhaftigkeit. Die Glaubwürdigkeit bezieht sich auf eine bestimmte Person und die Glaubhaftigkeit auf eine Aussage. Glaubwürdig war sie, aber waren ihre Aussagen auch glaubhaft? Bei Überprüfung von Vernehmungsprotokollen 16 verschiedener Personen, die nach dem Unfall mit ihr gesprochen hatten, wurde durch den Gutachter das Fazit gezogen, dass bei Frau Schöne bis zur therapeutisch bedingten Nichtansprechbarkeit eine intakte Orientierungs- und Steuerungsfähigkeit vorgelegen hatte. »Die Aussageinhalte von ihr bezüglich der Tötungsabsichten und -handlungen ihres Ehemanns erscheinen damit glaubhaft«, so der psychologische Gutachter. Ohne dieses Gutachten zu kennen, kamen auch wir auf Aufforderung zu ähnlicher Beurteilung. Die Frage an den Rechtsmediziner, ob beide Kinder durch den Verkehrsunfall oder infolge der enormen Hitze verstarben, konnte eindeutig beantwortet werden. Sie hatten Ruß eingeatmet, denn in der Luftröhre und in den Lungen befanden sich Rußpartikel. Außerdem konnten im Blut hohe Werte von Kohlenmonoxid nachgewiesen werden. Das sind sichere Beweise dafür, dass beide im Feuer noch geatmet haben.

Schöne wurde eines Verbrechens beschuldigt und in Untersuchungshaft genommen. Damit war die Sache aber noch nicht entschieden.

Unser Rechtssystem stellt sehr hohe Anforderungen an Beweise und will unter allen Umständen verhindern, dass ein Unschuldiger verurteilt wird. Es lag somit noch sehr viel Arbeit vor uns.

Es mussten alle relevanten Hypothesen über Entstehung und Ablauf des Unfalles erörtert, angenommen oder verworfen werden. Unser Recht verlangt, dass bei diesem Vorgehen auch Ermittlungen zu Gunsten des Verdächtigen anzustellen sind.

Der Beschuldigte blieb bei seiner Darstellung: Da es angeblich nach Benzin roch, sollte er in der Kurve anhalten. Als er der Aufforderung nicht gleich nachkam, griff sie in das Lenkrad. Der Trabant geriet nach rechts in einen Straßengraben, kollidierte mit einem Baum und ging explosionsartig in Flammen auf. Sie dagegen blieb bis zuletzt bei ihrer Version. »Er hat Spiritus genommen und uns begossen und das Auto dann mit einem Feuerzeug angebrannt.« Weiterhin beschuldigte sie ihn, dass er sie beim Verlassen des Autos gehindert habe. »Erst als ich mich tot gestellt habe, hat er davon abgelassen mich am Aussteigen zu hindern.« Dieser fundamentale Widerspruch konnte nicht vollends geklärt werden. Der zuerst am brennenden Auto anwesende Zeuge bemerkte lediglich, dass durch sein Rufen »Hallo, ist hier jemand?« zwei Gestalten aus Richtung der rechten Tür kamen. Zuerst der Mann, dann kurze Zeit später eine Frau. Schönes Behauptung, beim Anstoß an den Baum sei der Brand explosionsartig ausgebrochen, musste auch überprüft werden. Zwischenzeitlich konnte auf Grund der Beschädigungen am Pkw die Kollisionsgeschwindigkeit berechnet werden. Sie betrug ca. 30 km/h. Also eine Geschwindigkeit, bei der die Insassen im Allgemeinen keine Verletzungen mit nachfolgender Handlungsunfähigkeit erleiden.

Nach seinen Angaben saß er selbst im Auto und war von Flammen umgeben, konnte aber auch nicht fluchtartig ins Freie, denn die Sicherheitsgurte waren manipuliert. Sie waren falsch eingerastet, »mein Gurt war in der Halterung meiner Frau und umgekehrt, ich konnte den Gurt nicht öffnen. Ich habe den Gurt langgefahren und mich erst dann befreit.« All das beanspruchte eine gewisse Zeit. Wenn er diese Zeit im Feuer gewesen war, konnte das nicht ohne Spuren abgegangen sein. Also untersuchten wir Schöne und seine Kleidung.

Die Untersuchung ergab, dass Schöne Verbrennungen II.-III. Grades aufwies. Diese befanden sich vorwiegend an den Extremitäten (Füße und Hände) und geringer am Gesicht. Was besonders auffiel, war, dass die Kopfhaare, Augenbrauen und Wimpern keine Brandeinwirkungen aufwiesen. An der Kleidung waren nur geringe Brandspuren sichtbar.

Wir fassten die Ergebnisse der Untersuchung so zusammen:

- Das Ausmaß und die Lokalisation sowie die Art der Verbrennungen sprechen dagegen, dass sich der Beschuldigte zur Zeit der explosionsartigen Brandentstehung im Innern des Pkw's aufhielt.
- Die Verbrennungen des Beschuldigten, vorwiegend an Händen und Füßen, können durch die Handlungen an der rechten Autotür entstanden sein.

Wenn sich ein Mensch einige Sekunden in den Flammen aufhält, dann sind Spuren der Hitzeeinwirkung an den Körperhaaren (z. B. Kräuselung und Verkohlungen der Enden) vorhanden. Da ihm die Flucht aus dem Feuer geglückt war und die Kinder verbrannten (obwohl sie theoretisch eine ähnliche Chance hatten sich über die Vordersitze zu befreien), konnte seine Darstellung, dass er sich längere Zeit im Feuer befand, nicht stimmen. Gegen seine Version sprachen auch die Ergebnisse von experimentellen realitätsbezogenen Autobränden, wo bei einer explosionsartigen Entstehung eines Brandes im Auto Temperaturen von 700–1 000 °C gemessen wurden. Seine Darstellungen des Brandereignisses waren also nicht nachvollziehbar.

Die Angaben des Beschuldigten zum Aufprall des Pkw's an den Baum konnten auch vom Kfz-Sachverständigen nicht bestätigt werden. Am Trabant war der Schaden äußerst gering, lediglich an der Karosserie im Bereich des Frontgrillbleches seien rechts Spuren einer Kollision zu sehen gewesen, diese waren aber so geringfügig, dass der Grill zwar gelöst, aber nicht deformiert war. Die Fahrtgeschwindigkeit habe somit zwischen 30-35 km/h gelegen. Da ein Teil der Energie vom Motorraum abgefangen wurde, habe sich der Aufprall kaum auf die Insassen ausgewirkt. Ein Aufprall des Kopfes an die Windschutzscheibe – wie Schöne behauptete – war nicht glaubhaft, zumal beide angeschnallt waren.

Aber die Kardinalfrage war noch offen: Wodurch wurde das Benzin-Luftgemisch gezündet?

Über die Quelle des Kraftstoffes, welcher in das Auto drang, waren sich der Beschuldigte und die Gutachter einig. Es war der 20-l-Kanister, den er mit Benzin gefüllt in den Kofferraum gestellt hatte. Der Beschuldigte gab in seiner Vernehmung an, dass er den Kanister mit Benzin im Kofferraum am Kofferraumschloss mit einem Bindfaden arretiert habe. Durch den Anprall sei der Faden gerissen. Der Kanister kippte um, der Verschluss öffnete sich, sodass Kraftstoff in den Kofferraum und später in des Innere des Autos auslief. Diese Aussagen konnten nicht der Wahrheit entsprechen. Die technischen Gutachter wiesen nach, dass der Aufprall viel zu gering war, um eine synthetische Schnur zum Durchreißen zu bringen. Selbst bei Crash-Versuchen mit Kanistern, wo durch eine sehr hohe Geschwindigkeit der Bindfaden riss, ging der Verschluss dieser Benzinkanister nie auf. Der Verschluss des Kanisters, der im ausgebrannten Trabant gefunden wurde, war nicht nur geöffnet, sondern auch so deformiert, dass er sich nicht schließen ließ. Der Verschluss war also manipuliert. Aber wie es zur Zündung des Benzin-Luft-Gemisches gekommen war, musste noch geklärt werden.

Wir sind dem Leser noch eine Erläuterung zum Sachverhalt schuldig. Um solche Experimente schlüssig und überzeugend zu gestalten, bedarf es Erfahrungen eines wissenschaftlich fundierten Sachverstandes. Das Gericht bediente sich Gutachtern verschiedener Universitäten Deutschlands, die auf experimenteller Basis alle relevanten Hypothesen über Brandursachen prüften. Der Gegenstand der Experimente war der »Trabant«. Somit wurden mehrere dieser Autos geopfert, um zu einer wissenschaftlichen Aussage zu kommen. Den Umweltschützern sei verraten, dass bei Abbrennung eines der Pkw's sich dieser in einer Blechwanne befand, damit Schmierstoffe und andere »Umweltgifte« nicht in den Boden gelangen konnten. Der Fall hing von der Beweisführung der Zündung des Benzin-Luft-Gemisches ab. Wenn die Annahme zutreffend sei, dass die Schnur erst beim Aufprall an den Baum gerissen war, das Benzin in den Kofferraum und anschließend in den Innenraum des Pkw's durchsickerte, kann die Behauptung des Beschuldigten nicht stimmen, dass der Fahrgastraum sofort in Flammen aufging. Nehmen wir an, die Zeit zwischen Aufprall und Zündung hat viel länger gedauert. Vielleicht einige Minuten. Dann stellt sich die Frage, warum die Insassen so lange im Benzin-Luft-Gemisch ausharren sollten, zumal die Kindesmutter bereits in der Kurve wegen des Geruchs nach Benzin anhalten und aussteigen wollte. Bei einem Brand im Motorraum eines Pkw's sei erfahrungsgemäß mit einem Übergreifen auf den Fahrgastraum im Bereich von einigen Minuten zu rechnen, war die Aussage der Sachverständigen vor Gericht. Im Ausschlussverfahren blieb als Zündquelle nur eine Version übrig, nämlich die der offenen Flamme. Sei es ein Streichholz oder Feuerzeug, wie das Opfer Frau Schöne immer wieder behauptete: »Er hat uns mit Spiritus bespritzt und dann angezündet.«

Es war ein Indizienprozess. 26 Tage wurde verhandelt, 26 Zeugen wurden gehört und elf Sachverständige trugen »nach besten Wissen und Gewissen« zur Aufklärung bei. Das Gericht, d. h. die Richter, mussten zuletzt entscheiden. Es genügte dabei nicht, dass sie entsprechend des Sachverhaltes die Gesetze anzuwenden hatten, sondern sie mussten auch darüber befinden, welche Sachdarstellung dem Urteil zugrunde gelegt werden musste. Es waren sehr erfahrene Richter unter Vorsitz des Richters W., die ihr Urteil auf 173 Seiten begründeten und sich vor allem von naturwissenschaftlichen Untersuchungen leiten ließen. Das Urteil lautete: »Der Angeklagte wird wegen dreifachen Mordes zu lebenslänglicher Freiheitsstrafe verurteilt.«

[1] Der Staatsanwaltschaft in Cottbus möchten wir herzlich danken für die gute Zusammenarbeit bei der Aufklärung so mancher Verbrechen und für die Einsicht in die Gerichtsakten.

Eberhard Springer

Institut für Rechtsmedizin Duisburg

Städt. Med. Dir. Dr. med. Eberhard Springer wurde am 4.9.1939 geboren. Er absolvierte seine Ausbildung zum Arzt für Rechtsmedizin am Institut für Gerichtliche Medizin der Universität Tübingen. Seit 1977 ist er an dem von der Stadt Duisburg unterhaltenen Institut für Rechtsmedizin tätig, dessen Leitung er 1987 übernahm. Das Institut versorgt die Landgerichtsbezirke Duisburg, Kleve und Krefeld. Es handelt sich um eine außeruniversitäre Einrichtung.

Mysteriöser Leichenfund: Tötungsdelikt mit Kohlenmonoxid

Am 23.12.1994 wurde um 8.24 Uhr nahe Duisburg ein Pkw-Kombi, Opel Frontera, aufgefunden, der dort offenbar schon seit längerer Zeit stand; der Motor lief, die Beleuchtung war eingeschaltet, unter dem Auspuff fand sich eine größere Kondenswasserlache. Türen und Fenster des Fahrzeugs waren geschlossen. Im Fahrzeug fand sich eine leblose männliche Person, die angegurtet war; der Oberkörper war auf den Beifahrersitz geneigt. Da nicht unmittelbar feststellbar war, ob der Mann, bei dem es sich um den Halter des Fahrzeugs handelte, noch lebte, wurde eine Notärztin beigezogen, die sofort Reanimationsmaßnahmen einleitete und den Transport in das nächstgelegene Krankenhaus veranlasste. Der Mann verstarb hier um 8.55 Uhr. Die Ermittlungen der Kriminalpolizei ergaben, dass es sich bei dem Verstorbenen um den 33 Jahre alten Bürokaufmann W. S. handelte, der seit einigen Monaten mit seiner Lebensgefährtin E. K. ca. zwei Kilometer vom Auffindeort entfernt zusammen lebte. Diese gab an, er sei am Morgen gegen 4.30 Uhr mit seinem Pkw zu seiner Arbeitsstelle in Duisburg aufgebrochen. W. S. sei ihres Wissens nie ernsthaft krank gewesen und habe auch keine Suizidabsichten geäußert.

Nachdem W. S. im Krankenhaus verstorben war, fiel im Bereich sich der entwickelnden Leichenflecken, die normalerweise von violetter Färbung sind, eine allgemeine hellrote Verfärbung auf. Dieser ungewöhnliche Befund ließ den Verdacht auf eine Kohlenmonoxidvergiftung aufkommen. Aus diesem Grunde wurde unmittelbar eine Blutprobe entnommen, deren Analyse einen erheblich erhöhten Kohlenmonoxid-Hämoglobinwert von 49 % aufdeckte. Daraufhin liefen noch am gleichen Tag umfängliche Ermittlungen der Kriminalpolizei an.

Befragungen zur Opferpersönlichkeit ergaben, dass W. S. beim Wiegedienst der Thyssen-Stahl-AG tätig war. Im privaten Bereich hatte er in den zurückliegenden Jahren mit verschiedenen Frauen zusammen gelebt, war auch verheiratet gewesen; die jeweiligen Verbindungen hatten jedoch nie lange gehalten mit der Folge, dass es bei W. S. immer wieder zu depressiven Phasen gekommen war. Er hatte auch wiederholt Suizidabsichten geäußert, wobei er diese dahingehend konkretisiert hatte, dass er mit seinem Auto gegen eine Wand oder eine Leitplanke fahren würde. Seine letzte Lebensgefährtin hatte er über eine Kontaktanzeige kennen gelernt; die Verbindung zu E. K. soll nach Angaben von Verwandten und Bekannten glücklich gewesen sein.

Im Hinblick auf den toxischen Kohlenmonoxid-Hämoglobin-Gehalt wurde von der Staatsanwaltschaft Duisburg die Leichenöffnung angeordnet, die noch am gleichen Tag durchgeführt wurde. Im Ergebnis wurde festgestellt, dass eine gewaltsame Todesursache nicht vorlag; an den inneren Organen fand sich eine deutliche Rechtsherzverdickung, sonstige wesentliche krankhafte Organbefunde waren nicht zu erheben. In der Magenschleimhaut fanden sich flohstichartige Blutungen als Hinweis auf einen Schockzustand; auch an den Lungen wurden Schockzeichen festgestellt. Eine bei der Obduktion entnommene Blutprobe wies einen Kohlenmonoxid-Hämoglobin-Gehalt von 47,1 % auf; eine Alkoholisierung lag nicht vor; eine anderweitige Vergiftung konnte durch ergänzend durchgeführte chemisch-toxikologische Untersuchungen ausgeschlossen werden. Nach diesen Untersuchungen war also davon auszugehen, dass der Tod durch eine Kohlenmonoxidvergiftung eingetreten war, wobei der tatsächlich gemessene Kohlenmonoxid-Hämoglobin-Wert durch eine intensive Sauerstoffbeatmung im Rahmen der Wiederbelebungsmaßnahmen offenbar vom Ausgangswert teilweise abgesenkt worden war.

Bei der weiteren Ermittlungsarbeit der Kriminalpolizei standen nun drei Arbeitshypothesen im Raum: In Anbetracht der Vorgeschichte war ein Selbstmord durch Einatmung von Kohlenmonoxid in Betracht zu ziehen; da W. S. in einem PKW aufgefunden worden war, musste an einen Unglücksfall durch einen technischen Defekt des Fahrzeugs gedacht werden; in Betracht kam aber natürlich auch ein Tötungsdelikt durch Beibringung von Kohlenmonoxid. Die in Erwägung gezogenen Möglichkeiten des Geschehensablaufes waren durch entsprechende gutachterliche Untersuchungen abzuklären.

Zunächst und vordringlich wurden Ermittlungen zur Frage eines Selbstmords durch Einatmung von Kohlenmonoxid angestellt: Ein

Abschiedsbrief wurde nicht gefunden, was aber einen Suizid naturgemäß nicht ausschließt. Die Suche nach der Kohlenmonoxid-Quelle war von eminenter Bedeutung; ein Testkauf führte zu dem Ergebnis, dass es jederzeit möglich war, sich im Handel eine mit Kohlenmonoxid-Gas gefüllte Druckflasche zu besorgen. Eine solche Flasche war im Fahrzeug nicht aufgefunden worden; im Falle einer Selbsttötung hätte W. S. eine solche Flasche dem gemäß beseitigt haben müssen, nachdem er seinen Pkw selbst geflutet hatte. Es wurde also nahe der zurückgelegten Fahrstrecke eine intensive Suche, beispielsweise in Müllcontainern, im Straßengraben usw. eingeleitet unter der Vorstellung, dass W. S. die Flasche unterwegs nach Flutung des Fahrzeugs mit dem Gas entsorgt haben könnte. Diese Suche verlief negativ, sodass letztlich die Selbstmordtheorie ad acta gelegt wurde.

Parallel zu diesen Ermittlungen stand die Untersuchung des Fahrzeugs im Vordergrund, die von der DEKRA vorgenommen wurde. Bei dem Pkw handelte es sich um einen Opel Frontera Sport 2.0 i, der 1994 neu zugelassen worden war und dessen Laufleistung 10 400 km betrug. Die Sichtprüfung ergab keinerlei technische Defekte, insbesondere lagen keine Undichtigkeiten an der Auspuffanlage vor. Es wurde auch überprüft, ob möglicherweise ein Radwechsel an den Hinterrädern stattgefunden hatte, in dessen Verlauf es u. U. zu einer Einatmung von Auspuffgasen bei laufendem Motor gekommen sein könnte; ein solcher Radwechsel hatte aber nicht stattgefunden. Insgesamt ergaben sich keinerlei Hinweise für technische Defekte, für eine Manipulation am Motor und/oder der Auspuffanlage oder für ein ungewolltes oder gewolltes Einleiten von Auspuffgasen in den Fahrzeuginnenraum.

In Anbetracht dieser unbefriedigenden Ergebnisse bezüglich der Rekonstruktion des Geschehensablaufes begann nun die Mikrospurensuche am Fahrzeug, in deren Rahmen Folgendes festgestellt wurde: An der B-Säule der Beifahrerseite wurden minimale Lackabschürfungen an der Tür sowie der B-Säule selbst festgestellt, bei denen es sich um normale Gebrauchsspuren hätte handeln können. Es fand sich jedoch bei der weiteren Untersuchung in Höhe einer der Lackabsplitterungen eine in gleicher Höhe liegende Beschädigung des dahinter liegenden Türdichtungsgummis, die sich als perforierend herausstellte, sodass vermutet werden musste, dass der Dichtungsgummi hier mit einem kanülenartigen Gegenstand etwa vom Durchmesser einer Kugelschreibermine durchstochen worden war. Da eine solche Beschädigung nicht mehr durch normale Vorgänge des täglichen Lebens erklärt werden konnte, drängte sich nunmehr der Verdacht auf, dass an dem Fahrzeug eine Fremdmanipulation mit Einleitung von Kohlenmonoxid in den Fahrzeugraum stattgefunden hatte.

Es entspricht rechtsmedizinischer und kriminalistischer Erfahrung, dass es sich bei Tötungsdelikten meist um so genannte Beziehungstaten handelt, bei denen der Täter im persönlichen Umfeld des Opfers zu suchen ist. Die Befragung der E. K. deckte auf, dass diese vor ihrer Verbindung mit W. S. mehrere Jahre mit A. R. zusammen gelebt hatte. Diese Verbindung war von E. K. schließlich gelöst worden, womit A. R. nicht klar gekommen war. Er hatte E. K. ständig bedrängt, zu ihm zurück zu kommen, hatte ihr häufig entsprechende Briefe zukommen lassen. Nachdem sein diesbezügliches Drängen bekannt geworden war, gehörte A. R. naturgemäß zu den in erster Linie Tatverdächtigen. Es wurden beim Amtsgericht Durchsuchungsbeschlüsse gegen den Tatverdächtigen A. R. erwirkt mit der Begründung, es bestehe der Verdacht, dass er aus Eifersucht den neuen Lebenspartner seiner ehemaligen Freundin getötet haben könne.

Am 05.01.1995 wurden das Spind am Arbeitsplatz, die Wohnung der Eltern, eine von A. R. benutzte Garage und die Wohnung der E. K. durchsucht. Dabei wurde im Spind von A. R. nun auch tatsächlich das verwendete Tatwerkzeug aufgefunden: Es handelte sich um ein Druckminderungsventil, dessen Schlauchausgang so umgebaut worden war, dass hier ein mehrere Meter langer Plastikschlauch angeschlossen werden konnte. Am anderen Ende dieses Schlauches war eine Schnellkupplung angebracht worden, sodass ein 43,5 cm langes Kupferrohr mit einem inneren Durchmesser von 1 mm und einem äußeren Durchmesser von 3 mm angekoppelt werden konnte. Das freie Ende dieses Kupferrohres war an der Spitze kanülenartig angeschliffen worden. Am Arbeitsplatz des A. R. konnte ermittelt werden, dass dort Druckflaschen mit Kohlenmonoxid in unterschiedlicher Größe und in unterschiedlichen Konzentrationen zum Einsatz kamen und damit zur Verfügung standen. Mit diesen Fakten konfrontiert, gab A. R. schließlich zu, am Abend des 22.12.1994 das Gas in das Fahrzeug seines Nebenbuhlers eingeleitet zu haben.

Zur Täterpersönlichkeit wurde ermittelt, dass es sich bei A. R., geb. 1957, um einen Mann handelte, der als Mess- und Regelmechaniker bei der Firma Thyssen Stahl angestellt war. Im Rahmen dieser Tätigkeit hatte er ständig mit verschiedenen Kalibriergasen, so auch mit Kohlenmonoxid, zu tun, sodass ihm die Gefährlichkeit von Kohlenmonoxid bekannt war. Er gab an, er habe die oben beschriebene Vorrichtung angefertigt, um sie zur Hohlraumversiegelung seines Fahrzeugs einzusetzen. Am Tattag habe er mit dem Kupferrohr die Türdichtung des Pkw durchstochen, nachdem er mit seinem Wagen neben den geparkten Pkw des W. S. gefahren sei. Er habe dann den Hahn der Gasflasche aufgedreht und das Gas etwa 15 Minuten lang eingeleitet. Er habe sich ausgerechnet, dass sich auf diese Weise ca. 150 Liter Gasgemisch im Fahrzeuginneren befinden müssten, das Volumen des Pkw hatte er dabei auf 1 000 Liter geschätzt. Er sei davon ausgegangen, dass sich bis zum Fahrtantritt des W. S. am nächsten Morgen durch die »Zwangslüftung« des Pkw die Kohlenmonoxid-Konzentration im Fahrgastraum soweit verdünnt haben müsste, dass sich nur noch eine nicht mehr tödliche Kohlenmonoxid-Menge im Pkw befunden hätte. Sein Ziel sei es gewesen, dem neuen Lebensgefährten der E. K. das Weihnachtsfest zu verderben, in dem er ihm Kopfschmerzen und sonstige Beschwerden habe bereiten wollen. A. R. habe ihn keinesfalls töten wollen. Zudem sei er davon ausgegangen, dass W. S. seinen Pkw erst am nächsten Morgen gegen 8.00 Uhr benutzen werde. Noch während der Zeit, in der er das Gas in den Pkw eingeleitet habe, sei W. S. erschienen, um seinen Pkw in Betrieb zu nehmen. Er habe sich gerade noch vom Tatort entfernen können, sei dann den Weg abgefahren, den W. S. seiner Kenntnis nach nehmen werde. Nachdem er den Pkw des W. S. zunächst nicht gefunden habe, habe er den Wagen dann an der späteren Auffindestelle gesichtet und festgestellt, dass der Fahrer am Steuer zusammengebrochen war. Er sei nun davon ausgegangen, dass er W. S. nicht mehr helfen könne und habe sich entfernt. Schon auf der Fahrt sei ihm dann klar geworden, dass sich im Fahrzeuginneren eine Kohlenmonoxid-Konzentration von ca. 5 %, entsprechend ca. 50 000 ppm[1] befunden habe, wobei ihm auch klar gewesen sei, dass bereits eine Konzentration von 10 000 ppm tödlich sei. Die Möglichkeit, das Leben des W. S. noch zu retten, nahm A. R. nicht wahr. So hätte er beispielsweise die Türen des Fahrzeugs nur öffnen müssen, um den Pkw zu belüften; er hätte W.S. aus dem Wagen ziehen und Wiederbelebungsmaßnahmen einleiten können, auch hätte er über das in seinem Besitz befindliche Handy die Rettungswache verständigen können.

Im August 1995 fand die Hauptverhandlung vor dem Schwurgericht Duisburg statt. A. R., dem der psychiatrische Gutachter einen Intelligenzquotienten von 124 bescheinigte, ließ sich dahingehend ein, dass er W. S. nicht habe umbringen wollen – »Ich wollte den Kerl nicht vergiften.« Sein Ziel sei es gewesen, dass W. S. nach Einatmung der Restmengen des Gases in den nächsten Tagen unter Kopfschmerzen leiden solle. Unglücklicherweise habe W. S. seinen Weg zur Arbeit bereits um 4.30 Uhr und nicht erst, wie von ihm angenommen, gegen 8.00 Uhr angetreten. Der Tatablauf wurde von Seiten des psychiatrischen Gutachters als »geplant, vorbereitet und zielstrebig ausgeführt« bewertet, wobei die hohe Intelligenz des Täters zu berücksichtigen war. Dem Einwand der Verteidigung, A. R. habe im Zustand verminderter Schuldfähigkeit gehandelt, folgte das erkennende Gericht nicht. Wegen bestehender Restzweifel sah es von einer Verurteilung wegen Mordes ab; A. R. wurde wegen »Vergiftung mit Todesfolge« zu einer Freiheitsstrafe von 13 Jahren verurteilt.

1) ppm = parts per million (ein Teil auf eine Million Teile)

Eduard Peter Leinzinger

Institut für gerichtliche Medizin Graz (Österreich)

Univ.-Prof. Dr. med. Eduard Peter Leinzinger, 1948 in Graz geboren, studierte Medizin an der Universität Graz. Zunächst war er als wissenschaftlicher Assistent an der chirurgischen und anästhesiologischen Abteilung im Klinikum Graz tätig, seit 1973 am Institut für Gerichtliche Medizin der Universität Graz. Ab 1989 war Leinzinger dessen interimistischer Leiter und seit 1992 ist er zum Ordinarius bestellt. Schwerpunkte seiner wissenschaftlichen Tätigkeit waren zunächst Blutgruppenserologie und Verkehrsmedizin, in den letzten Jahren vermehrt Medizinrecht. Seit 1989 ist E. Peter Leinzinger ständiges Mitglied der Patienten-Schlichtungsstelle Steiermark sowie derzeit Vizepräsident der WAML (World Association of Medical Law).

Ein teurer Hirsch

Mitte September 1989 beobachtete eine Fahrzeuglenkerin kurz nach Mitternacht bei ihrer Heimfahrt am Waldrand einen Pkw mit Anhänger, welcher bei ihrer Annäherung weg fuhr. An der Stelle, wo der Pkw ursprünglich angehalten worden war, bemerkte sie neben der Fahrbahn Plastiksäcke bzw. Folien und teilte dies der Gendarmerie mit.

Ein Beamter stellte fest, dass das Gras auf der Straßenböschung niedergewalzt war, darauf eine große Menge von Wildschweiß (=Blut) sowie Wildhaare haftete. Auch ein kleines Wildbretstück (=Fleisch) mit einem fraglichen Federstück (=Rippenknochen des Schalenwildes) konnte vorgefunden und sichergestellt werden.

Es bestand der dringende Verdacht einer Wilddieberei, da der zuständigen Jagdgesellschaft kein Abschuss in diesem Revierteil bekannt war. Bei einem in der Nähe wohnenden Mann, schon des längeren verdächtig des Wilddiebstahls, wurden auf dem Pkw-Anhänger Wildhaare und Schweißspuren festgestellt. In seinem Pkw im Fußraum fahrerseitig fand sich ein Haarbüschel, vermutlich von einem Tier stammend. Bei der Hausdurchsuchung konnten zwar kein Wildbret oder sonstige Wildreste vorgefunden werden, allerdings waren auf seiner Armbanduhr auf Blut verdächtige Bezirke, ebenso auf seiner Windjacke, festzustellen.

Von den Jägern wurde vermutet, dass es sich bei der auffälligen Stelle neben der Fahrbahn am Waldrand um ein Wundbett handelt (darunter versteht der Jäger jene Stelle, an der sich ein krankes, wundgeschossenes Wild niederlegt, wo es in weiterer Folge auch verenden kann).

Die im Wundbett sichergestellten Haare wurden als Schnitthaare gedeutet (=Haare, welche am Einschuss durch das Projektil scharf abgetrennt werden).

Der Verdächtige leugnete jeden Zusammenhang mit Wilddiebstahl, wohl habe er zwei Jahre zuvor von einem Bekannten Hirschfleisch erhalten, dieses auf den Pkw-Anhänger geworfen, möglicherweise stamme das Blut von damals bzw. habe er den Anhänger an verschiedene Bekannte verliehen.

Der Beamte, welcher die verdächtigen Spuren am Anhänger gesichert hatte, schilderte, dass er diese bzw. blutige Holzspäne nicht aus den Fugen des Bretterbodens gelöst habe, sondern sie lose auflagen; seiner Meinung nach waren sie nicht vertrocknet, sondern es handelte sich um frisch gestocktes Blut. Die sichergestellten Haare, vermutlich von Wild stammend, seien teilweise zwischen Bordwand und Bodenbrett des Hängers eingeklemmt gewesen, teilweise frei, und oberflächlich anhaftend. Dazu gab der Verdächtige an, er habe vor geraumer Zeit, mindestens fünf Jahre zurückliegend, von einem Bekannten eine alte Hirschdecke als Sondermüll abtransportiert. Dies wurde vom Zeugen bestätigt. Ein weiterer Zeuge erklärte, dass der Verdächtige wohl manchmal Niederwild auf dem Anhänger transportiert hätte, niemals jedoch Hochwild.

In der ersten Gerichtsverhandlung beantragte der Verteidiger daher ein Gutachten zur Feststellung der Blutart auf dem Anhänger. Sollte es sich tatsächlich um Hirschblut handeln, müsse es altes und nicht frisches sein. Die Haare auf dem Anhänger, wenn es sich um Hirschhaare handle, seien sicherlich nur ausgefallene einer alten Hirschdecke, jedenfalls würden diese Spuren in keinerlei Zusammenhang mit jenen vom am Straßenrand vermuteten Wundbett stehen.

Untersuchungen an der Bundesanstalt für Tierseuchenbekämpfung in Mödling ergaben, dass es sich bei dem eingesandten Fleischstück, an einem Rippenknochen von Schalenwild haftend, mit großer Wahrscheinlichkeit um Hirschfleisch handle, serologisch war Rehfleisch auszuschließen. Weitere Untersuchungsmethoden standen der Anstalt nicht zur Verfügung. Die Untersuchung der Haare, sichergestellt an der Verendungsstelle bzw. auf dem Pkw-Anhänger durch die Kriminaltechnische Zentralstelle, ergab, dass es sich mit sehr großer Wahrscheinlichkeit um Hirschhaare handeln dürfte. Das Haarbüschel hingegen, gefunden im Fußraum des Pkw auf der Fahrerseite, war eindeutig einem Hund zuzuordnen. Weitere Untersuchungsmöglichkeiten standen nicht zur Verfügung.

Dieser Informationsstand war begreiflicherweise für ein weiteres Gerichtsverfahren nicht ausreichend und so wurde das Institut für Gerichtliche Medizin der Universität Graz damit betraut, zusätzliche Beweismöglichkeiten auszuschöpfen. In altbewährter schematischer Vorgangsweise wurde sämtliches Spurenmaterial – verdächtig auf Blutreste – zunächst der empfindlichen Benzidinprobe unterzogen. Es handelt sich dabei um einen Blutnachweis beruhend auf der Peroxidasewirkung des Hämoglobins (=Blutfarbstoff), Bestandteil des Erythrozytens(=rotes Blutkörperchen). Das ist ein hoch empfindlicher, aber unspezifischen Vortest, d. h. die Farbumschlagsreaktion wird nicht nur durch Blutfarbstoff, sondern auch durch Pflanzen-, Obstsäfte bzw. andere Oxitationsmittel ausgelöst. Nach Kontakt mit geringsten Blutspuren tritt sofortige deutliche Blauverfärbung im flüssigen Reaktionsgemisch auf. Diese Untersuchungstechnik wird daher auch im klinischen Bereich angewandt, etwa um im Stuhl Blutspuren nachzuweisen. Sowohl die verdächtigen Bezirke auf der Windjacke als auch an der Armbanduhr, weiter die Haare, sichergestellt im Wundbett, und die verdächtigen Auf- und Anlagerungen, von Pkw-Anhänger stammend, waren allesamt positiv.

Nach diesem Ergebnis ist zwangsläufig der nächste Schritt der Versuch die Blutart festzustellen, d. h. ob das Blut vom Menschen oder irgendeiner Tierart herstammt. Das Prinzip dieser Untersuchungstechnik ist der Nachweis des artspezifischen Eiweißes im Blutserum mittels dagegen gerichteter spezifischer Antikörper. Injiziert man z. B. einem Kaninchen mehrfach gereinigtes Menschenserum, kann es gegen das artfremde Eiweiß gerichtete Antikörper bilden. Im Labor wird Blutspurenmaterial in durchsichtiges Agargel eingebracht, ringsum werden entsprechende Antisera aufgetragen und es kommt nach der gegenläufigen Durchwanderung im Gel an den Auftrefforten zur Präzipitation (=Eiweißausfällung), sichtbar in Form zarter grau-weißlicher Linien.

Im gegenständlichen Fall war die Untersuchung an sich durch den Umstand erschwert bzw. zunächst unmöglich, dass unter den am Weltmarkt befindlichen Antiseren gegen »gängige« Tierarten kein Hirsch-Antiserum erhältlich war. Eine einzigeFirma in England war imstande unserem Auftrag gerecht zu werden und wir erhielten nach einigen Wochen das gewünschte Antiserum.

Die nachfolgende Untersuchung sämtlicher Blutspuren ließ erkennen, dass es sich tatsächlich um das Wundbett eines Hirschs gehandelt hatte, allerdings waren die Blutanhaftungen an der Windjacke bzw. an der Uhr zu gering an Menge, sodass sich an diesen

Gegenständen die Blutart nicht mehr feststellen ließ. Auch die Blutspuren vom Anhänger waren durch unsachgemäße Vorbehandlung (außerhalb unseres Einwirkungsbereiches) derart verändert, dass ein Blutartnachweis nicht mehr gelang.

Von großer Bedeutung war daher die weitere morphologische Untersuchung der sichergestellten Haare. Die Bestimmung erfolgte mittels Mikroskop und Vergleich mit bereits vorbestimmten Haartypen ersichtlich in Atlanten z. B. von Lochte. Tatsächlich waren sowohl die Haare im Wundbett als auch vom Pkw-Anhänger eindeutig einem Hirsch zuzuordnen. Mikroskopisch ist der Aufbau derart typisch, dass keinesfalls Verwechslungsgefahr etwa mit Rehhaar bestünde. Mit spezieller Kenntnis lässt sich sogar der Unterschied zwischen Winter- und Sommerkleid feststellen.

Außer der eindeutigen Artbestimmung war auch die weitere Beschaffenheit der Haare sehr aufschlussreich. Die teilweise büschelartig durch Blutreste zusammengehaltenen Haare im Wundbett waren im Schaftbereich schräg oder gerade abgeschnitten, Quetschungen oder Aufsplitterungen waren ebenso wenig festzustellen wie Haarwurzeln. Es handelte sich demnach – wie von den Jägern bereits vermutet – um so genannte Schnitthaare, d. h. durch das Projektil ziemlich scharf durchtrennte Haarschäfte, und nicht etwa um ausgefallene oder ausgerissene Haare.

Praktisch dasselbe Ergebnis wurde festgestellt bei der Untersuchung von den am Anhänger sichergestellten Haaren. Auch diesen hafteten vereinzelt noch kleinste Blutschüppchen an. Somit war auszuschließen, dass die Haare vom Pkw-Anhänger älteren Datums waren, insbesondere von einer alten Wilddecke ausgefallen oder ausgerissen worden wären. In Vergleichsuntersuchungen wurden selbstverständlich aus alten gegerbten Decken Haare ausgezogen und diese ergaben gänzlich andere Untersuchungsergebnisse. In der Gesamtwertung der Befunde war demnach die Behauptung des Verdächtigen zu widerlegen, er habe mit einem frisch gewilderten Hirsch nichts zu tun, insbesondere seine Erklärungsversuche bezüglich doch nachzuweisender Hirschteile.

Da die Untersuchungsergebnisse nicht mit letzter Sicherheit die Beweiskette schließen konnten, insbesondere weil die Blutspuren an der Windjacke und der Uhr des Tatverdächtigen infolge zu geringer Menge eine Blutartzuordnung nicht zuließen, musste diese Beweislage im Gerichtsverfahren ausreichen. Der Vorwurf der Staatsanwaltschaft lautete daher: Eingriff bzw. schwerer Eingriff in fremdes Jagd- oder Fischereirecht (§ 137, 138 StGB), d. h. der Wilddiebstahl erfolgte unter Verwendung einer Schusswaffe, der Wert des Wildes hatte einen bestimmten Betrag überschritten usw.

Zu Beginn der Verhandlung leugnete der Angeklagte nach wie vor jeglichen Zusammenhang und blieb bei seiner Verantwortung auch nach Vorhalt sämtlicher Untersuchungsergebnisse. Diesen folgte sehr wohl der Richter, indem er den Angeklagten für schuldig befand und aus general- und spezialpräventiven Gründen (bereits mehrere einschlägige Vorfälle) zur Zahlung einer empfindlich hohen Geldstrafe verurteilte mit dem Zusatz, dass man dafür regulär wohl einen sehr ordentlichen Hirsch erlegen hätte können. Wider aller Erwartungen nahm der Verurteilte diese Strafe ohne Inanspruchnahme einer Bedenkzeit sofort an, was den Richter letztlich zur Äußerung hinriss, dass er nunmehr von den Untersuchungsergebnissen vollständig überzeugt sei.

Für den Gerichtsmediziner war dies ein exotischer, hochinteressanter Fall abseits der üblichen Aufgaben und Fragestellungen, die in der Regel mit geschädigten oder getöteten Menschen im Zusammenhang stehen, im Prinzip aber über die selben Untersuchungsmethoden zu einem wichtigen Beweisergebnis vor Gericht führte.

Georg Bauer
Institut für gerichtliche Medizin Wien (Österreich)

A. Univ.-Prof. Dr. med. Georg Bauer wurde im Jahre 1942 geboren. Er promovierte zum Doktor der gesamten Heilkunde an der Universität Wien im Jahre 1966. Bauer absolvierte die Ausbildung zum Arzt für Allgemeinmedizin und trat danach in das Wiener Institut für Gerichtliche Medizin unter Leopold Breitenecker ein. Es folgte Habilitation mit einer Untersuchung zum Wandel des Kausalitätsbegriffes im Österreichischen Strafrecht. Georg Bauer verfasste rund 200 Arbeiten zu allen Themenkreisen der Gerichtlichen Medizin, insbesondere zur ärztliche Standeskunde, Kunstfehlern und forensischer Pathologie. Nach der Emeritierung von Wilhelm Holczabek im Jahre 1989 übernahm Bauer die Leitung des Wiener Institutes für Gerichtliche Medizin bis zum Inkrafttreten des neuen Österreichischen Universitätsgesetzes am 1.1.2004.

In den 14 Jahren seiner Institutsleitung wurden zahlreiche Aufsehen erregende Fälle durch die Wiener Gerichtsmedizin bearbeitet, u. a. die Mordserie im Krankenhaus Lainz, die Serientäterschaft Jack Unterwegers, der Lauda Air-Absturz in Bangkok, die Ermordung kurdischer Unterhändler, die Briefbombenserie Franz Fuchs sowie der Fall des Schubhäftlings Omofuma. Neben dem Grabraub der Mary Vetsera bearbeitete Georg Bauer weitere kulturhistorisch interessante Fälle, wie den Paracelsus-Fall, den so genannten Mozartschädel, Fälle angeblicher KZ-Opfer sowie den des berühmten Eismannes »Ötzi« aus den Ötztaler Alpen.

Mary Vetsera aus der Gruft geraubt. Eine Kriminalkomödie aus Österreich

Der Grabraub durch den Linzer Möbelhändler

Am Montag, dem 21.12.1992 um 8.00 Uhr früh wurde ich von Hans Bankl, Professor für Pathologische Anatomie und bekannter Autor medizin-historischer Abhandlungen, im Institut angerufen. Es gehe um eine geradezu unglaubliche Sache, und zwar betreffend die sterblichen Überreste der Baronesse Mary Vetsera und deren Gruft in Heiligenkreuz. Hans Dichand und sein Redakteur Georg Markus von der Kronen Zeitung hätten ihm gesagt, dass der Blechsarg samt Inhalt aus der Gruft der Mary Vetsera geraubt worden wären und für wissenschaftliche Untersuchungen zur Verfügung stünden. Der derzeitige »Eigner« von Sarg samt Inhalt habe vor vier oder fünf Jahren die Gruft heimlich öffnen, den Blechsarg wegschaffen und unter falschen Angaben auch schon Expertisen erstellen lassen. Es handle sich um einen Mann aus Linz, der ein besonderes Interesse habe an der historischen Tragödie auf dem Jagdschloss Mayerling am 30.1.1889, als Kronprinz Rudolf von Österreich und seine 18-jährige Begleiterin Baronesse Mary Vetsera erschossen aufgefunden wurden, was auch der Beweggrund für diese unglaubliche Vorgehensweise sein dürfte. Es seien noch ziemlich gut erhaltene Kleiderreste sowie Schuhe vorhanden, die bereits im Auftrag des Mannes untersucht worden seien und angeblich mit den Berichten bzw. Bildern aus der damaligen Zeit zusammenpassen. Die Sachen seien von einem Textilfachmann untersucht, dokumentiert und fotografiert worden. Im Sarg seien auch die sehr langen, dichten schwarzen Haare vorhanden. Unter falschen Angaben habe dieser Mann bereits vor einem Jahr dem bekannten Anthropologen Prof. Szilvassy die Gebeine aus dem Sarg zur Begutachtung zukommen lassen, mit dem Ergebnis, es handle sich um das Skelett einer Frau, ca. 18 Jahre alt, Liegezeit ungefähr 100 Jahre, keine vitalen Verletzungen. Auch ihm selbst, Prof. Bankl, seien Fotos und Expertisen vorgelegt worden, u. a. der Befund des Gerichtsmediziners Prof. Jarosch aus Linz. Die vorgelegten Fotos wurden keine Zeichen von

Schussverletzungen zeigen, lediglich eine Beschädigung des Schädels, die gut mit dem Hieb durch eine Gartenhaue (bei einer Plünderung der Gruft im Jahre 1945) zusammenpassen würde. Der Schädel sei sonst – nach den Prof. Bankl vorgelegten Bildern – in eher schlechtem Zustand, die Schädelkapsel sei komplett, der Unterkiefer vorhanden, aber die Gesichtsschädelknochen würden weitgehend fehlen. Nach dem, was Prof. Bankl aus den Bildern entnehmen konnte, seien keine Zeichen von Schusslöchern vorhanden. Im Zuge des Grabraubes vor vier oder fünf Jahren sei der Blechsarg mit seinem Inhalt jedenfalls entfernt und bisher nicht wieder zurückgestellt worden, befände sich aber irgendwo in Wien und wäre, so die Mitteilung seitens der Kronen Zeitung, für weiterführende Untersuchungen rasch verfügbar.

Prof. Bankl richtete also die Frage an mich, gewissermaßen namens der Kronen Zeitung, ob von meiner Seite Interesse an einer Untersuchung der sterblichen Überreste von Mary Vetsera bestünde oder wie in diesem außergewöhnlichen Fall sonst weiter vorzugehen wäre.

Ich stellte Prof. Bankl gegenüber klipp und klar fest, dass hier ein Grabraub vorliege, und zwar aus einem historisch und kulturgeschichtlich höchst bedeutsamen Ort. Aus meiner Sicht müssten die zuständigen Behörden informiert, eine der Bedeutung der Sache entsprechende kulturhistorische und medizinisch-wissenschaftliche Bearbeitung und Analyse gesichert sowie der Inhaber des Grabstellenrechtes, sei es der Abt des Stiftes Heiligenkreuz oder etwaige Rechtsnachfolger, verständigt werden. Das Grabstellenrecht im Sinne eines privatrechtlichen Nutzungsrechtes eigener Art, das durch Vertrag begründet wird und im Erbweg übergeht, sei nach dem geltenden Leichen- und Bestattungsgesetz mit Bezug auf den konkreten Fall zu überprüfen.

Prof. Bankl meinte, dass es einen Inhaber des Grabstellenrechtes von Seiten allfälliger Rechtsnachfolger nicht mehr gäbe, wogegen mir bekannt war, dass eine Gräfin Hoyos aus Trautmannsdorf sich vor einigen Jahren gegen eine Öffnung der Gruft ausgesprochen haben soll.

Im Zuge des weiteren Gespräches mit Prof. Bankl wies ich darauf hin, dass zunächst einmal auch die Gruft einer kriminaltechnischen

Untersuchung unterzogen werden müsse zur Frage, ob tatsächlich vor einigen Jahren der Gruftdeckel abgehoben wurde und sich jemand in die Gruft Eingang verschafft hat, und es werde zu überprüfen sein, ob der Blechsarg aus der Gruft tatsächlich fehlt.

Ich sprach mich dagegen aus, dass der Sarg samt Inhalt in einem Auto gleich einmal in die Gerichtsmedizin gebracht würde, und beharrte darauf, dass in Zusammenarbeit mit den Behörden eine den offenen Fragestellungen adäquate Bearbeitung vorgenommen werde. Prof. Bankl versicherte mir mehrmals, dass er selbst Sarg und Inhalt nicht gesehen habe, niemals in der Gruft gewesen sei und von all dem erst vor wenigen Tagen in einem Gespräch erfahren habe. Und er habe den Herren von der Kronen Zeitung gesagt, dass das weitere Vorgehen in dieser Angelegenheit zunächst mit Prof. Bauer abzusprechen sei.

Gewissermaßen als Ergebnis dieser indirekten Kontaktaufnahme rief mich dann zwei Stunden später der mit der Sache befasste Redakteur Georg Markus von der Kronen Zeitung an, berief sich auf das von Prof. Bankl mit mir geführte Telefonat und bat mich um meine Meinung für den einzuschlagenden modus procedendi. Dabei teilte mir Markus mit, der Grabraub sei im Jahre 1988 erfolgt, nach Angabe seines Informanten und derzeitigen »Eigners« des Sarges habe ein ihm nicht bekannter Adeliger zwei Leute mit dem Grabraub beauftragt, dann aber dafür nicht bezahlen wollen, so dass die beiden Männer den Sarg schließlich einem anderen Interessenten verkauften, eben dem derzeitigen »Eigner«, der die Sache jetzt der Kronen Zeitung übergeben habe, um eine Klärung herbeizuführen. Markus meinte, die vorhandenen Unterlagen, insbesonders Fotos von Kleiderresten, würden bei Vergleich mit Aufnahmen bzw. Beschreibungen aus der Zeit der Tragödie von Mayerling den ziemlich sicheren Schluss zulassen, dass hier wirklich die sterblichen Überreste von Mary Vetsera vorlägen. Auch alle anderen Befunde, die über bereits erstellte Gutachten erhoben wurden, stimmten mit den Berichten und Dokumentationen zu Mary Vetsera überein.

In Folge dieses Telefonates wurde ich am Nachmittag desselben Tages von Hofrat Dr. Edelbacher, dem Chef des Wiener Sicherheitsbüros, angerufen, der mir mitteilte, dass Herr Markus von der Kronen Zeitung zu dem genannten Sachverhalt Anzeige erstattet habe.

Nach der Niederschrift, die von der Polizei mit dem Redakteur Markus von der Kronen Zeitung um 16.40 Uhr des 21.12.1992 aufgenommen wurde, sei der Sarg also im Jahr 1988 im Auftrag eines unbekannten Adeligen entwendet worden, der dann aber den Kaufpreis (angeblich 90 000 ATS) nicht bezahlen wollte. Der Sarg sei dann dem Informanten angeboten worden, der ihn schließlich für angeblich 30 000 ATS übernommen habe. In den nächsten drei Jahren habe der Informant das Skelett und die übrigen Gegenstände von verschiedenen Experten untersuchen lassen, u. a. vom Anthropologen Prof. Szilvassy, vom Gerichtsmediziner Prof. Jarosch in Linz, von einem Zahnarzt und auch von Fachleuten für Kostümkunde und Textilforschung. Nach Einblick in die vorgelegten Expertisen habe er, Markus, feststellen könne, dass viele Ergebnisse dieser Untersuchungen tatsächlich mit den historisch bekannten Angaben über Mary Vetsera übereinstimmten. Der Informant habe ihm angeboten, die zugänglichen Informationen zur Veröffentlichung vorzulegen, und ihm gesagt, er habe die Gegenstände in einer Wiener Speditionsfirma in drei Teilen, nämlich Sarg, Sargdeckel und Metallkoffer samt Gebeinen und anderen Gegenständen, deponiert.

Während der Aufnahme dieses polizeilichen Protokolls teilte der Informant auf Anfrage telefonisch Herrn Markus mit, wo sich die Gegenstände befänden, nämlich in der Spedition Roock in Wien.

Herr Markus stellte sich weiterhin den zuständigen Behörden zur Aufklärung der ursprünglich gesetzten Straftat zur Verfügung.

Der erste exklusive Bericht über den geschilderten Sachverhalt erschien in der Abendausgabe des 21.12.1992 in der Kronen Zeitung.

Am späten Nachmittag des 21.12.1992 wurde in der genannten Spedition im 23. Wiener Gemeindebezirk von der Polizei in meinem Beisein und zusammen mit Herrn Markus von der Kronen Zeitung Nachschau gehalten und es zeigte sich, dass die in Frage kommenden Gegenstände auf einer Verladerampe abgestellt waren. Es handelte sich um einen aufgeschnittenen Zinnsarg, dessen Deckel und Unterteil jeweils separat in einem Karton verpackt und verschnürt waren, des Weiteren eine Alutransportkiste, in welcher sich tatsächlich

Skelettteile und weitere sterbliche Überreste, durchaus ordentlich sortiert und verpackt, vorfanden. Der Prokurist des Speditionsunternehmens sagte aus, dass er die Gegenstände über Ersuchen seines Bekannten Helmut Flatzelsteiner, in Linz wohnhaft, am Donnerstag, dem 17.12.1992 übernommen und in der Lagerhalle aufbewahrt habe. Die Sachen sollten lediglich für einige Tage deponiert und dann wieder abgeholt werden. Über den Inhalt der Pakete habe er nicht Bescheid gewusst.

Folgerichtig fand der nächste Lokalaugenschein am Friedhof Heiligenkreuz statt, nachdem Abt Hradil erklärt hatte, er sei mit der Öffnung des Grabes der Baronesse Mary Vetsera am Stiftsfriedhof in Heiligenkreuz zur Klärung des Sachverhaltes einverstanden, und überdies war von Seiten des zuständigen Gerichtes über Auftrag der Staatsanwaltschaft die gerichtliche Öffnung der Gruft in Heiligenkreuz angeordnet worden.

Am 22.12.1992 um 12.50 Uhr wurde im Beisein zahlreicher in- und ausländischer Medienvertreter die erste der drei je 250 kg schweren Grabplatten gehoben. Sofort nach Heben der ersten Platte stand fest, dass der Sarg, in dem sich die sterblichen Überreste von Mary Vetsera zuletzt befanden, in der Gruft fehlte. Mary Vetsera war im Jahre 1959 in einen neuen Sarg umgebettet worden, den man auf zwei in die Mauer eingelassene Eisenträger unmittelbar über dem alten Originalsarg gestellt hatte.

Abt Hradil wurden Lichtbilder des geraubten und nunmehr sichergestellten Sarges vorgelegt und der Abt erkannte diesen Sarg als jenen wieder, in welchen man Mary Vetsera im Jahr 1959 umgebettet hatte.

Die Geschichte des Informanten und vorübergehenden »Eigners« des Sarges, der nunmehr als Helmut Flatzelsteiner aus Linz identifiziert war, klang nicht sehr glaubwürdig und es sollte auch bald die Wahrheit über den Grabraub ans Tageslicht kommen, und zwar durch bemerkenswerte, ebenfalls sehr ungewöhnliche Umstände. Wie in dem Buch von Georg Markus berichtet wird, deckte nämlich eine so genannte »Mayerling-Forscherin« – wie sie von einer Zeitung bezeichnet wurde – und ihr Kompagnon auf, dass das Gerippe der Vetsera nicht vor vier Jahren, sondern erst zwischen

November 1990 und August 1991 gestohlen worden sein konnte. Die »Forscherin«, die übrigens einst Bedienerin im Kronen Zeitung-Pressehaus war, erwies sich als ein derartiger Vetsera-Fan, dass sie deren Grabstätte alle paar Monate mit einer Videokamera filmte: »Im November 1990, also zwei Jahre, nachdem sie laut Flatzelsteiner geplündert worden sein soll, ist ihrem ›Videoprotokoll‹ zu entnehmen: ›bietet die Gruft den gewohnten Anblick. Wie immer in den vergangenen Jahren.‹ Doch am 12.8.1991 wollten die Forscher nicht glauben, was sie sahen: Es war die üblicherweise mit Grünspan bedeckte Fuge zwischen der vordersten und der mittleren Granitplatte breiter geworden. Die gewohnten Verwitterungsspuren waren verschwunden, die scharfen Kanten der Abdeckung abgesplittert. So, als ob jemand Gewalt angewendet hätte.« Die »Mayerling-Forscherin« habe ihre Beobachtung schon damals dem Prior von Heiligenkreuz gemeldet, der dem aber keine Bedeutung beimessen wollte.

Konfrontiert mit diesen Beweisen und nach Beratung mit seinen prominenten Anwälten Dr. Kriegler senior und junior entschloss sich Helmut Flatzelsteiner letztlich zu einem Geständnis und gab zu, dass er selbst der Grabräuber sei.

Wie hat sich nun der Grabraub tatsächlich abgespielt? Hier greift man am besten auf den authentischen Bericht von Helmut Flatzelsteiner selbst zurück, der in seinem 1993 erschienenen Buch »Meine Mary Vetsera« Ablauf, Hintergründe und Motivationen beschreibt und erzählt, was er wirklich wollte und warum ihn die Tragödie von Mayerling so sehr fasziniert hat, dass sie ihn in Bann hielt.

Es war spät abends am 25.7.1991, als Helmut Flatzelsteiner mit seinen zwei Gehilfen zur Tat schritt; er schreibt in seinem Buch: »... Jetzt war es soweit, daß wir runde Eisenstangen unter die bereits angehobenen Steinplatten schieben konnten. Danach beförderten wir sie schubweise in die Richtung des Eingangs der Gruft auf die Holzklötze, die wir zur Erhöhung der Stufen angebracht hatten ... Während mir der Schweiß herunterlief, schreckte ich plötzlich auf, ein Hund hatte Laut gegeben! War da etwa ein Jäger auf nächtlicher Pirsch? Ich hielt den Atem an. Nichts mehr, alles ruhig. Wir konnten weitermachen. Gut eine Stunde nach unserer Ankunft auf dem Friedhof in Heiligenkreuz ist es soweit. Die Gruftabdeckung ist weggeschoben, wir sehen hinein ... Im Vordergrund schimmert der Zinnsarg, matt in Lampenschein, es ist Mitternacht ... Jetzt können wir den Sarg mühelos herausheben ... Jetzt begann der – wie wir noch nicht wissen konnten – schwierigste Teil des ganzen Unternehmens. Die äußerst knapp eingepaßte Gruftabdeckung mußte ohne auffällige Veränderungen oder gar sichtbare Beschädigung wieder in die richtige Ordnung gebracht werden.

Eine mehr als 200 Kilo schwere Steinplatte läßt sich leichter aus ihrer Fassung heraushieven, als sie sich wieder einsetzen läßt. Ein Stückchen Dreck, ein Splitter oder gar eine Verschiebung der anderen Gruftplatte um wenige Millimeter genügen, um eine Einpassung auf das gewünschte Niveau zu verhindern. Beim Anheben war die Erde zwischen den Fugen auf die Grabumrandung gerieselt. Bei den schlechten Lichtverhältnissen war die Verschmutzung aber nur schwer zu erkennen. Mit einem Handbesen versuchte ich die Steine zu säubern. Die Wiederherstellung der ursprünglichen Verhältnisse dauerte länger als unsere Arbeit, um in die Gruft hineinzukommen ...«

Allerdings war der Möbelhändler »restlos enttauscht«, wie Markus in seinem Buch zum Kriminalfall Mayerling schreibt. Herr Flatzelsteiner hatte sich etwas Schönes erwartet. Aber der Inhalt des Sarges war nass, schmutzig und stank schrecklich. Der Grabräuber machte sich nun an das Reinigen der Gebeine, so als würde ihm ein Anthropologe über die Schulter schauen. Die sterblichen Überreste wurden von ihm zum Trocknen an einem schattigen Platz seines Gartens auf Platten gelegt, anschließend sortierte er die völlig ungeordneten Knochen aufgrund der Angaben eines anatomischen Buches und knipste selber Fotos, die er dann Markus übergab. Schließlich zog er jene Gutachter bei, denen er eine erfundene Geschichte von den Gebeinen seiner Urgroßmutter erzählte.

Bei einer Nachschau durch die Polizei in der Firma und der Wohnung des Möbelhändlers Helmut Flatzelsteiner in Linz demonstrierte dieser, wie er nach dem Grabraub den Sarg über eine Rutsche in den Keller gleiten ließ, und wo und wie er die Gebeine der Vetsera dann aufbewahrt hatte.

Mayerling und das weitere Schicksal der Leiche von Mary Vetsera

Im Laufe der Zeit wurden vom Tod des Rudolf Franz Karl Joseph, Erzherzog und Kronprinz von Österreich, auf dem Jagdschloss Mayerling rund 30 verschiedene Versionen registriert. Wenn auch seit der erstmaligen Publikation der Hoyos-Denkschrift durch Oskar Mitis 1929 und nach Veröffentlichung der Krauß-Protokolle (Baron Krauß war damals Polizeipräsident von Wien) in der Wochenpresse 1955 kein grundlegend neues Material mehr an die Öffentlichkeit gekommen ist, nahm mit dem Herannahen des 100. Todestages Rudolfs und Marys im Jahre 1989 das Interesse an der Mayerling-Tragödie doch wieder stark zu. Unter dem fortdauernden Einfluss des richtungweisenden Werkes von Oskar Mitis wurde überwiegend die Selbstmordtheorie verteidigt. Unter den zahlreichen Hypothesen über den Tod Rudolfs und seiner Begleiterin werden einige, von der Theorie vom Selbstmord abweichende Versionen immer wieder genannt, nämlich: der Kronprinz und Mary Vetsera seien von einem Polizei- oder Armeekommando erschossen worden, Rudolf sei von einem eifersüchtigen Förster getötet worden, Mary Vetsera habe sich selbst umgebracht, Rudolf sei im Duell gestorben, nachdem er eine Prinzessin geschwängert habe, oder aber Rudolf und Mary hätten im Laufe eine Rauferei den Tod gefunden (Gruber).

Eine gerichtsmedizinische Befundaufnahme, wie beim Kronprinzen Rudolf geschehen, hat an der Leiche von Mary Vetsera weder in Mayerling noch andernorts stattgefunden. Jedoch gibt es verschiedene Berichte, aus welchen nachstehend zitiert werden soll, die im Zusammenhang mit dem Grabraub, nachdem die sterblichen Überreste nun einmal aus der Gruft entnommen waren, von Interesse sind.

Folgt man den 1928 seinem Sohn diktierten Erinnerungen des Saaltürhüters Loschek, dann kam Rudolf am 31. Jänner 1889, fünf Minuten vor 7 Uhr früh, ganz vollständig angezogen zu Loschek in das Zimmer heraus und befahl ihm, einspannen zu lassen. »Ich war noch nicht im Hof draußen, als ich zwei Detonationen hörte, ich lief sofort zurück, der Pulvergeruch kam mir entgegen, ich stürmte zum Schlafzimmer, doch es war entgegen der Gewohnheit Rudolfs abgesperrt. Sonst sperrte er das Zimmer nie ab. Ich holte sofort

Graf Hoyos und mit einem Hammer bewaffnet schlug ich die Türfüllung ein, daß ich gerade mit der Hand hinein konnte, um die Türe von innen aufzusperren. Welch grauenhafter Anblick – Rudolf lag entseelt auf seinem Bette, ganz angezogen – Mary Vetsera ebenfalls auf ihrem Bette, vollständig angekleidet. Rudolfs Armeerevolver lag neben ihm. Beide hatten sich überhaupt nicht schlafen gelegt. Beiden hing der Kopf herunter. Gleich beim ersten Anblick konnte man sehen, daß Rudolf zuerst Mary Vetsera erschossen hatte und dann sich selbst entleibte. Es fielen nur zwei wohlgezielte Schüsse ... Ich telegrafierte sofort unserem Leibarzt Baron Dr. Widerhofer und den zwei Adjutanten Baron Siest und Graf Rosenberg. Dr. Widerhofer war bereits gegen 9 Uhr hier. Ich sperrte alles ab und bettete Rudolf und auch Vetsera in ihre Betten. Die Betten standen nicht wie Ehebetten nebeneinander, sondern an den beiden Wänden.«

Fritz Judtmann, der Verfasser des Standardwerkes »Mayerling ohne Mythos«, hat den Nachlass des Hofsekretärs und späteren Sektionschefs Freiherr von Slatin, der als Protokollführer der Hofkommission am Tatort fungierte, gesichtet. Dieser Nachlass bestand aus den ursprünglichen Aufzeichnungen, aus dem Stenogramm übertragen, einem darüber verfassten Manuskript aus dem Jahre 1924 und einem nachträglich von Dr. Slatin verfasstem Resümee unter dem Titel »Nachtrag zugleich Überprüfung« vom April 1929. Nach den zitierten Aufzeichnungen von Slatin kam die Kommission im Jagdschloss des Kronprinzen in Mayerling an, als es bereits dunkel war. »Im Schlafzimmer finden wir zwei Leichname: Jener des verstorbenen Kronprinzen, das Antlitz kaum entstellt, jedoch die Schädeldecke abgesprengt, Blut und Gehirnteile herausquellend, wie mir scheint, durch einen Schuß aus nächster Nähe – und einen schönen weiblichen Leichnam; er ist jener der Marie Vescera; ...« In den Erläuterungen ergänzte Dr. Slatin seinen Bericht, »er erinnere sich mit voller Bestimmtheit, daß der Kronprinz im Bette links, die Baronesse rechts lag; ... und fast könne er auch mit voller Bestimmtheit mitteilen, daß links vom Bette des Kronprinzen auf einem Sessel oder niederen Tischchen o. dgl. ein Handspiegel lag und ein Revolver; ...« Dr. Slatin erinnerte sich auch noch an einen speziellen Passus im Protokoll, das nicht er selbst aufgenommen hatte – »offenbar hatte er den Spiegel im letzten Augenblick seines Lebens benützt.«

Die durch den kaiserlich-königlichen Leibarzt Dr. Franz Auchenthaler vorgenommene Untersuchung des Leichnams von Mary Vetsera ergab im Wesentlichen einen Einschuss links und eine Ausschussöffnung ober dem äußeren rechten Gehörgang. Auszug aus dem Protokoll vom 31. Jänner 1889: »Am 30. Jänner 1889 morgens wurde im Gemeindegebiet Mayerling ein weiblicher Leichnam aufgefunden. Der Herr Leibarzt Dr. Franz Auchenthaler constatirt zweifellos Selbstmord mittels Schusswaffe. (Min. Vdg. Vom 28. Jänner 1885. R. G. B. 26:3) An dem linken Stirnwandbeine befindet sich ein 5 cm langer, 3 cm breiter lappiger Substanzverlust der Haut, in dessen Umgebung die Haare versengt sind; es ist dies also die Eintrittsöffnung des Projektils. Der Schusskanal geht quer durch das Gehirn und endet 2 cm ober dem äußeren rechten Gehörgang, hier eine schmale kantige Ausschußöffnung bildend. Die Knochen um Ein- und Ausschuß sind ringsherum zersplittert, ebenso auch die Schädeldecke. Sonst ist keine Verletzung wahrzunehmen. Die Verletzung ist absolut tödlich und der Tod musste augenblicklich eingetreten sein. Am Rücken und an den unteren Extremitäten befinden sich zahlreiche Totenflecken.«

Demnach konstatierte also der zugezogene Leibarzt Dr. Auchenthaler u. a. Selbstmord mittels Schusswaffe. Diesbezüglich ergaben sich schon immer erhebliche Zweifel, da Mary Vetsera nach verfügbaren Angaben nachweislich keine Linkshänderin war, was Bankl in seinem Buch »Woran sie wirklich starben« zur Feststellung führte, dass für Mary Vetsera ein unrichtiges Leichenbeschauprotokoll angefertigt wurde, worin man sie als Selbstmörderin qualifizierte.

Am nächsten Tag wurde dann der Abtransport der Leiche von Mary Vetsera organisiert und durchgeführt. Slatin berichtet dazu: »… wir kamen um halb acht Uhr abends in tiefer Finsternis in Mayerling an, die Nacht war stürmisch, Hunde heulten, als wir uns dem Schlosse näherten … unter dem Flackern einer Laterne führte uns Zwerger in das Gemach, in das der Leichnam der armen schönen Baronesse am Vortag gelegt worden war. Hätte ich eine solche Szene in einem Schauerroman gelesen, ich hätte das für eine übertriebene Schilderung gehalten, was ich jetzt erlebte. Der Leichnam wurde gereinigt, angekleidet und dem Grafen Stockau zur Überführung nach Heiligenkreuz übergeben.«

In der Denkschrift der Baronin Vetsera, der Mutter von Mary Vetsera, wird diese Szene ausführlicher beschrieben: »Der Beamte brach die Siegel und öffnete die Tür des Zimmers, wo man die Leiche blutbefleckt fand. Sie hatte eine Schußwunde an der linken Schläfe, die hinter dem rechten Ohr herauskam. Es waren, da die Tat am Tag vorher zwischen 6.00 und 8.00 Uhr früh geschehen war, fast 38 Stunden seit dem Tode verflossen, ohne daß dem entseelten Leichnam sein Recht geworden wäre. Die Leiche befand sich noch in demselben Zustand, in welchem sie tags vorher mit jener des Kronprinzen aufgefunden wurde, die Augen weit geöffnet und starr hervortretend, aus dem halbgeöffnetem Mund war ein gestockter Blutstrom hervorgequollen, den ein Teil des Körpers bedeckte. Die Arme ruhten leicht gebogen im Schoße, die linke Hand umschloß krampfhaft ein Taschentuch, welches nur mit Gewalt aus der erstarrten Hand entfernt werden konnte. Bei der ersten Auffindung wurde die Leiche im Zimmer des Kronprinzen am Rücken liegend aufgefunden, sie war jedoch von dort in ein anderes Zimmer herübergetragen, auf ein Bett gelegt und mit den Kleidern derart überdeckt worden, daß sie erst nach Entfernung der Kleider sichtbar wurde.«

Die Baronin Vetsera berichtet weiter: »... die Leiche der Baronesse Mary wurde in den Fonds des Wagens halb liegend gesetzt und mußte – die Feder sträubt sich, dies zu schreiben – im Wagen, auf dessen rückwärtigen Sitzen die beiden Verwandten Platz genommen hatten, halb sitzend in tiefer finsterer Nacht nach Heiligenkreuz überführt werden. Durch diese Art des Transportes wurde die Leiche lieblos geschändet und das Gefühl der Verwandten grausam verletzt.«

Weiters klagt die Baronin Vetsera in ihrer Denkschrift: »... in der Totenkammer wurde die Leiche in einen über Nacht in dem Dorfe zusammengezimmerten, roh angestrichenen Sarg gelegt, obwohl dem Grafen Stockau mitgeteilt worden war, daß ein ordentlicher Sarg von Wien nach Heiligenkreuz besorgt werden würde.«

Am Morgen des 1. Februar wurde Mary in einem Holzsarg in der Selbstmörderecke des Friedhofes Heiligenkreuz beerdigt. Der Prior des Stiftes soll später angegeben haben, dass er die Tote noch gesehen und bemerkt habe, dass sie eine Einschussverletzung am linken Stirnbein gehabt habe (Bankl). Der Polizeikommissar Hbrda (soll angeblich ein Verwandter des berühmten Gerichtsmediziners Albin Haberda – Wiener Schule – gewesen sein) meldete dann in seinem berühmt gewordenen Telegramm den Vollzug: »Alles abgethan. Hbrda.« Johann Hbrda wurde später in den Freiherrnstand erhoben und zum Polizeipräsidenten von Wien ernannt.

Am 16.5.1889 erfolgte die Umbettung des Leichnams in die inzwischen errichtete Gruft und in einen Kupfersarg.

In den Apriltagen des Jahres 1945 waren Alland und Heiligenkreuz Kriegsschauplatz, sowjetische Geschützbatterien bezogen Stellung beim hochgelegenen Friedhof Heiligenkreuz und beschossen Alland. Zwei Patres entdeckten, dass alle Grüfte des Friedhofs aufgebrochen waren. Der Zutritt zur Kapelle wurde ihnen verwehrt. In der Totenkammer hatten sowjetische Soldaten eine Kochstelle eingerichtet. Auch die Gruft der Baronesse war aufgebrochen und der Kupfersarg aufgeschlitzt. Nach Abzug der russischen Truppen wurden die Grüfte wieder geschlossen, dabei wurde der Schädel Mary Vetseras in der Gruft neben dem Sarg aufgefunden und in diesen zurückgelegt.

Bankl schreibt dazu, die Soldaten hätten einige Grüfte aufgerissen, um nach Schmuck zu suchen; darunter sei auch das Grab Mary Vetseras gewesen. Nach Abzug der Armee hätten Totengräber die Grabstätten wieder in Ordnung gebracht. Einer dieser Totengräber habe im Jahr 1951 erzählt: »... wir fanden den Sarg erbrochen und der Kopf, an dem die beiden Schußverletzungen – Ein- und Austritt der Kugel – deutlich zu sehen waren, lag neben dem Sarg auf dem Boden der Gruft.« Bankl schreibt weiter, es sei nicht mit Sicherheit zu erweisen, ob der richtige Schädel wieder in das Grab gelegt wurde.

Erst am 7.7.1959 kam es zu einer Renovierung der Gruft, wobei das Skelett umgebettet wurde. Ein Gerichtsmediziner war damals nicht anwesend. Es wurden Kleidungsstücke und zahlreiche Knochenreste gefunden. Laut übereinstimmender Aussage mehrerer Beteiligter war der jetzt gefundene Schädel bis auf ein ovales Loch im linken Scheitelbein intakt (Bankl).

Gruber zitiert ebenfalls zur Neubestattung der sterblichen Überreste von Mary Vetsera im Juli 1959, der Schädel sei völlig intakt gewesen, lediglich das linke Scheitelbein wies eine zackige Öffnung auf, welche durch die zum Aufsprengen des Sarges benutzte Gartenhaue entstanden war, die sich noch im Grab befand und somit zum Vergleich vorhanden war.

Judtmann referiert detailliert über die verschiedenen Angaben zur Umbettung in einen neuen Sarg am 7.7.1959. Demnach findet sich zur Umbettung in den neuen Sarg im Pfarrgedenkbuch des Stiftes am 7.7.1959 eine Eintragung, wonach die Exhumierung im Beisein des Amtsarztes durchgeführt wurde. Da das Grundwasser in den Sarg eingedrungen war, musste es erst ausgeschöpft werden. Nach einem Bericht in der Chronik des Gendarmeriepostens Heiligenkreuz, eingetragen am 7.7.1959, wurde bei der Umlegung im alten Sarg eine Gartenhaue gefunden, die von den Schändern bei der Durchsuchung des Sarges verwendet wurde. Die aufgefundene Gartenhaue wurde dem stiftlichen Museum zur Aufbewahrung übergeben. Eine amtliche Untersuchung der sterblichen Überreste fand nicht statt.

Es gibt noch eine, ebenfalls von Judtmann zitierte schriftliche Aufzeichnung der Vorgänge, die vom Leiter der Leichenbestattung zur Verfügung gestellt wurde. Demnach musste aus dem Sarg zunächst das Wasser abgelassen werden und anschließend wurden die Leichenteile mit dem übrigen Sarginhalt in den bereitgestellten Metallsarg gebettet. »Der Kopf der Verstorbenen war im Sarg und nicht außerhalb desselben. Die Schädeldecke hatte auf einer Seite ein 5–7 cm langes, ovales Loch, das vermutlich bei der Plünderung des Sarges mit der Gartenhaue entstanden war. Eine Einschußöffnung war an der ganzen Schädeldecke nicht zu sehen, außer aber sie war gerade an der Stelle, an der das Schädeldach gefehlt hat.« Weiters schreibt Judtmann, zwei Zeugen hätten die schriftliche Aussage des Leichenbestatters bestätigt, dass der Schädel vollständig erhalten und nur eine große Öffnung auf der rechten Schläfe sichtbar war, so dass darüber drei gleichlautende Zeugnisse vorliegen. Dem stünde der Befund des Hofarztes Dr. Auchenthaler gegenüber, der am linken Stirnwandbein die Eintrittsöffnung des Projektils und 2 cm über dem äußeren rechten Gehörgang eine schmale kantige Ausschussöffnung feststellte. Ebenso schilderte die Baronin in ihrer Denkschrift die Verletzungen, die Alexander Baltazzi und Graf Stockau an Marys Kopf in Mayerling sehen konnten, nämlich Einschusswunde an der linken Schläfe, Ausschusswunde hinter dem rechten Ohr.

Judtmann stellt dann richtig fest, der Widerspruch zwischen den Zeugnissen zur Zeit der Katastrophe und den heutigen Aussagen über den Zustand des Schädels könnte nur durch eine neuerliche, sorgfältige gerichtsmedizinische Untersuchung gelöst werden.

Die von Helmut Flatzelsteiner in Auftrag gegebenen Gutachten

Vom 11.9.1991 stammen Befundaufnahme und Beurteilung des renommierten Linzer Gerichtsmediziners Prof. Jarosch, der »aus einer Gruft geborgene Skelettanteile« zur Untersuchung erhalten hatte. Nach diesem Befund handelte es sich um ein fast vollständiges Skelett der Leiche einer kleinwüchsigen Frau im Alter von 26-28 Jahren, wobei auf die ebenfalls vorgelegten 37 cm langen (braunen) Haare als zusätzliches Indiz für das weibliche Geschlecht hingewiesen wurde. Am Schädel wurden nicht ohne Weiteres erklärbare Mehrfachbrüche beschrieben, zur Frage eines Schusses bemerkt, »dass eine Öffnung links seitlich vom Auge grundsätzlich möglich wäre mit einer Zertrümmerung des Schädels auf der rechten Seite, weil hier Ausbrüche bestehen«. Nach Entfettung und Trockenheit der Knochen wurde ein 50–100 Jahre zurückliegender Tod angenommen.

Dem bekannten Anthropologen und Leiter der anthropologischen Abteilung des Naturhistorischen Museums in Wien, Prof. Szilvassy, wurde zur Beurteilung ein Skelett vorgelegt, das angeblich von einer Theresia Vindona, geboren am 15.5.1873, gestorben am 1.5.1891, stammte, die entweder durch eine Schussverletzung oder einen Messerstich getötet worden sei. Auch in diesem Gutachten vom 20.11.1991 wurde das Skelett als fast vollständig beschrieben, und einem 18-jährigen, weiblichen Individuum mit einer Körperhöhe von ca. 62 cm bei einer Liegezeit im Erdreich von ca. 100 Jahren zugeordnet. Verletzungen zu Lebzeiten durch Fremdverschulden wurden nach diesem Bericht am vorhandenen Skelett nicht festgestellt.

Der Linzer Zahnarzt Dr. Stolz erhielt im August 1991 einen knöchernen Unterkiefer in zwei Fragmenten und 13 Zähne. Nach dieser zahnärztlichen Beurteilung handelte es sich um einen knöchernen (wahrscheinlich weiblichen) Unterkiefer eines jugendlichen Erwachsenen im Alter zwischen 14 und 25 Jahren, der relativ gute dentale Zustand wurde als Hinweis für eine gesunde Ernährung, eine gute Mundhygiene und eine gute zahnärztliche Versorgung angesehen.

Aber auch das Institut für Kostümkunde an der Hochschule für angewandte Kunst in Wien wurde von Herrn Flatzelsteiner mit Untersuchungen beauftragt, nämlich der vorhandenen Kleider bzw. Textilreste. Frau Prof. Bönsch konnte in ihrer Expertise vom 8.10.1991 tatsächlich Hinweise auf die Entstehungszeit der Kleidungsstücke finden, indem einige erhaltene Details (u. a. querverlaufende Falten am Vorderteil eines Rockes) für 1889/90 sprachen. Auch wurde am Innenfutter eines Jäckchens noch das Etikett der Familie Fischer sichergestellt und überlegt, ob es sich bei dem Winterkostüm vielleicht sogar um ein Eislaufkostüm gehandelt habe, da Josef Fischer auf sportliche Kleidung spezialisiert gewesen sei.

Außerdem wurde noch das österreichische Textilforschungsinstitut mit Materialanalysen, Bestimmung von Gewebeart, Bindung und Stoffbezeichnung der Damenkleider beauftragt.

Die Schlagzeilen der »Krone« nach Aufdeckung des Grabraubes waren sehr unterschiedlich; am 24.12.1992 wurde dem Leser in riesiger Headline mitgeteilt »Mary Vetsera: Kein Kopfschuss«, am 21.3.1993 wurde getitelt »Mary starb durch Kopfschuss«, jeweils unter Berufung auf Bankl und Szilvassy.

Mary Vetsera kommt nicht zur Ruhe

Das medizinisch-ärztliche Interesse an den sterblichen Überresten von Mary Vetsera hat bereits längere Tradition. Wie schon gesagt, erfolgte im Jahr 1959 eine Umbettung, wobei von medizinischer Seite angeblich »nur« der Amtsarzt anwesend war. Wie ich gehört habe, war der weltweit berühmte Gerichtsmediziner und damalige Vorstand des Wiener Institutes Prof. Breitenecker entrüstet darüber, dass ihn der Amtsarzt von Baden zu dieser Aktion nicht eingeladen hatte.

Der Arzt und Mayerling-Forscher Gerd Holler schrieb 1980, dass der Schlüssel zum Geheimnis von Mayerling nur in den sterblichen Überresten Mary Vetseras liegen könne; er vertrat die Schwangerschaftstheorie, fand Indizien dafür, dass Mary nach einer Abtreibung gestorben sei und stellte schon 1978 den Antrag auf neuerliche Öffnung der Gruft zum Zweck einer gerichtsmedizinischen Begutachtung des Skelettes, was vom damaligen Abt des Stiftes Heiligenkreuz jedoch abgelehnt wurde.

Vor allem dem Pathologen und Medizinhistoriker Hans Bankl ließ das »ungelöste Rätsel« offenbar keine Ruhe. Bankl konnte im Jahr 1988 tatsächlich die Zustimmung des Abtes Gerhard Hradil vom Stift Heiligenkreuz wie auch das Einverständnis von Verwandten Mary Vetseras zur Exhumierung der Gebeine erlangen. Geplant war eine wissenschaftliche Untersuchung in Zusammenarbeit mit Mitgliedern der Medizinischen Fakultät der Universität Wien, im Besonderen mit meinem Vorgänger Prof. Holczabek als Vorstand der Wiener Gerichtsmedizin und damaligen Rektor der Universität Wien, der bereits im August 1988 nützliche Anmerkungen zur praktischen Durchführung und zum grundsätzlichen Ablauf des Untersuchungsganges niederschrieb. Holczabek wies vor allem auf Fragen der Identitätsprüfung, das notwendige Absuchen nach Spuren von Gewalteinwirkungen und auf erforderliche Untersuchungen der Haare hin. Selbstverständlich werde, schreibt Holczabek, das Hauptaugenmerk dem Schädel gelten müssen, zwecks Feststellung einer Schussverletzung sowie Prüfung auf Nahschusszeichnung und Geschossspuren. Holczabek wies auch darauf hin, dass der Untersuchungsgang mit größter wissenschaftlicher Präzision durchgeführt werden müsse, aber selbst dann – Holczabek war immer Realist – sei mit Kritik zu rechnen.

Prof. Bankl hatte im Rahmen seines Antrages zur Öffnung der Gruft und Enterdigung des Skelettes auch schon einen Plan für die dann zu erfolgenden wissenschaftlichen Untersuchungen erstellt und sah die Schwerpunkte in der Klärung der Identität, ob am Schädel eine Schussverletzung und eventuell Schwarzpulvereinsprengungen vorhanden seien, wie es sich mit dem in der Literatur erwähnten Defekt am linken Scheitelbein verhalte, ob eine Kongruenz mit der von den plündernden Russen im Jahr 1945 verwendeten Gartenhaue bestehe, ob Blutspuren an den Haaren und am Kleid nachweisbar wären und Hinweise für eine Gravidität bestünden.

Es kam leider damals schon anders. Markus von der Kronen Zeitung kannte Bankl seit mehreren Jahren und hatte bereits 1987 über ihn eine größere Geschichte geschrieben anlässlich der Bearbeitung von Knochenfragmenten Ludwig van Beethovens, die bei einer Umbettung der sterblichen Überreste des Musikgenies »entwendet« worden waren. Schließlich erzählte Bankl von seinem sensationellen Projekt, die Gebeine der Mary Vetsera exhumieren zu lassen und teilte Markus im Oktober 1988 mit, er habe nunmehr die Genehmigung des Abtes vom Stift Heiligenkreuz und den beiden damals noch lebenden Urgroßnichten der Mary Vetsera. Der geplanten Exhumierung stand daher, schreibt Markus in seinem Buch, nur mehr ein fehlender Geldbetrag in Höhe von 40 000 ATS im Wege. Es kam dann offenbar zu unbefriedigenden Gesprächen mit Medienvertretern betreffend die wirtschaftliche Seite des Unternehmens. Letztlich hielt es Markus offenbar nicht mehr aus und titelte am 3.11.1988 in der Krone: »Mary Vetseras Grab wird jetzt geöffnet.« Die Folgen waren, wie Markus weiter schreibt, dramatisch: Sowohl der Abt von Heiligenkreuz als auch die Vetsera-Nachkommen zogen die bereits erteilte Zustimmung wieder zurück, da die Exhumierung lediglich »aus wissenschaftlichen Gründen« erfolgen sollte. Wenige Wochen später gab es im »Club 2«, einer Diskussionssendung im österreichischen Fernsehen, zum Thema »100 Jahre Mayerling« Vorwürfe von Bankl an Markus, durch voreilige Veröffentlichung seinen Plan verhindert zu haben

Zu der gerichtlich angeordneten Öffnung der Gruft am 21.12.1992 vor versammelter Presse, in deren Verlauf ich schließlich auch in die Gruft hinunterstieg, war Hans Bankl leider nicht zugezogen. Das dürfte sich dann auch in einer ersten, nicht unkomischen kritischen Äußerung von Prof. Bankl insofern niedergeschlagen haben, als dass er in einem Fernsehinterview wenige Tage später feststellte, bei einem solchen Fall »könne man nicht einfach mit einer Leiter in die Gruft steigen.«

Gleichwohl stieg ich dann am 24.12.1992 im Rahmen eines weiteren Lokalaugenscheines noch einmal, und zwar auf derselben Leiter, in die Gruft, um dort Zentimeter für Zentimeter den Boden abzusuchen, und wurde dabei auch fündig, worauf noch später zurückzukommen sein wird.

In den Wochen und Monaten nach dem 21.12.1992, also nach Eintreffen des Sarges samt Inhalt in der Wiener Gerichtsmedizin, wurde eine Bestandsaufnahme aller sichergestellten Gegenstände durchgeführt.

Dabei wurden das Skelett und im Besonderen der Schädel sowie die Bekleidungsreste und Schuhe in Augenschein genommen, der aus der Gruft geborgene und in einem Kellerraum des Stiftes aufbewahrte alte Kupfersarg, die Reste des Holzsarges sowie auch der Blechsarg, in dem die Leiche von Mary Vetsera zuletzt bestattet worden war, mehrfach einer Untersuchung unterzogen, schließlich auch das Material vom Gruftboden planquadratmäßig analysiert. Im Rahmen dieser über Monate erfolgten Sichtung wurden zahlreiche Proben für verschiedene, gezielte Analysen genommen.

Unter Kontaktaufnahme mit Vertretern spezieller Fachrichtungen wurde ein Spektrum sinnvoll und notwendig erscheinender Untersuchungen erstellt. Dazu gehörten aus unserer Sicht die vollständige fotografische, radiologische und computertomographische Dokumentation des Skelettes, die morphognostische und morphometrische Geschlechtsbestimmung, die Körpergrößenschätzung unter Heranziehung valider Schätzformeln bei Berücksichtigung definierter Knochenlängen, die Lebensaltersbestimmung in Verbindung mit histomorphometrischen Untersuchungen der Knochen, die Bestimmung der geographischen Herkunft und ethnischen Zugehörigkeit, die Untersuchung auf medizinische, habituelle und epigenetische Merkmale, sekundäre Identifikation mittels Bildmischung und Superimpositionstechnik am Schädel sowie durch molekularbiologische Vergleichsuntersuchungen, die Liegezeitbestimmung mittels makromorphologischer, histochemischer und proteinchemischer Methoden, toxikologische Analysen sowie DNA-Profiling zur Frage einer Gravidität. Des Weiteren standen im Programm die forensisch-odonto-stomatologische Untersuchungspalette bis hin zur Analyse der in den Zähnen des Unterkiefers vorhanden Dentalfüllungen, eine dreidimensionale Schädel-CT-Rekonstruktion mit Anfertigung eines stereolithographischen Modells des Schädels sowie eine forensische Mikroelementanalyse zum Nachweis von Fremdkörpern, also insbesonders Pulver- und Metallspuren am Schädel. Sämtliche Kleiderreste wie auch die Schuhe sollten einer Textilanalyse unterzogen, die Bekleidung insgesamt einer kostümkundlichen Befundaufnahme und Interpretation zugeführt, der alte Kupfersarg nach Herkunft und Bauart zugeordnet, die vom Holzsarg noch vorhandenen Bretter spezifiziert, die verschiedentlich vorhandenen Grünspanauflagerungen vergleichend untersucht und schließlich das Material vom Gruftboden entomologisch und botanisch analysiert werden.

Vorläufig letzter Akt im Geheimnis um Mayerling

Schon im Februar 1993 meldete sich bei mir ein Herr Swistun, Historiker, Verfasser eines Buches über Mary Vetsera (»Mary Vetsera. Gefährtin für den Tod«) und angeblich seit einigen Jahren Besitzer des Nachlasses Vetsera, und sagte mir, es bestehe von Seiten entfernter Verwandter die Tendenz, alle weiteren Untersuchungen zu unterbinden, sei es über das zuständige Gericht oder über das Wissenschaftsministerium. In diesem Gespräch wurde ich u. a. gefragt, ob ich vielleicht mit der Kronen Zeitung in einem allenfalls exklusiven Vertragsverhältnis stehe. Ich war entrüstet und wies u. a. darauf hin, dass ein rasches Begräbnis der sterblichen Überreste ohne die jetzt mögliche genaue wissenschaftliche Untersuchung nicht zweckmäßig wäre, Mary Vetsera hätte dann weiterhin keine Ruhe, und machte auch auf die Möglichkeit von Nachahmungs- und Wiederholungstätern aufmerksam. Bald darauf kam die gerichtliche Beschlagnahme des aufgeschnittenen Blechsarges wie auch der Alutransportkiste samt Inhalt. In Gesprächen mit Gericht und Staatsanwaltschaft stellte ich fest, dass ausführliche interdisziplinäre Untersuchungen vorbereitet würden, um alle aktuell möglichen, der historischen Bedeutung des Falles entsprechenden naturwissenschaftlich-forensischen Möglichkeiten auszuschöpfen. Im März erhielt ich dann den ersten Brief eines Rechtsanwaltes im Auftrag der nächsten noch lebenden Anverwandten Mary Vetseras, die angeblich alle davon überzeugt waren, dass allfällige wissenschaftliche Untersuchungen der nunmehr enterdigten Gebeine nicht zielführend sein könnten, nicht zuletzt aus Pietätsgründen. Es wurde mir also mitgeteilt, dass die Anverwandten nach Mary, Baronin Vetsera, ihr Zustimmung zu wissenschaftlichen Untersuchungen gleich welcher Art, an den Gebeinen der Mary, Baronin Vetsera, sowie an allen Gegenständen, welche sich in der Begräbnisstätte am Stiftsfriedhof Heiligenkreuz vor deren widerrechtlichen Öffnung befunden hatten, ausdrücklich verweigern. Ich sollte bestätigen, dass ich nicht bestrebt sei, allfällige Verfügungsrechte über die sterblichen Überreste nach Mary, Baronin Vetsera zu erlangen. Im nächsten Brief wurde ich, schon im schärferen Ton, auf das Begehren der noch lebenden Anverwandten hingewiesen, keine wissenschaftlichen Untersuchung zuzulassen, das Amtsgeheimnis zu wahren und keine institutsfremden Personen für Untersuchungen heranzuziehen. In einem Brief an das Bundesministerium für Wissenschaft und Forschung habe ich daraufhin um Unterstützung gebeten, die Untersuchungen weiterführen zu können, zumal vermutlich wenig Verständnis zu erwarten wäre, wenn auch im Jahre 1993 Versuche zur wissenschaftlichen Aufklärung in einem derartigen Fall gestoppt würden. Im Mai 1993 teilte mir dann der Pressesprecher des Bundesministeriums für Wissenschaft und Forschung mit, man habe sich über die Rechtslage informiert und es gäbe tatsächlich kaum Möglichkeiten die geplanten Forschungsarbeiten durchzuführen – entgegen jenen Intentionen, die auch im Wissenschaftsressort bestünden. Im Mai 1993 wurde mir schließlich von Seiten der Anverwandten nach Mary, Baronin Vetsera, über den Anwalt bereits angekündigt, unverzüglich gerichtliche Hilfe zur Sicherung der Interessen der Mandantschaft in Anspruch zu nehmen. Es wurde mir in der Folge Unverständnis gegenüber den Wünschen der Anverwandten und unnötige wissenschaftliche Neugierde vorgehalten. Trotzdem stellte ich meine Bemühungen nicht ein und schrieb auch Otto von Habsburg, dem Sohn des letzten österreichischen Kaisers, einen Brief mit der Bitte, mir Informationen über die in Mayerling verwendete Schusswaffe zukommen zu lassen, da seit längerer Zeit bekannt war, dass Otto von Habsburg eine Kassette in Verwahrung habe, die u. a. die Tatwaffe beinhalte, unter Hinweis auf die Ausführungen von Judtmann (»Mayerling ohne Mythos«), wonach als Tatwaffe ein österreichischer Armeerevolver, ein österreichischer Infanterie-Offiziersrevolver und ein Bulldog-Revolver in Betracht kämen. Meine Bitte an Otto von Habsburg ging also dahin, mir über die damals verwendete Faustfeuerwaffe und Munition Angaben zukommen zu lassen, des Weiteren auch, falls vorhanden, Haare für eine Vergleichsuntersuchung zur Verfügung zu stellen. Die Antwort auf diesen Brief erhielt ich von Karl von Habsburg telefonisch, wobei er mir mitteilte, dass die Kassette außer Landes gebracht worden und derzeit nicht zugänglich sei. Es bestehe auch von Seiten der Familie Habsburg kein Interesse an besonderen Untersuchungen. Aber er werde über die Angelegenheit mit seinem Vater nochmals sprechen und mir dann Bescheid geben. Im August erhielt ich dann noch eine kurze schriftliche Mitteilung über das Sekretariat von Otto von Habsburg, dem es im Hinblick auf seine stark angewachsene Arbeit als Europa-Parlamentarier nicht möglich sei, sich mit historischen Fragen zu befassen. Schließlich kam man auch im Ministerium zu dem Ergebnis, dass aufgrund der Rechtslage, aber auch aus Gründen der Pietät den Wünschen der Nachkommen Rechnung zu tragen sei und die Skeletteile und alle übrigen Gegenstände unverzüglich für einen Transport nach Heiligenkreuz zur Verfügung zu stellen seien. Dieser Auftrag wurde mir auch noch mündlich dezidiert bestätigt.

Die vorläufig letzte Phase des Dramas von Mayerling fand schließlich am Mittwoch, dem 27.10.1993 ihren Abschluss, als der Abt vom Stift Heiligenkreuz persönlich in das Institut kam, sämtliche Sachen in der Causa Mary Vetsera übernahm und den ebenfalls mitgebrachten

Grab der Baronesse Mary Vetsera auf dem Ortsfriedhof des Klosters Heiligenkreuz

Herren von der Bestattung aus Baden zum Abtransport in einem neuen Sarg übergab. Auftragsgemäß wurden nicht nur alle Skeletteile, Kleiderreste, Plastikeimer, Nylonsäcke und sonstigen Gegenstände, sondern auch sämtliche Asservate und genommenen Proben unter Aufsicht des Abtes in den neuen Sarg gegeben. Der neue, nunmehr mit all diesen Sachen gefüllte Sarg wurde von mir, bevor er noch im Institut verschlossen wurde, fotografiert, als trauriges Mementum österreichischer Geschichtsforschung.

Weltkomödie Österreich

Es war Thomas Bernhard, der einmal so trefflich von der Weltkomödie Österreich sprach, unter welchem Titel Claus Peymann und Hermann Beil dann auch 13 Jahre Burgtheater als vergnügliche wie erschreckende Komödie theatralisch darstellten. Die Auswahl in diesem Programm war gut getroffen, allerdings habe ich mir damals schon gedacht, der Fall Mary Vetsera würde zur Weltkomödie Österreich gut dazupassen – wenn auch die ganze Angelegenheit in Wirklichkeit mehr tragisch als komisch ist.

Da wurde seit dem Tod der 18-jährigen Baronesse am 29. Jänner 1889 ihre Leiche immer wieder entwürdigend behandelt, über eine mögliche Exhumierung wiederkehrend zum Teil in aller Öffentlichkeit gehadert, zuletzt von einem dafür nicht bestraften, sondern zum prominenten Buchautor gewordenen Grabräuber der Sarg mit der Leiche über eine selbstgebaute Rutsche in den Keller seines Wohnhauses in Linz befördert und in der Folge unter fingierten Umständen Expertisen eingeholt.

Schließlich wurde aber das Skelett samt Sarg und ursprünglichem Inhalt behördlich sichergestellt und zunächst einmal der Gerichtsmedizin überantwortet. Wie schon früher von Mayerling-Forschern ganz richtig festgestellt, wäre nur eine sorgfältige gerichtsmedizinische Untersuchung geeignet, zur Klärung des eigentlichen Sachgeschehens beizutragen. Der offenbar gut geplante und organisierte Grabraub vom Jahr 1991 ist unentschuldbar, eröffnete aber die einmalige Gelegenheit zu einer gründlichen interdisziplinären, naturwissenschaftlich-kriminalistischen Untersuchung und Dokumentation mit Bezug auf alle möglichen offenen Fragen zum Hergang des gewaltsamen Todes von Mary Vetsera und des weiteren Schicksals ihrer Leiche.

Es ist mir bis heute unverständlich, warum 1993, also rund 100 Jahre nach der Tragödie von Mayerling, dem modernen Stand der forensischen Wissenschaften entsprechende Untersuchungen mit allen Mitteln schließlich tatsächlich verhindert worden sind. Mary Vetsera musste damals ihr Leben lassen – wohl kaum im klaren Bewusstsein ausgereifter Wertvorstellungen. Die Annahme, exakte wissenschaftliche Untersuchungen zum Versuch einer Klärung der

Todesumstände würden dem mutmaßlichen Willen der verstorbenen Baronesse nicht unbedingt entgegenstehen, wäre daher durchaus plausibel. Der bekannte Stehsatz »Man soll die Toten ruhen lassen« trifft eben nicht immer und uneingeschränkt zu. Auch aus dieser Sicht wirkt das Verhalten der angeblich Verfügungsberechtigten wie auch anderer möglicher Auskunftspersonen unverständlich.

Was ich persönlich in der Causa Mary Vetsera beklage, ist allerdings eine ganz andere Sache, nämlich Art und Form der Wiederbestattung 1993. Sofern der neue Sarg nach dem am 27.10.1993 erfolgten Abtransport nicht wieder geöffnet und keine Veränderungen vorgenommen wurden, ist Mary Vetsera seither in einer Art und Weise bestattet, die wahrscheinlich einzigartig ist. Als Gerichtsmediziner ist man nicht heikel, aber ich möchte eigentlich nicht, dass meine sterblichen Reste sortiert in Papiertüten, Plastikeimer und Eprouvetten in das nächste Leben gehen. In genau diesem Zustand dürfte Mary Vetsera der Erde zuletzt aber übergeben worden sein.

Die im Oktober 1993 zur Wiederbestattung nach Heiligenkreuz gelangten Gebeine – sind das überhaupt, nach allem was geschehen ist, die sterblichen Überreste von Mary Vetsera? Wäre es nicht möglich, dass der Behörde ein anderes Skelett untergeschoben wurde?

Diesbezüglich wenigstens kann ich den Leser beruhigen.

Schon bei der ersten Untersuchung des alten Kupfersarges in der Gruft am 22.12.1992 konnte ich drei Rippen sicherstellen, die bei dem Skelett, das am Tag vorher in der Spedition im 23. Wiener Gemeindebezirk sichergestellt worden war, fehlten. Außerdem konnte ich vom Gruftboden insgesamt fünf Hand- und Fußknochen asservieren und mit Hilfe des berühmten Anatomen Professor Krause – Idol von Generationen von Medizinern – dann auch genau bestimmen. Die komplementäre Untersuchung des Skelettes ergab, dass wiederum genau diese fünf Knochen fehlten.

Die entscheidende Schlussfolgerung lautete daher, dass das am 21.12.1992 ausgefolgte Skelett zu den einzelnen, oben genannten und identifizierten Knochen, die ich einerseits im alten Kupfersarg, andererseits am Gruftboden gefunden habe, eindeutig dazupasste. Demnach wurde tatsächlich jenes Skelett am 21.12.1992 der Behörde ausgefolgt, welches früher im alten Kupfersarg gelegen hatte, womit das Skelett natürlich noch nicht eindeutig als dasjenige von Mary Vetsera identifiziert ist, aber immerhin doch als jenes, welches sich über lange Zeit in der Gruft bzw. im alten Kupfersarg befunden hat.

Und die Todesursache?

Die Schädelbrüche gehen zweifellos auf einen Kopfdurchschuss zurück.

Im Übrigen hatte ich, als ich an dem vorliegenden Bericht arbeitete, einen Traum. Die Gruft wird noch einmal geöffnet, die zahlreichen, wahrscheinlich noch vorhandenen Proben und Asservate, wie geplant wissenschaftlich untersucht und, was mir das Wichtigste zu sein scheint, Mary Vetsera in würdiger Form und endgültig bestattet.

Literatur

Hans Bankl: Woran sie wirklich starben, Krankheiten und Tod historischer Persönlichkeiten, Wilhelm Maudrich, Wien-München-Bern 1989.

Helmut flatzelsteiner: Meine Mary Vetsera, Kremayr & Scheriau, Wien 1993.

Clemens M. Gruber: Die Schicksalstage von Mayerling. Nach Dokumenten und Aussagen, Erich Mlakar, Judenburg 1989.

Fritz Judtmann: Mayerling ohne Mythos, Kremayr & Scheriau 2. Auflage, Wien 1982.

Georg Markus: Kriminalfall Mayerling. Leben und Sterben der Mary Vetsera, Amalthea, Wien-München 1993.

Oskar Freiherr von Mitis: Das Leben des Kronprinzen Rudolf, Insel-Verlag, Leipzig 1928.

Hermann Swistun: Mary Vetsera, Gefährtin für den Tod, Hermann Böhlaus Nachf., Graz-Wien 1983.